KB274787

국가의 미래

국가의 미래

김광웅 지음

미래창조사회, 지식지도가 바뀐다

매일경제신문사

1970년대 중반, 수출 100억 달러를 달성하면서 나라 전체가 들뜬 적이 있었다. 봄이면 초근목피로 연명하면서 보릿고개를 겨우 넘기던 나라에서 상상할 수도 없는 일이 벌어졌던 것이다. 그런 우리나라가 2006년 말 수출 3,000억 달러를 달성했다. 30년 만에 30배의 규모로 급성장했다. 세계무역 교역국 중 12위 규모의 경제국가로 다시 탄생한 것이다. 같은 해 국민총생산은 6,700억 달러, 1인당 국민소득은 2만 70달러 수준이지만 2030년에는 4만 달러에 이를 것이라고 전망한다.

우리나라는 지난 30년 동안 장족의 변화와 발전을 거듭했다. 국가의 모습이 크게 달라지고 국제사회에서의 역할이 두드러지게 변했다. 한마디로 국경 없는 경쟁에서 금융, 과학기술 등이 세계와 어깨를 나란히 할 수 있는 위상을 띠게 된 것이다. 그런 변화를 이끈 주역으로 기업인과 근로자, 지식인, 정부관료를 들 수 있다. 무엇보다도 개인은 물론 가정, 직장, 정부 그리고 국민이 한결같이 발전에 매진한 결과다.

그러나 이러한 발전에 대한 자성이 커지고 있다. 발전의 대가를 호되게 치르고 있기 때문이다. 환경은 파괴되어 회생할 수 없는 지경에 이르렀다. 노사 간의 갈등은 세계 어디에서도 찾아 볼 수 없고, 빈부의 격차 또한 무시할 수 없을 정도로 양극화되었다. 그리고 비현실적 교육 정책이 이를 더 부채질했다. 믿음이 충만한 '사회적 자본social capital' 을 어떻게 키울 것인가가 무망하게 느껴질 뿐이다.

그럼에도 불구하고 우리에게 희망이 없는 것은 아니다. 과학기술의 발전 수준과 속도가 괄목할 만하고, 동시에 이를 이끄는 지식인 집단의 저력이 곳곳에서 나타나고 있기 때문이다. 특히 젊은 과학도들이 21세 기를 이끌 신과학과 신기술의 발전을 이끌고 있음을 목도한다.

여기서 주목해야 할 것은 과거의 칼테지안 - 뉴터니안 패러다인 Cartesian-Newtonian Paradigm이 양자 패러다임Quantum Paradigm으로 바뀌고 있다는 점이다. 물리학적 기계론이 아니라 생물학적 지각론이 주류를 이루는 시대가 되었다. 지금까지는 세상이 거대 기계이며, 사회와 인간 은 그 부품으로 여겨졌다. 또한 부분의 합이 전체이고 정신과 물질은 별개로 쪼개고 또 쪼개는 환원주의를 맹신했다. '수치로 계산해 내기 만 하면 전부' 라는 생각으로 일관해 왔다는 이야기다.

그러나 이제 절대시간이나 절대공간이 아닌 상대시간과 상대공간, 부분이 곧 전체이며 정신과 물질은 하나라는 일원론 내지는 전일주의

holism를 믿지 않을 수 없게 되었다. 생물학적 유아론solipsism의 주장도 무시할 수 없다. 그러나 유감스럽게도 우리 주변의 제도와 관행은 아직도 과거의 패러다임에 묶여 있다. 여전히 소프트웨어가 아닌 하드웨어 중심이다.

국가의 발전 원리와 양태, 이를 틀어쥐고 있는 정부, 대학 그리고 리더십의 의미와 역할은 새 시대의 조류에 따라 바뀌어야 마땅하다. 우선 우리나라가 이대로 발전하는 것이 맞는지에 대해 묻고 답해야 할 때가 되었다. 즉 국가가 가고 있는 발전의 궤적이 맞는가를 짚어 보는 것이다. 이를 이끄는 주역인 정부와 대학은 또 어찌해야 할 것인가?

아직도 정부는 작고 앞으로 해야 할 역할이 많다고 주장하는 관과 관변 입장들이 있다. 그러나 이는 자기보호주의자의 입장이다. 그리고 환원주의 때문에 쪼개고 또 쪼개져 자족할 뿐 소통이 안 되는 학문들을 그대로 놔두어야 할 것인가에 관한 깊은 통찰이 요구된다.

한마디로 학문과 대학이 융합의 길을 모색하지 않는 이상 학문 자체의 역할은 물론 존재이유가 상실될 위험에 놓여있다. 그리고 이들을 이끌어 나갈 리더십은 지성과 감성, 그리고 아름다움을 볼 수 있는 우뇌 리더십, 나아가 전뇌적 리더십을 기다리고 있다.

이 책의 1장에서는 세계가 어떻게 변할 것인가를 사회와 인간의 변화를 중심으로 스케치한다.

2장은 미래의 학문이 융합되어야 한다는 여러 정황과 근거를 제시한다. 또한 학문의 발달사를 이야기하고 앞으로 학문이 나아가야 할 방향을 제시한다. 더불어 대학도 나노^{nano}, 바이오^{bio}, 인포^{info}, 코그노^{cogno}, 디지그노^{designo}를 토대로 대학 간, 학과 간에 통합이 이루어져야 한다고 설명한다. 대학은 지금과 같은 대학편제가 아니라 인지과학대학, 생명과학대학, 인간생활정보과학대학, 융합공과대학, 우주과학대학, 예술디자인대학 등으로 재편되어야 하다는 주장이다.

3장은 미래의 정부는 작지만 규모 있고, 능률적이며 국민이 원하는 서비스를 제공해야 한다. 정책도 시민과 기업이 역으로 정부에 제의할 수 있는 체제를 갖출 것을 주문한다. 미래의 정부는 국민과 하나가 되는 믿을 수 있는 정부의 전범이 되어야 할 것이다. 여기에 더해서 정부 구성의 기본원리가 21세기 패러다임인 융합성과 복잡성으로 바뀌어야 한다. 관련 부처는 통합되어야 하며, 정책처방도 복잡성을 근거로 해야 하므로 정책 하나하나보다 정책군$^{policy\ matrix}$으로 문제에 접근해야 한다.

4장에서는 한국이 가야할 길에 대해 이야기한다. 선진자본주의 국가론의 태두리 안에서 물질과 경제 만능주의보다는 소강국가小康國家를 지향해야 한다는 내용을 담았다. 공자《예기》에 나오고 덩샤오핑, 후진타오, 백범이 말하고 있는 '여유롭고 반듯하며 법과 질서, 그리고 타인이 존중되고 인성과 환경이 회생되는 문화사회, 문화국가가 소망스럽다'는 내용이다.

사회 각 분야의 리더들과 미래 세대를 짊어질 젊은이들이 이 책을 읽었으면 한다. 한 개인의 학문 생활을 정리하고 또 미래를 준비하는 이들을 위해 조언하고자 펴낸다. 이 책을 학교생활 내내 내 강의를 들어주고 연구를 도와준 후학들, 정부에 대한 고언을 들어준 이들, 그리고 앞으로 크게 자라나 미래사회의 주역이 될 이들의 몫으로 남기고 싶다. 특히 이 책을 내 학문의 세계를 열어주고 미래학에 눈을 뜨게 해 준 한국미래학회의 창시자이자 르네상스 시대에서처럼 융합적 역할을 수행한 영원한 은사 고 이한빈李漢彬 선생님에게 바치고자 한다.

이 책은 미래의 융합학문을 지향하는 '미래대학 콜로키엄'을 2007년부터 지원한 서울대학교 이장무 총장과, 2006년과 2007년 두 해에 걸쳐 '새로 보는 과학' 이라는 이름으로 과학기술이 다른 분야(인간, 예술, 사회, 종교, 고령사회, 여성, 미디어, 리더십 등)와 만나는 포럼을 주도한 김우식 부총리 겸 과학기술부장관, 나도선 한국과학문화재단 이사장의 후원 덕에 햇빛을 빨리 보게 되었다. 은혜에 감사하지 않을 수 없다.

끝으로 평생 은혜를 입고 빚진 대학과 은사에 바치는 헌시로 마친다. 2007년 2월 28일 저자가 학교를 정년퇴임하면서 교수대표 연설한 내용의 끄트머리에 적었던 시를 옮긴다.

그대 엿워하니

작은 불씨 지펴/모락모락 연기/일더니/꺼질 듯 꺼질 듯/
한때 그러다/말다/다시 타/큰 불꽃/활활 타오르는/진리의 빛/
그대/영원하니/이 세상에/온 누리에/깊게/너얼리

마음과 정신을 관악에 남기며

저자 김광웅

목 차

우리의 미래는 어떨까?

어떤 미래가 우리에게 다가올까?

지금과 같을까, 아니면 다를까?

학문이나 대학을 모르고 우리나라의 미래를 점칠 수 있을까?

정부와 리더십이 어떤 생각을 가져야 하며, 지향하는 토대는 무엇이 되어야 할까?

아침에 일어나면 신문을 보고, 조반을 먹고, 교통지옥에 시달리며 출근한 후 직장에서 분초를 다투어 일하며 저녁에 집에 가기 전에 동료들과 술을 한잔 하고 헤어지고, 다음날 똑같은 일이 반복된다. 과연 미래에도 이런 판에 박힌 생활이 반복될까? 아니면 영양이 응축된 캡슐 알약 하나를 먹고 자동차로 고속도로에 이르면 도로가 스마트화되어 저절로 움직이고 운전 · 조작하지 않고도 출근하게 될까?

사무실에서는 로봇이 늘 대기하고 있어 기계적으로 처리할 일은 더 이상 신경을 쓸 필요가 없고 더 진화된 블랙베리로 실시간으로 들어오는 이메일을 보면서 업무를 처리하게 된다면 어떻게 될까? 와이브로의 혜택은 또 어떤가? 사무실 커튼은 다이옥사이드 성분이 들어 있어 시간과 햇빛에 따라 조명이 달라진다. 근무하는 건물의 유리창이며 벽 시멘트는 자정기능을 가지고 있어 언제나 말끔한 건물에서 근무할 수 있어 작업능률이 지금보다 훨씬 증가할 것이다. 휴대폰, 신용카드, 블랙베리 등이 카드 하나로 다 되는 세상은 과연 지금과 어떻게 다를까?

가정에서 일어나고 있는 일을 화상으로 모두 보게 되고 가전기기를 외부에서 조절할 수 있게 된다. 집에 들어가는 시간이 정확히 정해지고, 미리 준비된 음식이 기다린다면 적어도 생활양상은 지금보다 크게 달라질 것이다. 그러면서 한편으로는 인간이 기계처럼 되는 것에 두려움도 느낄 것이다.

정부에 문서를 내러 가는 일도 없어질 것이다. 세금의 명세에는 우리가 낸 세금이 어디에 어떻게 쓰였다는 것을 알려주는 코드가 내장될 것이다. 정부가 하는 일의 내용을 소상히 알 수 있는 그야말로 투명한 정부가 되지 않을 수 없다. 그 밖에도 정부가 우리에게 해 주는 것, 우리가 정부를 위해 해야 하는 것 등이 모두 자세하게 밝혀진다. 그러면서 정부에 잘못이 있다면 즉시 시정할 수밖에 없는 메커니즘이 개발될 것이다.

미래의
인간과 사회

미리 가 보는
미래사회의 단면과 의미

앞으로 더욱 더 과학기술이 발달해 세상을 바꾼다. 여러 가지 미래 예측 보고서를 보면 2030~2040년에는 인간의 삶의 양태가 크게 바뀌기 시작한다고 한다. 우선 원숭이의 지능에 해당하는 제4세대 로봇이 등장해 인간생활의 편익을 질적·양적인 면에서 바꾸어 놓는다.

그리고 가정생활에서나 사회생활에서 로봇의 몫이 점점 커져 인간의 보조역으로 등장한다. 청소, 음식, 집 지키기, 사무관리, 심지어 엔터테인먼트까지 로봇이 해 준다. 현재 실버세대를 위한 로봇 개발도 추진 중이다.

정부 쪽의 변화도 예외가 아니어서 적어도 8급과 9급 공무원의 역할은 로봇이 담당할 가능성이 매우 높다. 모라벡은 20세기의 로봇은 곤충 수준의 지능을 가졌지만, 2040년까지 개발될 제4세대 로봇은 사람처럼 똑똑한 기계일 것이라고 한다.

2050년 이후 지구의 주인이 인류에서 로봇으로 바뀔 수 있는 주장까지 있다. 어쩌면 사랑을 쟁취하기 위해 로봇과 경쟁을 해야 할지도 모른다. 이는 인공두뇌의 탄생을 예견하는 것과 맞물린다.

괄목할 만하게 발전하는 미래사회를 지배하는 과학기술로 지노믹, 로보틱, 인포메틱, 그리고 나노틱 과정, 이 네 가지를 들기도 한다. 이들의 문자를 따서 '그린 기술GRIN technology'이라고 일컫는다. 제네틱스, 나노테크놀로지, 그리고 로보틱스를 드는 사람도 있다.[1]

한편 한양대학교의 김창경은 21세기 과학의 기본 틀을 원자 나 노 기 술 AtomsNanotechnology, 세 포 생 명 공 학 GenesBiotechnology, 비트정보기술BitsInformationTechnology*, 뉴런인식과학NeuronsCognitive Science*으로 요약한다.[2] 여기에 관계와 미학의 중요성을 고려해 아름다움과 미학적 아이디어를 추구하는 디자인Aesthetic Idea Design을 포함시켜야 한다는 생각이나.

미래사회에서 벌어질 몇 가지 일상생활의 변화를 소개하면 다음과 같다. 지금 사용하고 있는 휴대전화 대신 지갑 속의 신용카드가 블랙베리 같은 스마트 기능을 포함해 모든 기능을 대신한다. 아니면 2011년에는 귓속에 장착하는 이동통신 시대가 개막되면서 휴대전화 시대의 종언을 고할 것이라고도 말한다. 또한 세척 유리와 자정능력이 있는 콘크리트가 개발되어 창문이나 건물을 청소하는 일이 없어진다. 연잎에서 물방울이

OLED시대
차세대 디스플레이인 유
기발광 다이오드로 여러
파장의 넓은 스펙트럼.

굴러 내리며 먼지를 훑어 내는 원리를 이용한 것이라고 한다.

또한 귀에 장착하는 음성인식 기능으로 동시통역이 가능해지며 학교 건물은 없어지고 전자 수업e-learning과 전자 교사e-teacher가 보편화된다. 제트기를 택시처럼 빌려 쓰며 교통수단에 관한 한 2015년에는 계기판이 없는 음성인식 자동차가 첫 시동을 걸 수 있게 보편화된다.

LCD 모니터들이 서서히 사라지고 종이처럼 얇고 부드러운 실내조명 겸용의 커튼 버전이 출시되는 OLEDOrganic Light Emitting Diode* 시대가 열린다. 위성 항법 시스템GPS이 보행자와 시각 장애인을 도와 전자 눈이 시각 장애인의 새로운 희망이 되기도 한다. DNA칩으로 병을 예진하고, 인공장기가 기적을 만들어 낸다. 프랑스는 인공 심장, 영국은 의수의족, 독일은 인공 간과 폐 등을 특화한다.

그리고 분쇄기가 모든 쓰레기를 재활용으로 바꾼다. 휘발유 자동차의 수명이 끝나고 이미 시작된 하이브리드 자동차의 시대를 지나 수소 연료 전지의 보급이 보편화된다. 〈마이너리티 리포트〉 영화에서처럼 홍채인식 시스템이 개발되고 허공에 PC스크린이 등장할지도 모른다.

비행기가 이미 등장했듯이 수직으로 이착륙하는 자동차도 보편화된다. 맞춤광고전광판이 등장한다. 2007년 추진되고 있는 융합 미디어가 완성되면 앉아서 모니터로 신문, 방송, 통신, 인터넷 등 온갖 정보를 받을 수 있게 된다.[3]

정부가 하는 일에 변화가 올 가능성도 높다. 한 예를 들면, 사람이 걸어 다니는 보도가 움직이고, 또 고속도로가 스마트화돼 일단 차가 진입하면 고속도로가 움직여 자동차 사고 같은 것은 상상하기 어려워진다. 교통법규 또한 이에 맞추어 바뀌어야 할 것이다. 앞으로 고속도로 교통순찰대 같은 것이 필요할지 다시 생각해 보아야 한다.

3만 8,000km 높이의 나노 튜브 엘리베이터를 타고 하늘로 오르면 인공우주도시를 만난다. 하늘로 꿈을 실어 나르는 우주 엘리베이터가 건설되는 것이다. 달에 영구기지도 건설된다.[4] 중국이 2007년에 해낸 창어 프로젝트처럼 우리도 하루빨리 우주시대 개척에 앞장서야 한다. 무중·무공해 실험을 담당할 수 있는 과학연구단지가 우주에 조성된다. 생명공학과 우주과학이 미래의 과학이 될 것이라는 예측은 결코 틀린 말이 아니다.

물방울도시 또는 부양도시가 바다 위에 뜬다. 걸리버 여행기에 나오던 라퓨타Laputa 섬이 현실로 나타나는 것이다. 거기에 새로운 도시가 형성된다.

특정 목적을 위해 생명체를 인공으로 합성하는 인공생물학이 발달해 박테리아의 유전자를 변형해서 공장을 만들고 항말라리아제를 만들어 낸다. 여기서 에탄올과 휘발유가 만들어지면 주유소에 가서 가스를 넣는 것이 아니라 물과 박테리아를 넣는다. 대양에서 기름을 실어 나르는 유조선을 보기 어렵게 될 것이라는 전망이다.

에릭 드렉슬러[Eric Drexler]는 '자유 우주여행을 보장할 가볍고 강한 우주선, 스스로 세차하고 배기가스도 내보내지 않고 날아다니는 자동차, 온도, 습도에 따라 자동 조절되는 옷, 고갈되거나 오염될 염려도 없는 상용화된 태양 에너지, 암 바이러스나 전신마비를 완치할 의학기술이 있는 세상이 온다' 고 예언한다.[5]

제롬 글렌[Jerome Glenn]은[6] "개인 맞춤형 신경 영양 공급, 유전공학 기계, 인지계발, 사이버 지구촌 쌍방향 통신 같은 첨단 기술이 통합된 '사이버 나우*', 즉 가상현실에 접속하는 통로 역할을 하는 의복 형태의 컴퓨터가 역사상 최고의 번영을 보장할 것" 이라고 말한다. 유엔 미래포럼에서 글렌은 세계는 지구 공화국으로 통합되어 각국 정부에 영향력을 행사할 것이라고 예언하기도 한다. 유엔의 또 다른 형태의 미래기구를 말하고 있다.

인공지능의 발달은 인지과학과 맥을 같이 한다. 뇌, 마음, 그리고 컴퓨터가 중심이 되어 과학의 세계를 이끌어 간다. 그래서 인지과학이 과학의 기초가 될 수밖에 없다는 이야기가 설득력을 지닌다. 나노[nano], 바이오[bio], 인포[info]와 함께 코그노[cogno]*의 힘이 발휘될 수밖에 없는 세상에 접어든다.

거기에 디지그노[designo]*까지 계산에 넣어야 한다. 아톰, 비트, 뉴런 등과 함께 에스세틱 아이디어와 뷰[aesthetic idea and view]가 기술의 요소들을 엮어가야 하기 때문이다. 미래는 관계기술[RT: Relations Technology]*이 NT, BT, IT만큼 힘을 발휘한다고 말한다. 소설, 시, 디자인, 그리고 사회과학이 관계기술을 엮는 일을 해 낼 것이다.

세상의 변화는 이루 말할 수 없을 정도로 크게 이루어진다. 시간이나 공간을 측정하는 단위가 새로 발견되어 10의 마이너스 18승에 더해 10의 마이너스 24승, 즉 욕토[yocto]*까지 계산이 가능해 진다. 한마디로 정확, 정밀, 세련된 삶을 영위하지 않으면 안 되는 세상이 도래하는 것이다. 그렇다고 너무 지나치면 세상은 다시 기계화될 수 있으니 조심해야 한다.

마샬 맥루언[Marshall McLuhan]은 '태초에 우리가 도구를 만들었고, 그 후에는 도구가 우리를 만들었다' 고 했다.[7] 오늘날은 AP통신 2007년 8월 20일 보도에 따르면 앞으로 3~10년 안에 세포 단계의 '인공 생명' 이 만들어질 것으로 보인다고 한다.

과학자들은 인공 생명체를 통해 미래에는 불치병 치료, 온실가스 감축, 독성 폐기물 처리 등 다양한 문제가 해결될 수 있을 것으로 본다. 2007년 현재 합성 생명 '창조' 를 가로막는 기술적 장애는 크게 세 가지다.

해로운 분자를 뱉어내고 이로운 분자를 받아들이는 세포막 제조, 세포 기능을 통제하고 번식 · 돌연변이를 가능케 하는 유전자 시스템 구성, 외부 환경에서 먹이를 받아들여 에너지로 변환시키는 물질대사 시스템 구성 등이 그것이다. 이 중 세포막 문제가 가장 빨리 해결될 전망이다. 하버드 의대 잭 스 조스탁[Szostak] 교수는 '6개월 내에 지방산을 활용한 세포막 창

조에 관한 연구 결과가 나올 것'이라고 한다.[8]

　　요기 베라^{Yogi Berra}는 '미래는 지금까지와 같은 세상이 아니다'고 말한다.[9] 차차 말하겠지만 레이 커즈웨일^{Ray Kurzweil}은 여섯 단계의 도약을 그리고 있다. 첫 번째 도약은 물리학과 화학의 시대다. 원자구조에 관한 정보가 지배한다. 두 번째 도약은 생물학의 시대다. DNA 정보가 주종을 이룬다. 세 번째 도약은 뇌의 시대다. 뇌신경 패턴의 정보가 지배한다. 네 번째 도약은 기술의 시대다. 하드웨어와 소프트웨어 정보가 주종이다. 다섯 번째 도약은 기술과 인간지능이 창발하는 시대다. 생물학의 방법(인간의 지능을 포함해서)이 해석학적으로 확대되는 인간 기술의 토대에 통합된다. 여섯 번째 도약은 우주가 잠에서 깨어나는 시대다. 우주에 있는 물질과 에너지의 패턴이 지적 과정과 지식과 더불어 포화상태가 된다. 다시 말해서 비생물학적인 인간지능이 전 우주에 널리 퍼진다.[10] 원전에서 그림을 보면 훨씬 더 이해가 빠르다.

　　앞서 말한 것처럼 우리의 미래는 너무 다르게, 너무 빨리 변할 것이다. 이때 우리가 지금 해야 할 일은 미래 변화의 본질을 정확히 이해하는 것이다.

　　미래에는 패러다임이 변한다. 이미 변해있다. 즉 부분이 곧 전체다(부분의 합이 전체가 아니다). 그리고 이원론이 아니라 일원론이 지배한다. 적과 동지, 진보와 보수 같은 이분법, 정성분석과 정량분석 같은 이분법 등이 아니다. 사고와 이념 등에서 이분법으로 나뉘면 나라 질서가 어지러워진다. 뒤에 설명이 보태지지만 앤드류 에벗^{Andrew Abbott}이 말하는 대로 이분된 요소들은 서로가 서로를 함께 포유한다. 정성 속에는 정량이 있고 정량 속에는 정성이 함께 있다는 뜻이다.

그러나 여기에도 이론이 있다. 로버트 란자^{Robert Lanza} 같은 생명과학자들은 모든 것에 생명을 부여해야 한다고 말하면서 양자론의 부정확성을 인용^{忍容}해야 한다고 말한다.

미래에는 다양한 개체가 존재한다. 그리고 이들 간에는 '관계^{RT}'가 형성되어야 하며 동시에 이들은 매우 중요한 요소가 된다. 이에 따른 부가가치도 크다. 또한 수직이 수평이 된다. 모든 것이 네트워크로 연결되고 네트워크는 네트런^{netrun}* 이 되어 보다 역동적으로 만들어 준다.

단순계 과학의 시대가 복잡계 과학의 시대로 바뀐다(관료주의에서 거버넌스로, 즉 정부가 단독으로 해결할 수 없을 정도로 사회는 복잡해진다). 권태준이 누누이 강조하는 이야기다.[11]

기본사회, 자본사회를 넘어 뇌본사회, 창조사회(코그노^{cogno}, 디지그노^{designo} 사회로, 정부는 아름다운 디자이너로서 RT 역할만)로 간다. 물질보다 정신이 더 소중해 진다. 소강국가로 가야 할 이유가 여기에 있다.

우주공간, 사이버 공간으로 인간의 활동 영역이 무한대가 되며 세분, 정밀, 욕토의 세계로 간다. 그리고 미래는 인공지능 시대, 로보틱스로 가며 융합시대로 간다. 따로 따로 떨어져 생각하지 않고 하나의 큰 그림을 본다. 또한 아름다움을 디자인

23

하는 시대, 미적 디지그노의 시대^{era of aesthetic designo}로 간다.

그러면 우리가 원하는 자유사회, 여유 있는 사회, 아름다운 사회는 어떻게 만들 수 있을까? 이를 위해 몇 가지 해야 할 것들을 제시한다.

(1) 사람을 규격화하지 않는다.

(2) 채우지만 말고 비우기도 한다.

(3) 코그노의 중요성을 인식한다.

(4) 디지그노의 참 뜻을 이해하고 심미안을 갖고 사람과 사람을 엮으며 아름다움을 추구한다.

(5) 생태계를 파괴하지 않는다(제레드 다이아몬드^{Jared Diamond}) - 지구의 주인이 인간인가를 다시 한번 성찰한다.

(6) 과학적 인식만큼 찰라 포착^{blink}이나 느낌도 존중한다.

(7) 융합의 지혜를 짠다.

(8) 복잡계를 있는 그대로 받아들인다.

(9) 확연성보다는 개연성으로 말한다.

(10) 여유 있고 반듯한 법과 질서, 그리고 상대방을 존중하는 사회를 만든다 - 소강국가론.

이를 공자孔子《예기禮記》제9장에서 말하듯 소강국가라고 해도 좋겠다. 김구, 덩샤오핑, 후진타오도 이와 비슷한 표현을 했다. 서양과학과 합리주의 전통이 선택된 힘이 되어 사회를 지배해서는 안된다. 과학의 진실성과 과학윤리를 보다 선양하는 자세로 훌륭한 과학을 넘어 보다 더 성숙한 메타과학이 '아름다운 미래사회'를 건설하는 데 앞장서도록 하는 것이 현명하지 않을까?

지금까지는 우리가 늘 겪는 생활 중 변화의 일부를 간헐적으로 스케치한 것에 불과하다. 이런 가운데 인간과 사회에 본질적인 변화가 올까? 끔직한 변화는 영화 〈매트릭스〉 같은 데서 이미 예견한 바 있다. 인간이 컴퓨터를 움직이는 에너지를 공급하기 위해 사육되는 처지로 전락한다면 비참하기 이를 데 없을 것이다. 영화 〈투모로우〉에서처럼 뉴욕이 물에 잠기고 이어서 얼음으로 꽁꽁 얼어붙어 지구는 다시 빙하기에 접어들 수도 있다. 영화 〈대지진 10.5〉에서처럼 미국이 노스 다코다에서부터 텍사스까지 남북으로 갈라져 다른 대륙이 될 수도 있다.

과학기술이 인간의 행복과 사회의 안전을 보장할 수도 있고, 아니면 정반대도 될 수도 있을 것이다. 과학자들은 인간 생활의 편익을 증대시키기 위해 많은 노력을 기울이지만 인간을 멸망에서 구원하지 못할 수도 있다.

과학이 어떤 구실을 할지는 아직 정확히 예측하기 어렵다. 분명한 것은 지금까지 인간과 사회의 편익은 자연과 환경을 파괴해 가며 얻은 것이기 때문에 앞으로 같은 경로를 밟으면 더 큰 재앙이 올 것이라는 사실이다.

여기서 우리는 천재지변 같은 재앙에 대해서만이 아니라

인간의 본질이 어떻게 변할 것이며, 이에 따라 사회는 또 어떻게 변할 것인가에 눈을 더 크게 뜨고 미래를 대비해야 할 것이다. 또한 인간과 사회를 바꾸는 원동력인 지식과 정보는 어떻게 구성될 것이고, 이를 위해 고등교육은 또 어떻게 변해야 할 것인지, 과학이 진정 진리를 규명해 주는 것인지, 그리고 이를 이끌어 갈 정부와 리더십은 또 어떤 모습으로 어떤 역할을 하게 될지 궁금하지 않을 수 없다. 이들 모두는 국가가 가야 할 방향과 경로와 결코 무관할 수 없다.

만일 지금까지 우리나라가 걸어 온 길과 같은 길을 간다면 우리가 짊어질 짐도 계속되는 것은 아닐까? 아니면 같은 길을 가더라도 과학과 기술의 힘으로 이들을 극복할 수 있을까? 아니면 다른 길로 가야 지금까지의 부담을 조금이라도 덜 수 있는 것은 아닐까? 우리가 심도 있게 고민해야 할 부분이다.

미래사회는 창조사회

우리가 맞이할 미래사회는 어떤 모습일까? 지금과 같을까? 아니면 지금과 전혀 다른 모습일까? 공상과학소설이나 영화를 보면 전혀 다른 도시, 심지어 다른 모습의 인간(인간이 아닐 수도 있다)까지 등장하는 걸 보면 지금과는 다른 사회가 될 가능성이 없지 않다.

그러니 가까운 미래, 이를테면 2010년이나 더 지난 2030~2050년의 사회는 크게 변하지 않을 가능성이 더 크다. 다만 과학기술이 크게 발달해 지금까지는 경험하지 못한 전혀 다른 기기와 제도 같은 것이 등장할 여지는 충분히 있다. 생활의 편익이 증대되는 것은 상상을 초월할 것이다. 그러나 그만큼 부담도 클 것이다.

좀 더 구체적으로 시대구분에 따라 이야기를 해보겠다. 우리가 살아왔고 또 앞으로 살 세상을 시대별로 나누어 보면 '농

*뇌본사회
땅이나 돈이 소중한 사
회에서 더 나아가 뇌가
중시되는 사회이다. 창
조성이 강조된다.

경시대(농부)'에서 '산업화시대(공장노동자)', '정보화시대(지식근로자)'를 거쳐 '하이콘셉트의 시대'로 가고 있다. 하이콘셉트의 시대로 가면 창작자나 타인과 공감하는 능력을 소유한 사람이 주인공이 된다.

이를 '종합개념과 예술과 감성의 시대'로 옮겨가고 있다고도 말하는데[12] 이는 지본사회地本社會에서 시작해 자본사회資本社會를 거쳐 이제 뇌본사회腦本社會*로 진입했다는 말과 상통한다. 땅이 중하던 시대, 돈이 중하던 시대를 지나 뇌가 중요한 시대가 되었다는 뜻이다.

땅도 돈도 다 중요하지만 이젠 뇌가 가장 중요하며, 뇌 중에서도 특히 우뇌가 중요하다는 이야기를 자주하게 되었다. 물론 좌뇌의 중요성이 상실되는 것은 아니다. 오히려 전뇌적 사고의 중요성이 강조된다. 전체를 보고 감성을 관리하고 지혜를 활용하자는 취지다. 이제는 물체를 눈으로 보는 것이 아니라 뇌로 본다고 한다. 더 나아가면 마음의 눈으로 본다고도 말한다.

또한 미래 변화의 주요원리로 복잡성, 해체, 그리고 역설을 드는 사람이 있다.[13] 여기서 복잡성은 새로운 방식의 시스템과 새로운 질서의 탄생을 기대하는 것으로, 해체는 재조합과 시차문제, 즉 적응지체의 문제를 수반하는 것으로, 그리고 역설은 경로의 다양성과 선택의 중요성으로 이해한다.

시대와 사회 변화의 내용을 구체적으로 예시하면 이렇다.

국가의 미래

커니^{A. T. Kearney}는 향후 5년 동안 미국 내 금융서비스 기업들의 50만 개 일자리가 인도를 비롯한 저비용 국가로 이전될 것이라고 전망한다.

다니엘 핑크 ^{Daniel H. Pink}*[14]는 일상적인 법률조사 업무가 미국에서 해외로 이전되고 기본적인 법률정보가 온라인으로 가능해진 상황에서 소송에 관한 업무로 남는 것은 별로 없을 것이라고 한다. 법률회사도 하이콘셉트 기업이 되면서 법률회사라기보다는 디자인 회사로 변신하고 있다. 변호사가 좀더 효과적으로 배심원을 설득하는 데 도움이 될 수 있도록 법정 제시 증거물, 비디오, 시각적 자료 등을 준비해 주는 서비스를 하고 있다. 이는 엄숙과 근엄을 생명으로 하는 법정이 변하고 있다는 증거다.

이러한 변화는 우리나라 의회에서 국회의원이 질의하는 현장에서 이미 예견되었던 바다. 단순히 말만으로 질의하기보다는 도표를 들고 나와 질의하는 것을 당연시하고 있다. 방송에서 뉴스를 진행하는 앵커들도 이젠 말빈으로 보도를 하시 않는다. 표, 그림, 입체 영상물 등의 잘 정리된 자료를 가지고 나와 터치스크린으로 설명하고 의견을 보태며 질문을 던지고 문제를 제기한다.

세상이 변하고 있는 예를 몇 가지만 더 예시한다. 2030년에 한정시켜 보더라도 세상의 변화는 상상을 초월한다. 앞으로 35년 이내에 없어질 것으로 중국의 공산당을 꼽는 예측이 있다.[15] 같은 보고서에 의하면 정당도 없어지고 소아마비도 사

29

라진다. 더 큰 변화는 일부일처제가 아닌 일부다처제 또는 일처다부제의 시대가 될 것이라고 한다. 일처다부제의 가능성은 저자의 예측이다.

병원은 수술이 아닌 시술 체계로 바뀐다. 외과수술을 하는 대신 알약을 삼키면 환부에 나노 로봇이 들어가 치료한다는 콘셉트다. 2030년에 제 3세대 로봇이 개발되면 지능은 원숭이 수준으로 웬만한 기능적 일은 다 해낸다.[16] 정부의 8~9급 정도 공무원의 일은 아마 로봇으로 대체될 것이라고 예견할 수 있다.

뉴런과 나노기술의 발달로 두뇌세포를 대체할 수 있어 기억력이 기존의 배가 된다. 반면에 매트릭스 사회가 되면 인간은 인터넷 컴퓨터 시스템을 유지하는 데 필요한 정도로 사육당할 수도 있다. 이것이 바로 과학 윤리가 강조되어야 할 이유다.

앞으로 우리가 맞이할 사회에 관해서 정리해 보면, 그동안 기울인 연구에 힘입어 대강 어떤 사회일 것이라고 줄여 말할 수 있을 것이다. 주로 발전단계설에서 하는 이야기들이다. 한 예로 앞으로 맞을 미래사회는 '창조사회' 라고 단언하는 연구가 있다. 자그마치 2100년까지 내다보고 연구한 주장이다. 이들이 내놓은 시대구분은 참고할 만하다. 아래에 몇 가지를 소개한다.

먼저 '2100' 이라는 기관이 예측한 미래사회는 '창조사회' 이다. 그것도 2060년부터의 일이니 한참 후의 일이다. 그 사회에 이르기까지 우리는 '쇼비즈니스사회*' 와 '교육사회' 를 거쳐야 한다. 사회변화의 발전단계설의 오해 중 하나가 한 단계가 끝나고 나면 다음 단계로 옮겨가는 것처럼 여겨진다. 하지만 실은 그게 아니라 사회의 여러 특징이 동시에 존재하면서 그 비중이 약간씩 이동한다.

따라서 쇼비즈니스사회가 끝나고, 교육사회가 진행되다가 창조사회가 되는 식이 아니라 지금의 쇼비즈니스가 활발하듯이 미래에도 이런 특징이 지워지지는 않는다. 창조사회도 2060년이 되어야 시작하는 것이 아니라 지금부터 그런 기미가 충분히 보인다고 생각하면 된다. '2100 기관' 이 제시한 200년 동안의 사회변화는 〈표 1-1〉을 통해 자세히 살펴볼 수 있다.

다시 말하지만, 창조사회나 뇌본사회가 되어도 땅이나 돈이 중요하지 않거나 필요하지 않다는 뜻이 아니다. 땅이 있고 그 밖의 교환가치를 표시하는 방법이 있어야 하기 때문이다. 종이화폐는 전자화폐로 대체될 것이다. 그리고 땅보다 공간이 더 중요하게 될 것이다. 우주공간, 사이버공간, 바다 위의 공간 등을 말한다.

또한 시간이 중요해질 것이라고 이야기하는 사람이 있다. 바로 제러미 리프킨으로, 그는 이를 시산^{時産}이라고 표현한다.[17] 시간만큼 소중한 것이 없고 앞으로는 더욱 그러할 것이라는 주장이다. 높은 지위에 있는 사람들의 시간은 매우 값져서 쪼개고 또 쪼개서 쓴다. 기업의 CEO나 대통령의 시간이 소

31

〈표 1-1〉 2100년, 세계예측 시나리오

연대 분야	1900~1940	1940~1980	1980~2020	2020~2060	2060~2100
인구(명)	16~24억	24~50억	50~80억	80~85억	85~70억
사회	생산사회	소비사회	쇼비지니스 사회	교육사회	창조사회
인구의 지역별· 내용별 분포	유럽의 식민지 지배	남반부 증가	남·북반부 인구이동 남반부 인구조절	산아제한 역피라미드 구조	전지구적 인구감소 노령화 유전자 재생산
건강	대중백신 예방	항생제, 빈국 영아사망율 감소	분자적 질병 : 암, 심장혈관,에이즈 등	자가치료 및 정신질환 예방	바이오테크 : 비이오 대체 인공생체기관
도시화	부국대도시 간 네트워크	인력강국들의 도시성장	대극체제 도시빈민 증가	도시재편 : 중소도시, 테크노도시, 해양도시	유목민 : 도전적 정착, 녹색마을,바이오마을
교통	철도, 수로	자동차, 비행기	고속철도, 요트, 하이브리드 자동차	비행기로 옮기는 이동주택	우주관광, 태양계 밖 탐방
환경, 농업	전통적 지역시장	산업화, 부국의 과잉생산	산림재녹화, 질적 다양화, 농산물 소량 생산	토지재지배, 광산업 개발	지구환경 감시
상업, 산업	과학적 관리 소량소매	노동집약적 산업, 재편, 자동화	서비스 경제, 소규모 하이테크 기업, 수퍼 가게	문화, 교육산업, 디자인, 원거리쇼핑	바이오 산업 팽창, 인공장기·인체
에너지, 원료	석탄, 철광	석유, 부국의 전기화	에너지 절약, 수소원료 초기	전 세계 전기화, 태양에너지	달 탐사 및 우주에서 원료 채취
커뮤니 케이션	특권층에 라디오, 전화	텔레비전, 전화	팩스, 이동전화, 레이저 기억장치, 화상전화	기술·관광·교육 이동통신 등을 위한 전지구적 테이터 베이스	인공테라피, 꿈 구체화, 통신테라피
재정	금태환, 세계공황	달러태환, 은행 등장	삼극체제 : 달러, 엔, 유로	세계화폐유통, 민속은행(Grameen 형)	'한자동맹' 개인화폐유통
갈등	1,2차 세계대전, 국민국가, 공군, 탱크	냉전, 핵억제	인종·종교갈등, 테러, 마피아	사이키(영혼·정신구소) 및 컴퓨터바이러스와의 전쟁	망각관리 소트트웨어 전쟁
교육	국가기초교육 : 미·일·유럽	대학발전 연구의 제도화	미디어간 경쟁·혼란 실천적 지식 결여	평생교육강화, 가상대학지배	에듀테인먼트·윤리·생존 기술 등으로 개인 발전
정신, 영혼, 종교	기독교 전파	과학주의, 이슬람	원리주의 대 신영혼	인지과학 : 비합리성의 합리화	지식의 세 갈래 : 합리성·초월성·창조성
문화	유럽문화 전파	대중음악, 영어의 세계화	지역문화소생, 대중 비디오, 전자 게임	범문화번역의 표준화	가상생활을 통한 예술적 창조

출처: 2100 기관

중하기는 이루 말할 수 없다. 예를 들면 미국 대통령 선거 때 참모들끼리 하는 말이 있다. 대통령 후보가 당선되면 대통령의 시간은 금쪽 같아서 만나기 힘드니 할 이야기가 있으면 지금 다 해 놓으라고 한다. 한국의 어느 대통령도 틈 내기를 그리 힘들어한다. 수석 비서관에게조차 5분을 할애하기가 어려운 경우도 있다고 한다.

노무라연구소는 《2010 일본》에서 물질적 풍요의 시대보다는 정신적 풍요의 시대가 오고, 조직이 사람을 고용하는 고용사회에서 사람 각자가 능력과 독자성을 가지고 활동하는 기업起業사회가 온다고 예견한다.

다니엘 핑크는 농경시대(18세기, 농부)를 거쳐 산업화시대(19세기, 공장노동자), 정보화시대(20세기, 지식근로자), 하이콘셉트의 시대(21세기, 창작자 및 타인과 공감하는 능력의 소유자) 순으로 미래사회의 변화를 읽는다.[18] 앞에서 이미 소개한 바 있다.

레이 커즈웨일 Ray Kurzweil*은 《특이점이 온다 The Singularity is Near》에서 미래는 과학기술의 6단계를 거쳐 변한다고 보고 있다.

제1단계는 물리학과 과학의 시대로 원자구조에 있는 정보를 보는 단계다. 제2단계는 생물학의 시대로 DNA에 있는 정보를 보는 단계다. 제3단계는 뇌과학의 시대로 뇌세포 패턴에 있는 정보를 보는 단계다. 제4단계는 기술학의 시대로 하드웨어와 소프트웨어 속에 있는 정보를 보는 단계다. 제5단계는 기

33

술과 인간의 지능이 합쳐지는 시대로 인간지능을 포함한 생물학의 방법론이 확대된 인간기술 베이스로 통합되는 단계다. 그리고 마지막인 제6단계는 우주가 깨어나는 시대로 우주에 있는 물질과 에너지의 패턴이 지능적 과정과 지식으로 포화상태가 되는 단계다.

미래사회를 예측함에 있어서 재미있는 현상 중 하나는 인체에서도 주요 활동 포인트가 이동하고 있다는 것이다. 수렵과 천렵을 하던 시대, 농업사회에서는 발과 다리를 주로 쓰다가, 산업사회에 들어서면서 가내수공업 등에 필요한 손과 팔이 바빠졌다. 이어서 미디어가 발달하는 정보통신사회에는 눈, 코, 귀, 입 등 얼굴의 기관들이 중심이 된다. 다음 창조사회에서는 뇌가 중요한 포인트가 된다.

정말 재미있지 않은가? 그 다음엔 무엇이 주요 활동 포인트가 될까? 뇌까지 갔으니 다시 발과 다리로 내려오나? 아니면 뇌까지 갔으니 세상은 사람 중심에서 벗어나게 되는가? 왜 인간이 지구의 중심이 되어야 하느냐고 이의를 제기하는 학자들이 있다는 것을 잊어서는 안 된다.

지식지도가 바뀐다

지식의 지도 map of knowledge가 변하고 있다. 물론 진작부터 변하고 있었다. 모든 지식층은 문법, 수사학, 논리학으로 구성된 '삼학三學' 과 천문학, 산수, 기하학, 음악(화음학)으로 구성된 '사과四科' 로 짜여져 있었다.[19]

성리학자 장광현처럼 《우주설》이라는 책을 낸 조상도 있었지만 '선현들은 대게 우주나 자연보다는 사람이 살아가는 도덕이나 윤리에 주된 관심을 기울여 왔다'.[20] 이것이 우리의 학문적 특징이기도 하다.

그러나 18세기의 또 다른 특징은 북벌의 강고한 이데올로기가 어느 순간 북학北學으로 방향을 선회하면서 서울의 광통교 일대에 중국제 골동 서화들이 넘쳐났고 덩달아 소비문화며 원예문화까지 활성화되기도 했다.[21]

오늘 날에 이르면서 이러한 특징은 많이 변한다. 지식의 지도는 철저하게 계층적이었다. 계급이라고 해도 좋다. 저자는 형이상학 내지는 수학과 논리같은 기초과학이 밑받침이 되는 토대 위에 다른 학문분야가 성장했다고 믿는다.

지금도 이 철칙이 크게 바뀐 것은 아니다. 분석과학이 밑에서 받쳐줘야 경험과학이 자란다. 그러나 한편 피라미드의 정점에 있다고 생각했던 물리학과 화학이 생물학에게 그 자리를 내 주고 있다. 생물학도 머지않아 비생물학에게 자리를 내주어야 할 것이다. 사회과학분야에서도 경제학은 자체의 무게에 짓눌려 무너지기 시작했다.[22]

후에 직업군의 변화에서도 말하겠지만 학문끼리 쪼개졌던 분과학문이 다시 뭉쳐 새로운 하위 지식세계가 열리기 시작했다. 천문생물학, 바이오물리학, 환경기술학, 법률전문회계학, 신경정신약리학* 등이 그 예다. 이쯤 되면 융합학문의 실체를 쉽게 느낄 수 있을 것이다.

따라서 학문의 계층 체제(더 중요하고 덜 중요하다는 뜻)는 변하면서 서서히 사라질 수밖에 없게 된다. 예전에 관련이 없던 아이디어와 개념, 데이터와 정보, 그리고 지식을 새로운 방식으로 결합할 때 상상력과 창의력이 생겨날 수 있다. 새로운 지식지도는 인지과학을 기초로 여러 '학문융합의 꼴'을 형성해 나갈 것이다. 자연학과 인성학이 21세기 지식지도 또는 지식체계의 줄기가 된다는 이야기는 다음에 다시 소개하기로 한다.

---

*신경정신약리학
신경정신의학과 약리학이 융합돼 문제를 규명해 나가는 학문.

지식이 결합되고 또 재결합된다는 것은 앨빈 토플러가 이미 말한 바 있다. 그의 말에 따르면 우리는 조상들이 생산한 지식을 다른 방식으로 조직화하고, 분배하며, 더욱 찰나적인 유형 속에서 결합·재결합시키고 있다고 한다.[23] 가까운 장래에 우리는 신경과학 자동제어 그리고 매체 조작을 하나로 통합해 더욱 현실적이고 감각적인 지각적·가상적 경험을 창조하게 될 것이라고 한다.

과학과 기술이 이렇게 변하고 발전하면, 국가의 장래 장기 발전 전략이 바뀌지 않을 수 없다. 우리는 어떤 국가를 구상하고 구성해 갈 것인가에 대해 합의해야 한다. 현재와 같은 자본주의 선진국가 전략을 그대로 밀고 갈 것인지 등을 판단하는 것이다.

국가가 변하면 정부의 규모나 역할도 변해야 한다. 정부의 역할은 줄어 들대로 줄어들 것이다. 과학기술의 발달은 학문의 변화를 수반하고 학문의 변화는 대학의 구성과 역할을 뒤바꾸어 놓는다. 이를 이끌어 갈 주도세력, 이른바 리더십은 어떠해야 하는가에 대해서도 깊이 생각해 봐야 한다.

미래인간은 지능이 1조 배

사회가 이처럼 바뀌어가는데, 사람이라고 달라지지 않을 수 없다. 그러나 이것은 어디까지나 사람에 초점을 맞추었을 때 성립되는 이야기다. 사람들, 특히 젊은이들은 프랑스 사회학자 아탈리의 말대로 '디지털 유목민*'이 된 지 오래다.

사람이 사이보그가 되는 미래도 이미 진행되고 있다. 인체에 이물질을 넣어 건강상태를 체크하고 심지어 제2신경계를 만든다고 하기도 한다. 제2신경계가 만들어지면 이들끼리 네트워크가 생겨 또 다른 제2사회가 형성될 가능성이 점쳐지기도 한다. 인체에 삽입된 칩으로 인해 광고가 사람의 홍체를 인식해 소통을 할 수 있다는 것은 이미 영화 〈마이너리티 리포트〉에 등장한 지 오래다.

인간의 존재가 어찌 변할지에 관해서는 철학적 성찰이 있어야겠지만 인간의 외모가 변할 가능성도 있다. 또한 사회적

***디지털 유목민**
옛날 초원을 찾아다니는 유목민(노마드)처럼 컴퓨터의 사이버공간을 떠돌아다니는 사람들을 일컫는다.

존재로서의 양상이 바뀔 가능성이 여러 곳에서 점지되고 있다. 인공지능이 발달하게 되면 사람은 더이상 생물학적 존재가 아닐 가능성이 커진다. 그러한 시대에 사람의 머리는 온통 칩으로 도배될 수도 있다. 한번은 어린 아이의 두뇌사진을 찍어 한 쪽에 칩이 들어간 뇌를 전시한 적이 있다. 이는 생명과학 + 인지과학 + 기계공학 등의 합작품으로 대표적인 퓨전 사이언스^{fusion science}* 작품이다.

한편 레이 커즈웨일^{Ray Kurzweil}은 학문이 발달하는 단계를 여섯 가지로 분류해 과학이 진화하는 과정을 설명했다. 그리고 마지막 여섯 번째 단계에 이르면 인간의 지능은 지금의 1조 배가 될 것이라고 예견한다.

이러한 예측이 실현될지는 모르겠지만 인간의 지능이 엄청나게 변할 가능성은 충분히 있다. 인간의 현재 인지능력 이상의 칩을 심으면 그렇게 될지도 모르기 때문이다. 커즈웨일은 또한 인간이 만든 로봇과 사이보그 등 다양한 종^種이 인간의 범주로 인정받게 될 것이라고 말한다.

또 다른 미래학자는 인간의 변화모습을 이렇게 설명한다. 사람의 욕망 중 제일 큰 것이 창공을 날고 싶다는 것이다. 그래서 사람은 항상 새처럼, 비행기처럼 하늘을 날고 싶어 한다. 그래서 미래인간은 겨드랑이에 날개가 달릴 것이라고 예견하기도 한다. 인간이 새처럼 되는 것이다.

그리고 신인류시대에는 날개가 생겼으면 하는 바람, 바다

39

에서 살았으면 하는 바람, 신체의 특정 기능이 발달했으면 하는 바람 등이 과학기술의 도움을 받아 가능해 진다고 한다. 제트기를 불러 택시처럼 타고 다니는 세상과 맞물려 땅처럼 창공이 우리의 것이 된다.

또 한편에서는 생명공학이 주도하는 인간개조를 많이 이야기한다. 알약 하나만 먹어도 똑똑해지고, 기억력이 향상된다. 유전자 하나만 바꿔서 알츠하이머나 파킨슨 같은 불치병이 치료된다. 이들은 생명공학이 노화의 진행을 늦추고 나아가 생각하는 것만으로도 소통이 가능하다고 믿는다. 즉 유전자 치료와 신경과학 등 여러 영역에서 미래의 가능성을 여러 모로 예측하고 있다. 극단의 생물학 중심적 사고다.

앞에서 말한 대로 일단은 인간과 생명의 소중함을 외면할 수 없기 때문에 한동안 생물학적 사고가 지배할 것이다. 라메즈 남은 생명공학의 발달로 더 뛰어난 학습 능력과 기억력, 강한 근육, 그리고 더 긴 수명을 얻을 수 있다고 믿는다.[24] 생명공학은 우리에게 사고력, 감각, 외모, 의사소통 능력 등 어떤 면이든 원하는 대로 빚어 낼 수 있는 힘을 줄 것이라고 주장한다.

이러한 주장에 반대하며 유전자 조작을 극구 말리는 입장들도 여전히 있다. 시카고 대학교 생명윤리학 교수 레온 카스는 불임수술, 성형수술, 장기이식 같은 것은 자연섭리에 어긋나는 일이라고 반대한다.

프랜시스 후쿠야마도 자연의 질서를 존중하고 따르며, 이를 간단히 바꾸는 것은 할 수 없다는 생각이 분별 있는 행동이라고 말한다. '인간성에 반하는 범죄'라고까지 극언하는 입장들도 있다. 그럼에도 불구하고 생명공학은 미래의 융합학문으로 각광받고 있다. 과연 생명공학은 질병치료까지만 할 것인가, 기능강화까지 갈 것인가가 초미의 논쟁거리인 것만은 분명하다.

미래의 인간이 지금의 인간과 같지 않을 것이라는 것은 과학기술이 점점 더 발달하면서 현실화될 것이다. 한 가지 걱정은 그런 인간이 등장할 때 인간과 사회, 그리고 국가가 안고 있는 현재와 같은 문제들이 잘 풀릴까 하는 것이다. 아마도 또 다른 새로운 문제가 야기되지 않을까 싶다.

미래의 여성

미래의 인간을 생각하면서 여성을 부각시키는 것은 흔히 21세기는 여성의 시대라고 말하기 때문이다. 많은 이들이 여성성을 이야기하고 있으며, 특히 리더십의 속성도 그래야 할 것이라고 말한다.

조선조 성종 때까지 우리나라는 모계사회였다. 여성중심 사회가 되는 것이 전혀 새로운 것이 아니라는 것이다. 그로부터 지금까지 남성에 관해서는 이미 남성은 인간과 등치시켜 수없이 검토해 왔기 때문에 여기서는 여성에 국한시켜 어떤 가능성이 보이는지를 이야기 해보려 한다.

뇌를 통해서 본 여성성

우리는 뇌를 통해 여성의 우월성을 살펴볼 필요가 있다. 여

성이 남성보다 열등했던 과거를 비판적 시각으로 관찰하면서
이제 여성이 더 이상 수동적이고 피해자였던 시대가 아니다.
그렇기에 여성이 얼마든지 우월할 수 있다는 사실을 뇌의 구
성을 분석하여 입증하고자 하는 주장들이 나타난다.

　남녀의 뇌 영상 사진을 얼핏 보면 닮았지만, 속사정은 좀 다
르다. '가슴 아픈 기억들을 다룰 때 남녀의 뇌기능은 차이가 있
다.' [25] 남성은 우반구의 편도체 영역과 시각피질 영역, 운동피
질 영역 등의 부위가 활발해지는 반면, 여성은 좌반구의 편도
체 영역과 정서적인 경험을 해석하는 영역이 더 활발해 진다.
남성은 뇌신경이 잘 연결돼 집중력이 뛰어난 반면에 여성은 뇌
가 효율적으로 작동해서 동시에 여러 가지 일을 해 내는 멀티
테스킹에 강하다.

　여성의 뇌를 연구한 루안 브리젠틴은 여성의 성역할은 사
회화로 인해 나타나는 현상이 아니라 성호르몬의 분비로 인해
만들어진 뇌에 설계된 프로그램에 따라 행동한다고 한다. [26] 여성
은 뇌는 남성의 뇌보다 커뮤니케이션을 담당하는 부분과 정서
적인 기억을 담당하는 부분이 상대적으로 크다고 한다. 여성이
다른 사람과의 관계와 커뮤니케이션을 중시하고, 정서적인 반
응에 예민하며 감수성이 뛰어난 것은 이러한 뇌구조 때문이다.
　실제로 남성들은 하루에 7,000개의 단어를 사용하지만 여
성은 약 2만 개의 단어를 사용한다. 생물학적으로 운명이 갈리
는 성에 의해 현실 인식도 얼마든지 달라질 수 있다.

브리젠틴은 또한 '여성의 뇌가 여성의 미래'라고 단언한다.[27] 여성 뇌의 생물학을 올바로 이해한다면, 즉 인생의 단계마다 일어나는 뇌의 변화를 이해한다면 스스로의 운명을 주체적으로 조율해나가는 데 많은 도움을 받을 수 있다.

생물학적 관점에서 말한다면 남녀가 동등하다는 주장은 한편으론 여성의 현실, 즉 고통과 감수성, 질병 치료 등에 있어서의 차이를 무시한 표현이다.[28] 문제는 여성의 뇌와 생물학적인 특성에 반하는 사회관행과 계약이다.

미래 과학기술 사회에서의 여성

그러나 여성의 미래가 어둡지만은 않다. 옛 그리스 시대부터 남성들이 지적 활동이나 자원 확보에서 독보적 지위를 누렸다면, 반대로 21세기에 들어서서는 여성들에게 고대 아테네 중심의 '페리클레스의 황금시대'와 같은 것이 재현되는 것이 아닌가하는 의견도 없지 않다. 당시 웅변가이고 정치가이며 군인이었던 페리클레스는 페르시아 전쟁 등을 치르며 영웅으로 군림하였는데, 당시 여성들의 지위는 매우 낮았다.

여성들은 이제 과학적 진보의 시대를 맞아 언제, 어떻게 아이를 가질 것인가를 선택할 수 있게 되었다. 여성들은 더 이상 경제적으로 남성에게 의존하지 않아도 된다. 첨단기술의 발전은 가사와 육아, 그리고 사회생활을 함께 할 수 있게 해주었다. 이로 인해 여성들은 전문 직업에서나 개인생활에서 새로운 세계를 열어갈 수 있게 되었다.[29] 잠재력을 최대한 발휘하고, 타고난 재능을 사용하고 싶어 하는 여성들의 욕구가 생물학적으로, 그리고 정서적으로 증명되었기에 가능한 일이다.

한편 여성과학자의 특성을 알아보는 것도 미래 과학기술 사회에서 여성의 본질과 역할을 가늠하는 척도가 될 듯하다. 여성 엔지니어를 관찰한 새뮤엘 플리먼은[30] 여성이 공학에 잘 진출하지 않았던 이유는 능력 때문이 아니라 사회적으로 누릴 수 있는 지위와 관련이 있다고 말한다. 그러나 일단 여성이 공학도가 되면 남성보다 훨씬 많은 시간을 인문학 내지는 교양에 쏟는다고 한다.

블라디미르 슐라펜토크^{Vladimir Shlapentokh}에 의하면 러시아에서는 여성 엔지니어가 남성 엔지니어 여가 시간의 세 배를 '인본주의적이고 예술적인 활동'에 바친다고 한다. 그들은 소설도 많이 읽고, 박물관, 극장, 콘서트 등에 더 자주 다닌다고 한다.

미국에서도 여성들의 소설, 희곡, 시 등을 즐겨 읽는 수치가 남성보다 세 배나 높다. 남성들의 경우 동일한 비율로 논픽션과 스포츠를 선호한다고 한다. 여성들은 환경공학과 생물학 등과 같은 인도주의적 분야에 들어가는 경향이 높은 반면, 남성들은 항공우주공학, 전기공학, 기계공학, 핵공학, 석유공학 등에 더욱 관심이 있는 것으로 나타났다.[31]

여성 공학도가 정서적 감수성과 외향성이 강하고 지적 흥미도 강해, 편협한 기술적 관심을 초월해 더 폭넓은 관심을 갖는다는 것이 사실일 듯 싶다.

한편 이러한 여성의 감수성에 대한 주장에 시몬 드 보부아르는 강력히 반대한다. 지성보다 감성을 강조한 새로운 여성다움에 대해 묻자 그는 "그건 전적으로 여성의 노예화로 다시금 복귀하는 것이라고 생각한다"고 했다. 여성이 남성보다 자연에 더 가깝다는 주장에 관한 한, '이런 것들은 여성을 해방투쟁에서 분열시켜 보조적인 일에 에너지를 쏟게 하려는 시도'라고도 했다.[32]

실제로 여성이 항상 부드러운 직업에 머무는 것은 아니다. 그들은 선박의 승무원이 되고 제트기 조정사로 등장하기도 한다. 여성이 험한 직업을 기피하는 현상은 차츰 사라져가고 있다.

미래사회의 여성상 – 위상과 역할

미래사회에서 여성은 어떤 위상을 누리고 어떤 역할을 할까?

첫째, 여성과 남성의 생물학적 차이에도 불구하고 여성은 남성과 대등한 위치를 점하거나 또는 더 우월한 위치를 차지할 수 있다. 다니엘 핑크가 꼽는 미래인재의 6가지 조건 중 여성은 디자인, 조화, 공감 등에서 월등하기 때문이다.

둘째, 여성은 직업분야에서 전혀 차별대우를 받지 않는다. 그리고 남성 직업세계를 파고든다. 남성은 기계, 전자 등의 분야에 진출하고 여성은 생명공학분야에 진출하는 것이 상례였다. 그러나 앞으로는 지금까지 남성이 주도한 분야에 여성이 진출하여 당당히 겨룰 가능성이 높다.

2007년 한국의 외무고시 합격자 중 여성이 차지하는 비율이 67.7%에 달해 10명 중 근 7명이 여성이 되었다. 이는 남성의 독무대였던 외교계가 이젠 여성으로 그 축이 옮겨가고 있다는 증거다. 뿐만 아니라 2006년 기준으로 행정고시도 여성이 44.6%(2001년, 25.3%), 사법고시도 여성이 37.7%(2001년, 17.5%)를 차지한다. 2007년에는 행정고시 여성 합격자가 근 절반인 49%이다.

신규로 의사면허를 받은 사람 중 여성이 37.2%다. 여성외교관이 늘어나는 현상에 대해 외국에서는 결혼하는 경우 해외 현지에 같이 상주할 남편의 직업으로 어떤 것이 좋겠느냐는 조사가 있었다. 기업인, 화가, 작가 등이 꼽혔는데 우리나라에도 맞을지는 의문이다.

셋째, 여성이 전체를 아우르고 융합의 기수 역할을 한다. 좌뇌와 우뇌가 고루 발달한 여성은 남성보다 지혜로울 가능성이 높다. 그리고 부분보다 전체를 조감하는 능력이 높고 감정이입과 조화를 리드해 갈 가능성이 크다. 따라서 부분을 섞어 융합의 길을 모색하기에 여성이 훨씬 적당하다.

넷째, 여성은 가족의 틀에서 벗어나 사회로 진출한다. 과거에는 결혼이라는 관습과 제도에 묶여 있었지만, 이 틀을 깨고 여성은 출산을 하지 않거나 해도 자식에게 헌신만 하는 존재이기를 거부할 가능성이 있다. 이들 예견은 성, 결혼, 가족이라는 과거의 패러다임을 수정해가는 입장에서 할 수 있는 이야기다.

다섯째, '어머니'라는 직업이 없어지지 않는 것만 보아도 앞으로 미래사회에서 여성의 위상이 어떠할 것인지 예감할 수 있다. 2000년 5월 시사주간지 〈타임〉이 미래에 없어질 직업 10가지를 들면서 네 번째에 최고경영자^{CEO}, 그리고 열 번째에 아버지를 꼽았다. 그러나 어머니라는 직업은 없어지지 않는다고 했다. 이는 직업으로서만이 아니라 여성이 사회를 주도할 가능성을 함축한 것이 아닐까 생각한다.

여성시대의 미래를 향해

그렇다고 여성이 저절로 미래 과학기술사회의 주역이 된다는 것은 아니다. 남성 못지않게 부단한 교육과 훈련, 그리고 실습 등의 학습을 게을리하지 말아야 한다. 여성계의 논문을 보면 미래의 여성정책을 경제활동, 노동 등과 연결해 정책을 리뷰하고 있지만 그런 정도에 머물러서는 안 된다. 여성이 앞장서서 미래를 조감하며 또한 미래를 짊어질 수 있어야 한다. 물론 그러려면 지도력은 필수다. 여성이 어떻게 리더십을 발휘할 수 있을지는 또 다른 과제로 다루어야 할 것이다.

미래가족은
다문화 가정에서

미래의 가족이나 가정은 지금과 같지 않을 가능성이 크다. 평균 수명이 크게 연장되고 다른 문화에 대한 수용성이 높아질 것이기 때문이다. 프랑스 미래학자 구 보디망은 머지않아 인간의 평균수명이 120세가 되고 2070년이 되면 일생에 3~4번 정도 결혼을 하게 된다고 한다. 인간은 20대에 하고, 40대에 하고, 60대에 하고, 심지어는 80대에도 결혼을 할 수 있다는 것이다.

결혼을 할 때마다 언제나 그렇지는 않겠지만 배우자가 바뀜에 따라 각각의 아이들이 탄생한다. 이렇게 가족 구성이 매우 이질적인 가정을 다문화 가정^{multi-culture family}*이라고 이른다.

먼 미래를 가정하지 않더라도 지금도 새로운 가족이 탄생하고 있다. 〈중앙선데이〉가 취재한 내용에 따르면,[33] '싱글

＊다문화 가정
인종과 종교가 각기 다른 사람들이 혼인해 여러 문화가 공존하는 가정.

맘'이 예사로워지고 '총각 아빠'도 생기고, 성전환해 결혼한 부부, 그리고 동성애 가정이 나타나고 있다고 보도한다.

예로부터 지금까지 가족은 남녀 다른 성이 혼인을 맺고 아이를 낳아 기르며 형성되는 것이었다. 동성끼리 결혼도 하지 않고 타인의 정자를 인공수정해 아이를 낳는 것은 상상도 하지 못했다. 결혼하지 않은 남자가 입양해 아이를 기르는 '총각 아빠'는 앞의 예보다 그리 부자연스러워 보이지는 않는다. 독신여성은 굳이 남자와 결혼이라는 제도로 맺어지지 않아도 정자은행에서 정자를 받아 인공수정으로 아이를 낳을 수 있다.

이렇게 형성된 가정은 과거의 순혈 가정과 같을 수가 없다. 정자가 항상 같은 사람일 수 없고, 입양아 역시 부모가 항상 같을 수 없기 때문에 가족 구성은 매우 다양하고 이질적이 될 수밖에 없다. 부모자식이 혈통으로 이어지는 그런 전통적인 가정이 아닌 것이다. 다문화 가정은 그래서 나온 말이다.

미래의 직업

미래에 없어질 직업으로 '아버지' 와 '최고경영자^{CEO}' 를 꼽는다는 기사가 2000년 5월 시사주간지 〈타임〉에 실린 적이 있다. 모두들 CEO가 되기를 꿈꾸며 열심히 공부하고 일하는 데 톱 리더의 자리가 없어진다는 사실이 상당히 기이하게 느껴진다. 그러나 여기에는 미래의 조직은 피라미드가 아닐 가능성이 높다는 뜻이 담겨있다. 또한 '모두가 함께 간다' 는 의미이기도 하다.

톱 리더는 그렇다 치고 아버지가 직업이 된다는 것도 재미있고, 동시에 아버지라는 직업이 사라진다는 것도 흥미롭다. 또 사라질 직업으로 우편배달원과 문선공 등을 꼽는다. 한편 어머니는 없어지지 않는다.

최신 시사에 대한 심도 있는 분석기사를 중심으로 다루는 미국의 시사지인 〈유에스뉴스앤월드리포트^{US News & World}

^{Report}〉가 꼽는 미래 유망 직업은 다음과 같은 것들이 있다.

(1) 연예·오락 분야에서 만화·영화작가

(2) 회계분야에서 기업가치 평가전문가

(3) 금융분야에서 투자 상담사

(4) 교육분야에서 수학·과학교사

(5) 공학분야에서 컴퓨터공학자

(6) 환경분야에서 공해방지전문가

(7) 보건분야에서 의사 보조사

(8) 인사관리 분야에서 교육훈련전문가

(9) 경영분야에서 물류전문가

(10) 인터넷분야에서 인터넷담당 주역

(11) 의약분야에서 미용치과의사

(12) 개인서비스분야에서 시간관리전문가

(13) 공공서비스분야에서 교정종사자

(14) 관리분야에서 홍보요원

(15) 관리분야에서 기업이미지 관리요원

(16) 세일즈분야에서 전자제품 관리자

(17) 사회사업분야에서 비애치료사

(18) 텔레커뮤니케이션분야에서 무선통신기술자

(19) 자영업분야에서 트럭운전사

(20) 여행분야에서 국내 관광안내원

여기에 보다 미래지향적 직업을 찾아보면 다음과 같다.

(1) 로봇판매자

(2) 유전자식품감별사

(3) 인체냉동사

(4) 우주관련 직업(우주선 기사, 우주도시설계사)

(5) 동물언어통역사

(6) 컴퓨터관련 직업(웹 디자이너, 게임스토리 짜는 사람, 컴퓨

터 애니메이션 작가)

(7) 애완동물관리사

(8) 폐기물처리사

미래는 네트워크 사회

미래사회를 흔히 네트워크 사회라고 말한다. 사람과 사람들이 연결되어 있다는 것을 표현한 것이다. 인간을 한자로 쓰면 사람ㅅ과 공간ㅔ이다. 사람과 사람 사이의 공간, 즉 관계를 은유한다.

연결에는 고리가 있다. 보통 연결 고리를 노드nod라고 하고 그중에서 큰 고리를 허브hub라고 한다. 인간관계가 활발하면 중심이 되는 사람이 허브다.

〈중앙일보〉 기획탐사팀이 《파워 엘리트》라는 책을 낸 적이 있다. 그 책을 보면 옛날에는 특정 고등학교 출신이 일류 대학에 들어가고 졸업 후 정부나 대기업에 진출하는 패턴이었다. 그런데 이젠 서울대학교에 다수의 학생을 입학시키는 고등학교가 달라지고 사회에서의 네트워크 패턴도 달라진다고 한다.

과거 서울대학교 입학생을 많이 배출한 명문 경기고등학교는 대원외고 같은 특수목적고에 수위를 넘겨준 지 오래다.

네트워크는 미국 노트르담 대학교의 물리학자 바라바시가 쓴 책인 《링크 *Link*》에 잘 소개돼 있다. 네트워크 과학의 시초는 수학자 레온하르트 오일러^{Leonhard Euler}에서 찾을 수 있다. '쾨니히스베르그의 다리문제*' 를 푸는 과정에서 육지를 노드로, 다리를 링크로 표현해 '그래프 이론' 이라는 수학의 한 분야를 개척한 것부터 시작된다.

기호학자들이 세상은 온통 기호로 가득 차 있다고 말하듯이 네트워크 학자들은 세상은 네트워크로 가득 차 있다고 말한다. 21세기의 주제어 중 하나를 '관계' 라고 말하는 것과 상통한다. '관계기술' 에 관해서는 뒤에 설명한다.

55

미래는 고령사회

미래는 고령사회라고 말한다. 고령화 사회는 이미 시작됐다. 평균수명이 늘기 때문이다. 신약 개발과 바이오 장기의 보급이 한몫을 한다. [34]

누구나 평생 일하다 은퇴를 하는 것은 아니지만 직업과 상관없이 평상시 활동하는 세계에서 한발 물러서는 때가 온다. 앞에서 말하는 평균수명 연장에 따라 달라지는 미래사회의 이야기와는 조금 다르긴 하다.

전업주부의 경우에도 일정한 나이가 되면 집안에서 하던 일을 더 이상 계속하고 싶어 하지 않는다. 밥 짓고 빨래하고 청소하는 등의 일상사에서 벗어나고 싶은 것이다. 일생 중에 한번은 생산적이든 아니든 하고 있던 일에서 벗어나는 일이 나타난다. 전업을 하는 경우도 마찬가지다. 제3의 인생이 시작되는 것이다.

사람의 평균수명 내지는 건강수명이 늘어나면서 사람들은

일생동안 여러 다른 경험을 하게 된다. 결혼을 서너 번 한다는 것도 큰 다른 경험 중의 하나일 것이다.

인간이 오래 살게 되면 시급히 해결해야 할 것 중 하나가 은퇴 후 무엇을 어떻게 하며 살 것인가이다. 반드시 제2, 또는 제3의 직업을 가져야 하기 때문이 아니라 직업이든 취미생활이든 무엇이든 간에 우리는 무슨 일인가 하며 살게 될 것이다. 그렇기에 이를 어떻게 준비해야 하느냐가 중요하다.

이를테면 퇴임 후 30년 동안 살아갈 인생설계, 이른바 제2 또는 제3의 인생 경로를 구상해야 하지 않을까? 노후연금, 주거생활, 직업 등 부분적인 것보다 제3의 인생을 살아가는 '라이프 패턴'을 디자인하자는 이야기다. 일생을 다섯 단계로 나누어 설명하는 입장도 있다. 이것은 뒤에 다시 얘기하겠다.

2005년을 기준으로 전체 인구의 9.1%에 불과했던 65세 이상 노령 인구가 2050년에는 38.2%에 이를 것으로 전망된다. 반면에 15~64세 생산가능인구의 비중은 2005년 71.7%에서 2050년 53%로 떨어질 것이라고 한다. 이처럼 변하는 인구구성에서 고령화에 대한 대비책을 시급히 마련하지 않으면 우리나라는 조만간 극단적인 저성장과 재정 파탄에 직면할 것이란 예측도 나와 있다.

한국개발연구원[KDI]이 내놓은 〈고령화 파급효과와 정책과제〉 보고서는 고령화 문제의 심각성을 다각도로 보여 준다. 별다른 준비 없이 고령화 현상을 방치할 경우 경제성장률이 추락하고, 국민연금과 건강보험 등의 재정이 바닥나게 돼 있다. 국가적인 재앙이 소리 없이 다가오고 있는지도 모른다.

KDI는 현재의 추세가 계속될 경우 우리 경제의 잠재성장률은 2020년께 2%로 낮아진 뒤 2040년대에 들어서는 0.74%로 떨어질 것으로 전망했다. 불과 30년 후에는 사실상 성장이 멈출 것이라는 분석이다.

노인 인구의 급증은 복지비 지출의 확대로 이어지게 된다. 건강보험의 진료비와 국민연금 지급액이 눈덩이처럼 불어나 현재의 수급구조를 고치지 않는 한 이를 감당할 재원은 고갈될 수밖에 없다. 고령화의 문제점은 앞으로 20~30년 후에 본격적으로 드러나겠지만 그 원인인 고령화 현상은 이미 시작됐다. 지금 대비책을 마련하지 않으면 미래세대에 감당하지 못할 짐을 지우고, 자칫하면 나라 전체가 돌이킬 수 없는 쇠망의 길로 들어설 수도 있다.

당장 지지부진한 국민연금 개혁을 단행하고 방만하게 벌여놓은 건강보험제도도 조만간 크게 손질해야 한다. 65세가 넘어도 건강한 노인들이 일할 수 있는 기회를 늘리고, 노인 전용 임대주택을 도입할 필요가 있다. 무엇보다 시급한 것은 온 국민이 고령화 문제의 심각성을 깨닫고 국가적인 대비에 나서는 일이다.

그러나 여기서 지적하려는 것은 인구의 고령화 문제나 노인사회의 문제는 경제적이며 보건적인 시각으로만 볼 일은 아니라는 것이다. 미래사회의 과학기술이 크게 변하고 발전하면서 인간의 존재 자체가 변화해 신인류의 등장 가능성조차 점쳐지고 있는 상황에서 이 문제는 그야말로 다각도로 접근하지 않으면 안 된다. 즉, 생물학적 연령으로 사람의 존재를 가리는 것과 다른 차원에서 인간의 존재양식 문제를 검토하지 않으면 안 된다. 영아 → 유아 → 청년 → 장년 → 노년의 라이프 사이클만 생각하며 쇠퇴해지는 인간의 모습을 생각할 것이 아니라 외양은 노인이되 사회활동의 양태는 얼마든지 다를 수 있다는 가능성을 열어 놓자는 것이다.

실제로 한국에서도 아직 소수이긴 하지만 경음악의 대부였던 사람이 길거리에서 '오후의 음악회'를 열거나, 한국사의 왜곡을 인터넷으로 알리는 사이버 외교관을 하거나, 히말라야에서 산악 마라톤을 해내거나, 뒤늦게 발명가가 되거나, 복지관 선생님이 되거나, 숲 해설가로 일하는 사람들이 있다.

집필을 꾸준히 지속하는 노인들도 늘어난다. 이들의 삶이 '활동적 은퇴기active retirement*'에 해당된다고 한다.[35] 이들을 통해 사회 역동에서 필수적인 인간 지혜를 어떻게 활용해 보다 생산적이고 창조적인 영역으로 확대해 갈 것인가와 같은 문제를 검토해 볼 만하다.

뒤에 나올 얘기 중에 미래 대학을 '제3대학'의 의미로 이해해야 한다는 이야기가 있다. 그래서 피터 슈워츠는 은퇴라는 개념에 혁명적인 변화가 불 것이라며 이렇게 말한다.

"내가 확실히 장담할 수 있는데, 각국 정부의 연금 문제는 생각만큼 심각하지 않을 것이다. 앞으로 오늘날과 같은 정년

*활동적 은퇴기
정년퇴임 후에도 스스로 직업을 택해 어느 정도 활발하게 일하는 시기.

에 은퇴하는 게 불가능하게 될 테니 말이다. 나는 지금 60세가 넘었지만, 아직도 일 년의 3분의 1을 출장으로 보내고 있다. 아직까지 힘이 넘치고 충분히 일을 할 수 있다. 기존 은퇴 연령에 일을 그만두는 건 불가능하게 될 것이다."[36]

10여 년 후에는 아주 획기적인 항노화 치료법[anti-aging therapy]이 발견되어 평균연령이 140세까지 갈 수 있다고 본다. 정년퇴직은 선택이 될 수밖에 없다고 예견하기도 한다. 70~80세에도 구직하는 것이 예사롭게 될 것이라고도 한다.

최고령 국가 일본은 80세 이상 노인이 700만 명에 이른다. 이 가운데 여성은 남성의 두 배다. 세계에서 유일하게 노인을 위한 공휴일을 지정하고 있는 일본 총무성은 2007년 9월 17일 '경로의 날'을 맞아 80세 이상 인구가 713만 명으로 전체 인구의 5.9%에 이른다고 발표했다. 일본의 65세 이상 고령자 인구는 1950년 411만 명으로 전체의 4.9%에 불과했으나 1985년에 10% 선을 넘어선 뒤 2005년에 20% 선을 처음 넘었다. 그 뒤 2006년 한 해에만 87만 명이 늘어나는 등 고령화 추세가 가파르게 진행되고 있다.

고령자 인구 가운데 취업자는 510만 명으로, 처음으로 500만 명을 넘었다. 산업별로는 농림업이 115만 명으로 가장 많았고, 도·소매업이 87만 명, 서비스업 86만 명으로 나타났다. 일본은 고령화 대책으로 우선 고령자 고용을 의무화하는 '정년연장법'을 시행해 정년을 단계적으로 늘려 2013년에는 모든 기업이 65세까지 정년을 보장하게 된다.

미래는 과학기술 사회

미래가 과학기술 사회[37]라는 것은 누구나가 다 안다. 인간이 진화하고 사회가 발달하면서 21세기에 접어든 현재 과학기술의 도움 없이는 아무 일도 못한다는 것을 안다. 그리고 앞으로 점점 더 과학기술은 사회 속에 더 깊숙이 파고들 것이다.

과거에도 그랬지만 '관계'는 더 중요해진다. 우리가 요즘 중요하게 생각하고 있는 기술들, 이를테면 NT, BT, IT, GT 등 모두 다 중요하지만 이들을 묶는 관계기술[RT]이 제일 중요하다는 사실을 과학자들은 잘 모르고 있는 듯하다. 여러 기술들은 필요할 때 연결하고 묶고 해 주어야 승수효과를 낼 수 있다. 이 점은 앞에서 이미 설명했다.

과학기술이 이미 우리 사회와 사회과학에 깊숙이 들어와 있는 것은 당연한 일이다. 어느 분야건 예외 없이 과학화하고 기술화해야 더 많은 편익을 얻을 수 있기 때문이다. 생활에서나 직업에서 과학적으로 사고하고 행동하지 않으면 모순을 낳아 손해라는 것을 알기 때문이기도 하다. 인문학과 더불어 과학 취급을 잘 받지 못하는 사회과학도 가치를 멀리 하고 사실위주의 자료를 경험적으로 분석하면서 애써 과학화하려고 노력한다. 달리 말하면 합리주의적 사고와 행동을 고취하려는 태도라고 이해하면 된다.

그럼에도 불구하고 이런 사고와 행동이 사회가 안고 있는 모든 문제를 다 해결해주느냐 하면 그렇지는 않다. 합리주의적 사고가 옳고 자연주의적 사고가 문제의 정곡을 파고들긴 하지만 상대주의나 자연주의 역시 무시할 수 없는 어엿한 관견이 있다. 상대주의와 자연주의의 입장에서 생각하는 과학에는 심각한 견해 차이가 있다.

자연주의를 넘어 상대주의로

과학은 전문성이 토대가 되어 힘이나 권위를 내세우는 것을 당연시한다. 그러나 이런 관계보다는 대등한 참여가 더 좋다고 주장하는 입장이 있다.[38] 전문성보다는 적절한 아이디어와 적정한 절차를 더 소중하게 생각한다.

보다 신축적이 되고 모든 전통을 존중하기 시작하면 스스로 정당하다고 믿는 합리주의self-serving rationalism의 좁은 소견에서 벗어날 수 있을 것이라고 믿는다. 과학 내지는 합리주의의 독점적 권위를 인정하지 않으려는 속셈이 없지 않다. 이것은 김환석의 '과학적 시민권*'을 주장하는 입장과 일맥상통한다.

여기서 주목해야 할 것은 로던의 주장인데, 그는 '실증주의는 여러 형태의 인식론적 그리고 방법론적 상대주의에게 자리를 내주었다'고 말한다.[39] 쿤과 파이어아벤트, 그리고 후기 비트겐슈타인, 후기 윌라드 콰인, 후기 폴 굿맨, 로티 등 이들 후기실증주의자들은 이론이란 객관적으로 비교될 수 없으며 동시에 결정적으로 반증될 수도 없고 과학적 대안을 가져다주는 이론 선택의 인식론적 법칙 같은 것도 없다고 주장한다. 과학철학의 향방은 새롭게 과학적 합리성과 과학적 진보의 과제로 방향을 돌리고 있다는 견해를 피력한다. 라카토스는 극단적으로 '과학에서 진리는 퇴조되었다'고도 한다.

양陽보다 여성, 수렴, 반응, 협동, 직관, 종합인 음陰의 중요성을 강조하는 전일주의holism*의 입장인 카프라Fritjof Capra를 눈여겨 볼 필요가 있다. 그는 직선적이면서 단편적인 합리주의 사고가 과학적 지식을 발전시켜 온 것은 사실이지만 이젠 거기에 곡선과 곡면의 전일적 사고를 보태야 할 때가 되었다고 말한다.[40] 2000년대 들어 부쩍 논의가 활발한 복잡계 과학과 통하는 말이다.

여기서 주의를 환기하고자 하는 것은 흔히 과학만능주의가 부르는 오해와 오류를 심각하게 반성해야 한다는 것이다.

메타과학

장회익은 한 걸음 더 나아가 '자연과 사회 그리고 이 안에 속하는 일차적 실체들을 대상으로 하는 체계적 지식을 과학이라고 부른다면 다시 과학과 이것이 빚어낸 문명자체를 대상으로 하는 한 차원 높은 새로운 종류의 지식을 우리는 메타과학*이라고 부를 수 있을 것'이라고 말한다.

따라서 이 시대가 요구하고 있는 정신적 도약은 바로 과학을 발판으로 하여 메타과학으로 올라서는 도약을 의미하며, 이는 인류가 과학기술 문명의 노예가 되지 않고 문명의 주인이 되기 위해 감당해야 할 불가피한 요청이라 할 수 있다.[41]

이를 소련의 과학사상가 뚜르찐V. F. Turchin은 메타시스템의 전환이라고 했다.[42] 지나치게 전문화되면서 옆과 소통이 단절된 과학연구의 현주소를 감안해 이제는 질적 도약이 있어야 한다. 그것은 버탈란피나 카프라가 말하는 전체론적 또는 전일적 철학holistic philosophy이나 관점으로 가능하다고 믿는다. 이는 융합의 길과도 통하는 말이다.

흔히 '과학한다'고 하면 정량분석 없이는 인정을 받지 못한다. 그러나 이것은 프랙탈 이론fractal theory*에서 말하는 자기 상사성self-similarity*을 모르고 하는 말이다. 칸트의 순수이성과 실천이성은 둘로 나뉘지만 순수에는 실천이, 실천에는 순수가 함께 자리 잡고 있다. 정성에는 정량이, 정량에는 정성이 자리 잡고 있다. 보는 것과 보이지 않는 것, 설명할 수 있는 것과 설명할 수 없는 것이 함께 뒤섞여 있다.

이는 시카고대학교의 사회학자, 앤드류 에벗^{Andrew Abbott} 이 한 말이다.[43] 엄격한 이분법으로 설명할 수 없다는 뜻으로 앞으로 새로운 패러다임에서 곱씹어야 할 말이다.

누누이 말하지만, 과학기술은 사회와 사회과학을 만나 이미 이들 속에 용해되어 있다. 컴퓨터, 의사소통, 인터넷, 디지털, 유비쿼터스, 사이보그 등 여러 혁명으로 환경, 행동, 정신, 신체 등에 변화가 온 지 오래다.

미래사회가 '네트워크 사회', '신축적 사회', '사이버 사회', '자아 중심적 사회' 등으로 불리는 것도 모두 과학기술이 우리의 몸, 우리의 정신, 우리의 자아, 그리고 우리의 사회에 스며들었기 때문이다.

그러나 이들 만남과 용해가 좋은 것인지, 또는 나쁜 것인지 판단이 서지 않을 때가 있다. 들뢰즈가 말하듯이 의사와 청진기처럼 좋은 만남일 때가 있고, 반대로 사람과 뱀처럼 나쁜 만남일 때가 있다. 나쁜 만남은 칼테지안 - 뉴터니안 패러다임* 이후 과학기술이 인간을 더 기계로 만들고, 나아가 영화 〈매트릭스〉 3부작에서 보듯이 컴퓨터 시스템을 유지하기 위해 인간을 철저하게 사육하는 상황을 연출한다.

미래 무정부주의를 부각시킨 영화 〈브이 포 벤데타^{V for Vendetta}〉를 봐도 앞으로 과학기술이 보다 더 발전하여 인간사회가 안고 있는 고민, 이를테면 질병, 빈곤, 범죄, 불평등 등을

*칼테지안 - 뉴터니안 패러다임
데카르트와 뉴턴이 주장한 세계관으로 절대시간과 절대공간을 인정하는 고전물리학의 기계 존중관이 담겨있다.

얼마나 덜 수 있을지 알 수가 없다. 그래도 우리가 원하는 '자유사회', '여유 있는 사회', '아름다운 미래사회'를 만들기 위해 과학기술의 도움이 필요하다는 것을 부인하기 어렵다.

실상 우리는 지금까지 과학적으로 사고하고, 과학적 지식을 얻기 위해 지나친 단순화의 위험을 무릅쓰고 인간의 사고양식을 모형화하여 고찰하였다. 즉 인간은 사물을 이해하는 데 그 대상의 성격을 양태와 실태라는 이중적 구조로 파악하고 이 양자의 내용을 논리적으로 결합시킴으로써 그 이해의 영역을 넓혀 나간다고 하는 하나의 기본적 전제 아래서 고찰하였다.

복잡계 과학을 인정해야

실제의 사고과정은 이렇게 단순한 모형에 따라 엄격히 정형화시키기 어려운 점들을 포함하고 있다. 또한 정형화된 사고과정의 논리체계도 우리가 제시한 모형적 설명보다는 훨씬 복잡한 구조를 지니고 있다. 도형 때문에 본질이 훼손되거나 보다 중요한 정보를 잃을 때도 있다.

이제는 복잡계 과학적 사고를 존중할 때가 되었다. 한 방향으로가 아니라 쌍방향으로, 그리고 비선형, 공진화*, 소산dissipative structure* 등 예전에 생각하지 못했던 변화를 인정하지 않으면 안 되게 된 것이다.

다시 정리하면, 인간은 사물과 현상을 관찰하고observation,

느끼고 feeling, 상상하고 imagination, 꾸미고 design, 적용하고 실천 application & practice한다. 이 과정에는 무의식이 개입되고 편견과 경험이 보태진다. 이 일련의 과정이 얼마나 과학적이냐 또는 비과학적이냐를 가리는 일과 이들 간의 균형을 유지하는 일 또한 매우 중요하다. 나이스비트가 최근 그의 저서《마인드 세트 Mind Set》에서 '하이테크, 하이 터치 간의 균형'을 강조한 것도 같은 맥락의 이야기다.

융합의 길

사회과학도 이제 예외 없이 융합의 길을 걷고 있다. 인문과학의 위기도 따지고 보면 인지과학*을 비롯해서 융합의 아이디어에서 멀어져 있기 때문이다. 뇌, 마음, 그리고 슈퍼컴퓨터로 가능해진 인지과학의 지평을 넓히고 분과학문의 벽을 헐고 융합학문으로 가는 길을 모색할 때가 되었다.

과거의 과학에서는 물질과 마음을 엄격히 구분했다. 그러나 현대과학, 이른바 제2의 계몽시대에서는 마음, 물질, 기계의 구분이 없어진다고 말한다. 인지과학을 보이지 않는 대학이라고 말하기도 한다. 심지어 김영식은 '대학은 없어질 수도 있다'라고도 한다.

융합학문의 예는 명칭만으로도 이미 우리의 상식을 넘어섰다. '천문생물학', '바이오물리학', 법률전문회계학 ', '신경정신약리학' 같은 추세로 쉽게 알 수 있다. 천문학과 생물학

*인지과학
세상을 기계로 인식했던 고전 물리학에서는 이해할 수 없었던 것으로 슈퍼컴퓨터로 뇌, 마음, 물질, 기계, 에너지 등을 하나로 인지하는 입장. 제2 계몽시대의 전개라고 말한다.

67

이, 그리고 바이오와 물리학이 무슨 상관이 있단 말인가? 옛날에는 그렇게 생각했을 것이다. 그러나 오늘에 이르러 이종은 전혀 이종이 아니라 동종처럼 됐다.

나노기술 때문에 다학제성, 다제성이 가속화되고 있다. 물리학자가 화학구조식을 외워야 하고 기계공학자는 박테리아를 관찰해야 한다. 그리고 화학자는 전자공학을 단련해야 하고 재료과학자는 양자역할을 열심히 공부해야 한다.

이러한 다제성 때문에 많은 석학들이 2020~2030년에 이르면 물리, 화학, 생물, 전자 재료, 기계 등 학제 간의 경계가 모호해지거나 무너지고, 나노 과학기술이라는 한 분야로 대통합을 이룰 것이라고 전망한다.[44]

최영주는 '다수의 사람들은 수학하면 응용수학, 순수수학이 따로 분리되어 있다고 생각해 왔다. 그래서 대부분 수학 학술대회에서는 응용수학분과, 순수수학분과가 분리·진행되어 왔으며 순수수학이 응용화되려면 수많은 세월이 흘러야 한다고 생각해왔다.

하지만 21세기 최첨단 융합과학 기술의 이해는 오히려 가장 최신의 순수수학의 이론을 바탕으로 구체화되어야 도약을 할 수 있음을 최근 선도하는 연구 결과들을 통해 알 수 있다'고 했다.[45]

이렇게 융합의 길은 넓어져만 간다. 과학과 예술의 만남도 그렇다. MBA시대는 가고 MFA Master of Fine Arts * 시대가 도래했다고 말한다. 카네기 멜론 대학의 엔터테인먼트 테크놀로지

* MFM시대
경영학석사MBA 과정보다 미술대학에서 디자인을 공부해야 미래기업이 창조사회를 이끌 수 있다. 미술석사과정의 중요성이 강조되는 시대를 말한다.

센터*가 양뇌를 강조하며 주도한다. 어디에나 디자인이 접목된다. 제조업도 중요하지만 더 큰 부가가치를 창출하는 디자인이 더욱 힘을 발휘할 수 있다고 믿는다.

그리고 융합의 종착역은 큰 그림을 보는 통섭이다(여기엔 물론 이견이 있다). 이미 여러 대학들이 분과학문의 범역을 넘어 통합적 교과과정과 연구를 진행하고 있다.

앞으로 사회과학도가 해야 할 일은 과학과 사회과학을 제대로 이해하고 기술의 힘으로 사회를 '우리(가 원하는) 사회'로 제대로 건설하는 일이다. 즉, 그것이 '자유사회', '여유 있는 사회', 아니면 '아름다운 미래사회'라도 좋다.

*엔터테인먼트 테크놀로지 센터
미국 카네기 멜론 대학에 있는 뇌와 감흥 중심의 연구 센터.

69

미래는
창조적 인간의 세계

창조적 상상력

로버트 루트번스타인 부부는 레오나르도 다빈치부터 리차드 파인만에 이르기까지 창조성을 빛낸 사람들을 소개하고 13가지 생각의 도구를 제시했다.[46] 관찰에서부터 시작해서 통합에 이르기까지 눈과 귀 등 오감 그리고 육감까지, 생각과 이해를 하는 수단에 관해 말한다.

형상화하기, 추상화하기, 패턴 인식하기, 패턴 형성하기, 유추하기, 몸으로 생각하기, 감정이입하기, 차원적 사고하기, 모형 만들기, 놀이하기, 변형하기, 통합하기 등이 모두 생각을 돕는 도구들이다.

사람은 보고 듣고 만지고 냄새를 맡고 맛을 보다가 이들을 다시 불러내 심상으로 만들어 머릿속에 떠올리는데, 이것이 형상화다. 화가, 음악가, 과학자들이 실제로 보지 못한 것을 마음의 눈으로 보고 표현하는 것은 이를 이른다.

감각적 경험과 형상은 너무 많고 복잡해 이해하기 힘들지만 이를 추상화하면 쉽게 눈에 들어온다. 피카소, 아인슈타인, 헤밍웨이 등의 화가, 과학자, 작가, 시인들이 이 분야의 대표적 인물이다.

또 같은 목적으로 패턴을 만든다. 수학이 곧 패턴에 대한 인식이기에 자연 법칙과 수학구조 같은 것을 찾아내는 것도 같은 원리다. 이들뿐만 아니라 언어, 춤, 음악의 운율을 발견하는 것도 그러하다. 패턴을 안다는 것이야말로 새로운 것을 창조하는 첫 걸음이다. 기발한 패턴을 만들어 내는 것은 단순한 요소들을 통해 생각하지 못했던 예상 외의 방법으로 조합하는 것에서부터 출발한다.

흥미로운 것은 패턴이 패턴을 만들어 낸다는 것이다. 패턴 속에 있는 패턴을 인식한다는 것이 곧 유추다. 프랙탈 모형들을 보면 패턴 속에 패턴이 있는 것을 쉽게 이해할 수 있다. 눈의 형상이나 호랑이 가죽처럼 명백히 달라 보이는 두 개의 사물이 중요한 특징과 기능을 공유하고 있다는 것을 깨달으면 위대한 문학과 예술 작품, 불후의 과학이론, 공학적 발명 등이 가능해 지는 것이다.

3회째를 맞는 '2007 과학과 예술의 만남' 에서 '좀 더 크게, 좀 더 작게' 라는 주제로 과학자와 예술가가 공개토론을 하는 장면을 보면, 거기에는 분명 공유할 수 있는 영역들이 있다는 사실을 알게 된다. 동시에 다른 세계의 만남이 새로운 세계를 열어준다는 것도 실감하게 된다.

생각의 도구들은 언어와 상징을 뛰어 넘는다. 이를 위해서는 무엇보다도 몸이 중요하다. 창조를 머리가 아닌 몸으로 실천한다는 말이 통하는 것은 이런 이유에서다. 몸으로 생각하고 느끼는 것이 필요한 이유가 바로 여기에 있다. 몸 스스로 기를 느끼는 것도 비슷한 맥락의 이야기다.

운동선수와 음악가는 동작의 느낌을 상상하고, 물리학자와 미술가는 몸 안에서 전자나 나무의 움직임과 긴장을 감지한다. 그래서 감정이입은 몸으로 생각하는 것과 긴밀하게 연결된다. 연극인 김소희는 늘 몸과 몸의 뒤를 강조한다. 창조적인 사람들은 뭔가를 생각할 때 자기 자신을 잊는다고 말한다. ‘나’를 잊고 ‘그것’과 하나가 되는 것이다.[47]

그러면서 다차원적으로 사고할 줄 알아야 한다. 정치학이나 행정학을 공부하는 사회과학도가 통계학의 도움으로 방정식 모델을 만들 때 흔히 전제하는 것이 일원이차방정식 같은 것이다. 모든 것을 선으로 사고한다.

그러나 다차원적 사고란 사물을 평면으로부터 끌어내 2차원 내지 3차원 이상의 세계로, 지구로부터 우주로 시간을 통과하며 심지어 다른 세계로 옮길 수도 있는 상상력을 일컫는다. 공학, 조각, 시각예술, 천문학 같은 분야에서는 반드시 필요한 사고방식이다. 복잡계 과학으로 가면서 곡면을 강조하게 되는 것도 같은 의미다.

또한 뭔가를 만들어 보고 놀이를 할 줄 알아야 한다. 인간을 호모 루덴스homo ludens라고 하는 것은 이런 이유에서다. 의사가 인체 모형을 놓고 시술을 해 보는 것, 무용수가 사람들의 동작에서 안무를 뽑아내는 것, 운동선수가 가상의 상대를 놓고 가상경기를 해 보는 것과 같은 것이 모형 만들기의 전형이다. 그리고 직접 놀아 보기도 해야 한다. 무엇이든 궁금해 하며 도전해 보아야 기발한 생각이 나온다.

끝으로 중요한 것은 통합이다. 대상을 제대로 이해하려면 경험의 방식을 결합해야 하기 때문이다. 통합에는 두 가지 기본적 요소가 있다. 하나는 '공감각synesthesia' 이고, 다른 하나는 '통합적 이해unified understanding' 혹은 '종합지synosia*' 다.[48] 통합적 지식 안에서는 관찰, 형상화, 감정이입과 기타 생각의 도구들이 유기적으로, 동시에 이루어진다. 각각이 아닌 전체로, 그리고 몸을 통해서 이해된다. 종합지는 바로 몸과 마음, 감각과 분별력을 이어준다는 뜻을 가진다.

실제로 인간두뇌에서는, 신경세포인 뉴런이 서로 다른 수많은 뉴런들과 상호 연결되어 있는 거대한 네트워크 구조에서 이러한 여유성 확보의 예를 찾아볼 수 있다. 각기 약 1만 개의 연결성을 갖고 있는 500억 개의 뉴런을 가진 인간의 두뇌는, 끊임없이 상이한 방식으로 이어지는 약 6만 마일의 '신경회로synapsis' 를 형성하고 있는 것으로 추정된다.

이처럼 거대한 능력이 놀라운 진화의 잠재력을 갖고 무엇

*종합지
각각이 아닌 전체를 유기적으로 연결해 얻을 수 있는 지식. 몸과 마음이 연결되고 감각과 분별력이 이어져 새로운 지식을 얻는다.

인가를 만들어 내고 있다. 두뇌의 이러한 능력은 어마어마한 양의 정보를 처리해 주며, 동시에 이로 인해 수많은 대안적 패턴의 개발이 가능해 진다. 그래서 뇌는 점점 더 진화된다.

이상에 소개한 생각의 도구를 실제로 어떻게 사용해야 뭔가를 얻을 수 있을지 생각만 해서는 소용이 없다. 루트번스타인은 6가지를 제안한다.[49] 실제로 하기, 머리로 상상하고 몸으로 생각하며 구체적으로 변형하기, 실제적인 것과 상상적인 것 그리고 창조적인 것들을 연결하기, 보조적인 도구를 인지기술로 대체하기, 장비를 잘 다루어, 즉 예藝만이 아니라 술術을 잘해서 결과물 내기, 교육을 통해 구현하기 등이다.

한편 지식은 점점 더 빠르게 파편화되고 있고 진정한 이해는 점점 더 보기 드문 일이 되고 있다. 스노우C. P. Snow가 말한 '분리된 두 문화' 라는 것이 바로 그것이다. 스스로를 '심리적 감옥' 에 묶어 놓고 있는데도 이를 모르고 있다.

우리에게 주어진 정보는 많지만 제대로 이해하지 못하고 활용도 못한다. 사회가 '통합적 이해' 에 이르는 통로를 대중에게 열어주지 않는다면 정보혁명은 쓸모 없는 것이 될 뿐만 아니라 인류문명에도 커다란 위협이 될 것이다.

동시에 원초적 경험에서 얻는 '손지식hand knowledge' 을 결코 무시해선 안 된다. 학교에서 배우는 '기호적 지식symbolic knowledge' 만큼 유용하기 때문이다.[50] 시원始原적 통찰과 개념의 뿌리인 '실재' 도 놓치면 안 된다. 알기와 이해하기, 그리고 환상과 실재를 분리시킨 교육(전형적인 한국의 교육)은 더 이상 용납되어서는 안 된다. 이러한 상황에서는 창조사회로 가기 어렵다.

존재하지 않는 것을 상상해 낼 줄 알아야

작가이자 화가인 폴 호건[Paul Horgan]은 상상부터 하라고 말했다. 존재하지 않는 것을 상상할 수 없다면 새로운 것을 만들어 낼 수 없기 때문이다. 자신의 세계를 창조하지 못하면 다른 사람의 세계에 머무를 수밖에 없다고 말한다. 자신의 눈이 아닌 다른 사람의 눈으로 실재를 보면 어떻게 새로운 무엇을 찾을 수 있겠는가? 환상을 볼 수 있는, 통찰력을 갖춘 마음의 눈을 계발하지 않는다면 육체의 눈으로 아무것도 볼 수 없다.[51]

피카소는 마음의 눈으로 그림을 그렸다. 상상도 없고 창조도 없고 진리도 없다.[52] 융이 말하는 '원형[arche-types]', '살아있는 생기[living ideas]', '근본 세의[primal plans]' 등과도 연결해 생각하면 이해하는 데 도움이 될 것이다.[53]

진실이란 우리가 우리 무의식의 내부에 받아들여야만 진정한 '진실'이 되는 어떤 것인지, 생산적인 사고는 의식과 무의식의 내적 상상과 외적 경험이 일치할 때 이루어지는 것은 아닌지 한번쯤 생각해 봐야 한다.

우뇌로 심미안 갖기

21세기 들어 정신없이 바빠 많은 일을 하는 사람들을 보고 르네상스 시대의 인간상과 비슷하다는 이야기를 여러 차례 한다. 다시 말해서 사람들은 레오나르도 다빈치 Leonardo da Vinci가 그랬던 것처럼 한 사람이 온갖 재능을 가지고 여러 역할을 한다. 변호사면서 극작가이고 재즈클럽에서 연주를 하는 사람이 있는가 하면, 의사이면서 디자인을 하고 건축회사에서 일한다. 이처럼 멀티태스킹이 흔해진 것은 사람들의 욕심과 능력도 그러려니와 세상이 칼로 무를 자르듯 단절되어 있지 않기 때문이다.

세상은 서로 연결되어 있는 것이다. 각각의 것들을 연결시킬수록 새로운 창조적 아이디어가 나온다. 데카르트 이후부터 쪼개고 또 쪼개져 옆에서 하는 일이 무엇인지도 모르고 똑같은 일을 하면서도 새로운 것을 한다고 착각하던 시대가 아니다. 정부의 한 부처에서도 옆 부서에서 무슨 일을 하는지 모르는 경우가 흔하다.

그러나 지금은 크로스 오버시대, 음악도 그렇고 미술도 그렇다. 미술은 모두가 한꺼번에 표현되는 스튜디오 아트가 된 지 오래다. 2006년 12월 서울대학교 음악대학이 개교 60주년 기념행사의 일환으로 말러의 천인교향곡을 연주했는데, 합창에 성악과 학생은 물론 국악과와 피아노과 학생들이 합류해 멋진 화음을 선보였다. 전공을 넘나 든 것이다. 옆의 세상, 다른 세상을 모르고 새로운 것을 만들어 낼 수는 없는 일이다.

리더와 창조적 사고는 떨어뜨려 놓을 수 없는 함수관계에 있다. 리더에게 창조적 사고를 기대할 수 없다면 그것은 이미 죽은 자와 같다. 교육에서도 마찬가지다. 지식을 얻고 지성을 쌓으며 새로운 것을 추구하지 않으면 안 된다. 창조적 사고에 관해서 레오나르도 다빈치는 7개의 원칙과 천재가 되는 7가지 단계를 밝힌 바 있다.[54]

7개 원칙은 다음과 같다.

첫째, Curiosita(알려고 노력하는 것은 훌륭한 사람에겐 매우 자연스러운 것)이다. 사물과 현상에 대한 호기심이 없다면 무덤덤한 사람밖에 될 수가 없다. 뭔가에 의문을 갖고 알려고 노력하는 지적 호기심이야말로 사람으로서 갖추어야 할 가장 기본적인 원칙이다.

쇄신을 이끌어 내는 상상력 같은 것은 모두가 'what if'라는 의문에서 출발한다. '만약 이렇게 한다면 어떻게 될까'라는 의구심과 호기심에서 시작하는 것이다. 만약 컴퓨터 칩을 더 가볍게 하면, 만약 모양을 바꾸면, 만약 반대로 하면, 만약 더 조이면, 아니면 더 풀어주면, 만약 이름을 바꾸면, 만약 값을 두 배로 올리거나 내리면 등 만약 어떻게 하면 어떤 결과를 나을까 등과 같은 의문이 그것이다.

지적 호기심은 단어나 언어적 지능도 중요하지만 감성적 지능emotional intelligence 또한 중요해서 다빈치는 말, 새, 물, 불

빛 등을 관찰하며 꾸준히 호기심을 키웠다. 의문, 호기심, 탐구욕 등 이들 모두는 뭔가 새로운 것을 밝혀내려는 동기다. 김용학은 리더의 아카데믹 라이프를 바로 이 지적 호기심으로 꼽았다. 지하철이 서면 왜 문이 양쪽으로 밀리는가, 양쪽에서 가운데로 열리면 내리는 사람과 타는 사람이 구분돼 더 편하지 않겠는가 호기심을 가져야 한다고 강의에서 강조한다.

저자도 이런 상상을 해 본다. 축구는 왜 사각형 구장에서만 가능할까? 다이아몬드로 해서 네 개의 골을 만들어 놓고 네 개의 팀이 2개의 공으로 각축하는 게임은 불가능할까? 프랑소아 미테랑 프랑스 대통령은 호기심을 잃는 것이 노인의 시작이라고 했다.

둘째, Dimostrazione(경험, 집착, 그리고 실패로부터 배우려고 하는 의지를 통해서 지식을 검증하려는 것)이다. 어떤 일에 집념을 갖는다는 것은 그 일을 파헤치려는 의지의 표현이다. 새로운 주장을 펴면서 탄력을 얻는 것도 중요하다.

그리고 어려운 경험을 하면 얻는 것이 많다. 깨닫고 깊이 명상하고 유머감각을 잃지 않으면 뭔가 배우고 얻을 수 있다. "경험이 바로 지혜의 심장이다"라고 다빈치는 말한다. 물론 경험 없이 분석적으로만 지식을 얻을 수도 있다. 그러나 경험에 바탕을 둔 지식을 우리는 산지식이라고 부른다.

셋째, Sensazione(경험을 활성화시키는 방편으로 감각 중에서 특히 통찰력을 지속적으로 연마하는 것)이다. 감각과 통찰력, 이는 특히 환경의 자극으로부터 온다고 믿는다. 자극도 질이 좋아야 한다. 좋은 자극을 받아야 뇌가 발달한다. 경험에 기초해 말하는 이야기들이 작업 환경을 어떻게 조성할지 통찰력을 키워준다. 뭔가를 꿰 뚫은 힘, 그 통찰력은 새롭고 창조적인 조직을 만드는 데 기여한다.

넷째, Sfumato(연기 속으로 사라진다는 의미인데, 모호성, 역설, 그리고 불확실성 등을 끌어안는 의지: 의심하지 않으면 얻는 것이 없다)이다. 미술 기법에서 쓰는 용어인데, 색을 덧칠해서 선과 경계가 이매하고 초점이 흐려진 상태를 이른다. 또한 모호한 가운데 뭔가를 찾아내는 의지 등을 일컫는다. 어쩌면 융합이 그때 이미 시현된 것이라고 이해할 수도 있겠다.

1980년대에 미국 관리학회에서 낸 한 보고서 결론에 '가장 성공적인 관리자는 애매모호한 것을 끝까지 잘 버텨내고 직관력 있는 결정 기술의 소유자' 라고 하였다. '애매함을 넘어서 배짱을 키우라' 고 지적하기도 한다. 리차드 파인만은 불확실한 상황에서 의심하는 것만이 힘이라고 했다. 이 점에서 공공서비스는 반드시 분명히 해야 한다는 강박관념에서 벗어날 줄도 알아야 한다.

다섯째, Arte/Scienza(과학과 예술, 논리와 상상력, 전뇌적 사고Whole-Brain Thinking 사이의 균형을 발전시켜 나가는 것)이다. 마음의 지도mind map를 그려보는 것이 창조성을 일깨우는 가장 최선의 방편이다. 백지를 펼쳐놓고 막연히 추상적인 이미지부터 그리기 시작해서 점차 뭔가를 구체화시켜 가면 사물의 무한성을 볼 수 있게 된다.

모순이나 때론 비상식적인 연결이 창조적 파괴를 가져온다. 위대한 천재들은 간혹 터무니없는 아이디어를 내 웃음거리가 되었더라도 좌절하지 않고 지속적으로 생각에 생각을 거듭하며 꾸준히 사색하고 상상하고 구체화시키려고 노력했다. 가슴으로 배워 마음의 지도를 그리고 나면 공부가 즐거워진다. 전략적 계획을 세우고 이를 이행할 수 있게 두뇌가 잠에서 깨어나는 것이다. 주입식 교육에 대한 경고이기도 하다.

여기서 한 가지 분명히 해야 할 것은 리더십 훈련에서 조상의 지혜를 물려받아 이를 축적하는 우뇌를 앞세우는 주장이 많은 것이 사실이나, 양 뇌 중에 어느 한쪽이 부실하면 그것은 소망스러운 상태가 아니다. 따라서 전뇌적 사고의 중요성이 역설되는 것은 당연하다고 하겠다.

여섯째, Corporlita(영광, 비범, 최적, 균형 등을 개발해 나가는 것)이다. 몸의 상태가 마음에 결정적인 영향을 미친다는 점은 널리 알려진 사실이다. 무엇이든 연결이 좋아야 한다. 협동의 단어인 코퍼레이션corporation은 코퍼스corpus에서 왔는데 원 뜻은 몸body이다. 여러 조직에서 직원들에게 가르치는 각종 프로그램은 결국 몸과 정신의 유연성을 길러주려는 것이다. 평소에 움직이지 않던 방향으로 몸을 움직여 보는 것도 몸과 마음의 관계를 달리 설정해 이끌어 갈 수 있는 길이기도 하다.

역할을 바꾸어 보는 것도 한 방법이다. 은행의 장이나 어느 기관의 장이 하루 정도 창구에 앉아 일일 행원 또는 직원 역할을 하며 서비스를 개선하고 그 일의 고충을 알게 되는 것이 한

예라고 하겠다.

일곱째, Connessione(모든 사물과 현상의 상호연관성을 확인하고 즐기는 것, 즉 체계적 사고를 이른다)이다. ‘학습조직*’ 이라든가 ‘종합적 질’ 을 만들어 가는 과정은 결국 조직에 ‘연결적 사고connessione thinking’ 를 적용하려는 것이다. 《제5경영 The Fifth Discipline》의 저자 피터 센게Peter Senge는 복잡하고 급속히 변하는 시스템은 전체를 보는 능력, 서로 연관성이 있는 틀과 변하는 패턴을 볼 줄 아는 것 등이 필요하다고 했다.

실재는 원인데, 우리는 선밖에 보지 못한다. 무엇보다도 우리는 원에 대한 지각을 갖도록 노력하는 것이 중요하다. 그리고 몸의 메타포로 지각하는 것도 중요하다. 관계와 패턴을 보는 능력, 익숙하지 않은 것의 결합과 연결 등이 바로 창조의 핵심이다.

레오나르도 다빈치의 용이나 다른 그의 쇄신과 디자인 등이 바로 전혀 무관한 것 같은 것들의 관계에서 등장한다. 전혀 관계가 없이 보이는데 다른 길로 이들을 연결하면 거기에 상상조차 못했던 형상이 나타난다. 연결은 새로운 것을 창조해 내는 지름길이다.

이어서 천재가 되는 7단계를 레오나르도 다빈치는 다음과 같이 제시하고 있다.

(1) 제1일, 꿈을 큰 그림으로 그리기
(2) 제2일, 목표를 설정하고 탐색하기

* 학습조직
조직 구성원이 늘 배워야 변화에 따라 갈 수 있다는 뜻으로 그러한 조직을 일컫는다.

81

(3) 제3일, 핵심 가치를 분명히 하기

(4) 제4일, 목적을 자세히 정관하기

(5) 제5일, 현실을 냉정하게 평가하기

(6) 제6일, 연계 찾기

(7) 제7일, 전략적 변화 계획 세우기

창조적이려면 관계와 패턴을 볼 줄 알고 전혀 짝이 될 것 같지 않은 것들을 짜 맞추고 연결시키는 능력을 키워야 한다.[55] 아인슈타인Albert Einstein도 상상력은 지식보다 중요하다고 했다.[56] 시인, 극작가, 소설가, 영화제작자이자 작곡가인 카메론Julia Cameron은 '창조적 글쓰기는 정당화된 의문과 비슷한 것이다. 그리고 창조력은 배우는 것이 아니라 실천하는 것이다' 라고 했다.[57]

계속해서 창조적 사고를 할 수 있는 길을 '예술가의 길' 에서 찾아보겠다. 창조는 상상력을 구체적으로 표현하고 새로운 것을 만들어 내는 것이다. 이를 위해서는 구체적인 도구와 방법이 동원되지 않으면 안 된다. 학술에서 술術이 방법을 말하듯이 과학에 기술이 따라야 뭔가가 새로 만들어진다. 학문에도 술이 붙여야 한다. 학술學術이 그것이다. 창조는 단지 상상에서 그치지 않는다.

카메론이 말하는 창조의 기본 원칙 10개가 있다. 자연스러운 삶의 질서, 모든 삶 속에 존재, 지속적으로 추구하기, 창조는 신의 선물, 신에 다가가기, 신이 내려주는 힘, 창조적 힘과 꿈은 신성한 것 등이 그것이다.[58] 그러나 이는 창조를 지나치게 신성함과 연결시키고 있다는 느낌이 든다.

이 밖에도 창조에 관해 말한 사람은 무수히 많다. 일일이 소개하지 못하지만 영감, 시혼, 색채의 논리, 상상, 이미지, 흥분 신비, 경이로움, 예술적 커뮤니케이션 등 표현된 언술은 다채로우며, 이들이 창조와 연결되고 있음을 암시하고 있다.

예술분야에서의 이야기지만 '창조성을 기르는 길' 을 아래에 소개하겠다.

(1) 여럿이서 12주간 하루에 2~3시간씩 모여서 작업하기
(2) 자신이 정한 선생님^{guru} 피하기
(3) 남의 이야기 듣기
(4) 서로 존중하기
(5) 변화를 기대하기
(6) 시늘서으로 되기
(7) 자애하기

줄리아 카메론의 예술가의 기도도 참고할 만하다.[59]

각도를 좀 달리해서 리차드 파인만^{Richard Feyman}이 말하는 '의문과 불확실성^{doubt and uncertainty}' 에 관해 덧붙이기로 한다.[60] 그는 뭔가에 대해 모르는 채 의문과 불확실성 속에서 사는 것을 당연한 것으로 받아들인다. 의문이나 불확실성이 창

조를 낳는다는 것과 일맥상통하는 듯하면서 보다 철학적이다.

답을 얻어도 틀린 답일 수 있기 때문에 모르고 사는 것이 낫다고도 한다. 답이라는 것이 대충 근사하면(가까우면) 되는 것이고 가능한 믿음과 다른 정도의 차이를 인정하면 된다는 것이다. 확실하고 분명하다고 말을 하기가 거북하다고 한다. 분명한 것이 없기 때문에 창조해야 하는지도 모른다.

하버드 스타일

차원을 좀 달리해 창조적인 면을 보기로 하자. 남보다 빼어나기 위해 하버드 스타일을 강조하는 강인선은 하버드 학생들은 집중력을 가지고 남과 비슷한 수준으로 공부를 해도 남보다 멋지게 해내는 습관이 몸에 배었다고 말한다.

이들 학생들은 '스타'이면서 동시에 '매니저'가 되는 법을 스스로 알아내도록 교육 받는다. 강인하고 끈질긴 기질, 여러 가지를 동시에 잘 해낼 수 있는 자기관리 능력, 치열하게 경쟁하면서도 남을 배려할 줄 아는 여유까지도 갖춰야 한다.[61] 이것이 평생 자신의 경쟁력을 유지해주는 최고의 재산이 된다는 것이다.

한편, 인재는 태어나는 것이 아니라 훈련으로 가능하다고 주장하는 조세미는 글로벌 인재가 갖추어야 할 10가지 핵심전략을 이렇게 제시한다. (1) 문제해결 능력, (2) 창의력, (3) 언어·표현능력, (4) 긍정적인 사고방식, (5) 이미지 관리, (6) 리더십, (7) 최고를 향한 추진력, (8) 도전 의식, (9) 균형감각, (10) 다양성 등을 꼽는다.[62]

심미안 – 미학

창조의 길에서 떼어 놓을 수 없는 것이 아름다움이다. 우리가 어글리한 것을 찾아 헤매는 것은 아니지 않는가? 창조하되 아름다움을 찾아내려는 것, 미학의 존재를 사상死狀하고는 창조를 말하기 어렵다. 그런데 김훈은 아름다움이 따로 존재하는 것이 아니라 세상의 더럽고 악한 것과 그 속에 함께 존재하는 것이라고 주장한다. 아름다움과 추함은 같은 하나라는 양자 패러다임적 발상이다.

그래서 여러 학문의 상위에 있는 미美, 그 자체의 학문을 제창한 플라톤을 대표로 하는 서양의 전통적 미학은 초월적 가치로서의 미를 고찰하는 것이다. 미학이라는 말을 오늘날과 같은 의미로 처음 사용한 사람은 라이프니츠볼프학파Leibniz Wolffische Schule의 바움가르텐*이다.

그는 그때까지 이성적 인식에 비해 한 단계 낮게 평가되고 있던 감성적 인식에 독자적인 의의를 부여하여 이성적 인식의 학문인 논리학과 함께 감성적 인식의 학문도 철학의 한 부문으로 수립하고, 그것에 에스테티카Aesthetica라는 명칭을 부여했다. 그리고 미란 곧 감성적 인식의 완전한 것을 의미하므로 감성을 인식하는 학문은 동시에 미의 학문이라고 생각했다. 근대

85

미학의 방향은 이렇게 개척된다. 고전 미학은 어디까지나 미의 본질을 묻는 형이상학이어서 플라톤과 마찬가지로 영원히 변하지 않는 초감각적 존재로서의 미의 이념을 추구하였다.

이에 반해 근대미학에서는 감성적 인식에 의하여 포착된 현상으로서의 미, 즉 '미적인 것das Asthetische'을 대상으로 한다. 이 '미적인 것'은 이념으로서 추구되는 미가 아니라 어디까지나 우리들의 의식에 비쳐지는 미다.

그러므로 미적인 것을 추구하는 근대미학은 자연히 미의식론을 중심으로 전개된다. 칸트는 감성적 현상으로서의 미의식의 기초를 선험적先驗的인 데 두었지만, 의식에 비쳐지는 단순한 현상으로서의 미적인 것을 탐구하는 방향은 당연히 경험주의와 결부된다.

19세기 후반부터는 독일 관념론의 사변적思辨的 미학*을 대신하여 경험적으로 관찰되는 사례를 근거로 하여 미이론美理論을 구축해 나가는 경향이 두드러졌다. 페흐너는 '아래로부터의 미학'을 제창하면서 심리학의 입장에서 미적 경험의 법칙을 탐구하려는 '실험미학'을 주장하였다. 오늘날에는 또 미적 현상의 해명에 사회학적 방법을 적용시키려는 '사회학적 미학'이나 분석철학의 언어분석 방법을 미학에 적용하려고 하는 '분석미학' 등 다채로운 연구 분야가 개척되고 있다.

창조자에게 심미안이 있어야 할 이유는 명백하다. 아름다움이 기쁨과 만족을 주는 힘(아름다움을 터득하는 것은 분석적으

*사변적 미학
분석적 미학에 반대되는 개념으로 추상성을 강조하는 미학.

로 말해서 즐거움을 느끼는 것이다)이 있기에, 이를 살펴 찾는 심미안이 없을 경우 창조자는 누굴 위해 어떤 방법으로 무엇을 추구하겠다는 것인지 그 기준이 궁금하지 않을 수 없게 된다.

정치의 경우에도 지도자는 창조자다. 지도자가 해야 할 일은 국민을 평안하게 하고 나라가 가야 할 길이나 그 방향이 옳은가를 판단할 수 있어야 한다. 그 길이 성장을 촉진하고 제대로 된 분배를 위한 것이라면 그 길을 가야 할 것이다.

또한 만약 그 길이 인간 의식을 보다 더 깨우고 사람다운 대접을 받고 편안하게 살게 하는 것이라도 그 길을 가야 할 것이다. 그리고 그 길이 국가의 품격을 보다 높여 세계로부터 집중과 존중을 받는 길이라면 반드시 그 길로 가야 할 것이다.

그러나 이런 길을 과거의 패러다임이나 과거의 인식으로 추구한다면 아무리 국부를 늘리고 성장을 이룩하고 세계에서 손꼽히는 국가가 되더라도 국가가 안고 있는 여러 문제는 항상 존재하게 된다. 자연이나 인생, 그리고 예술에 담긴 미의 본질과 구조를 해명하는 미학적 양식 없이는 아마도 수십 년의 세월이 흐르는 동안 우리나라는 지금과 똑같은 고생을 반복하게 될 것이다.

만일 감정미학*의 입장처럼 미의식을 갖고 활동하는 근원이 감정에 있다면 지도자들은 모름지기 감정을 세련해야 할 것이다. 또한 규범미학*이라는 것도 있어서 정책에 미의 규범을 채색하는 일도 게을리해서는 안 될 것이다.

*감정미학
아름다움을 감정적으로 수용하는 입장.

*규범미학
아름다움이 이래야 한다는 당위적 입장.

87

지도자의 미적 감각이 중요하다고 역설할수록 이는 철학의 영역에 가 닿는다. 다른 영역에서도 타당한 이야기지만 미적 감각에 관한 이야기를 하다 보면 묘사, 평가, 가치판단, 사실적 언명과 같은 인식론적 이야기를 하게 된다.

미학은 감각, 지각, 인식에 대한 사려로 시작해서 예술에 관한 이해를 쌓는다. 이것이 18세기 미학의 유산이며 미학의 현대적 감각을 이때부터 고취시켰고, 예술철학을 묘사하는 정확한 단어를 연상하면서 현대적 실천(특히 비주얼 아트에서)으로 이끌었다. 이것은 동시에 칸트의 코페르니쿠스적 혁명에서 제기된 철학의 유산이기도 하다.

미학의 또 다른 커다란 기여는 미학이 심적 도덕적 능력을 확인하게 되었다는 것이다. 비어즐리^{Monroe Beardsley}가 미국철학회 동부지역회의에서 회장연설을 할 때 강조한 것인데 도덕적 가치를 함축한 것이어서 지도자의 규범으로 적절한 기준을 제공할 수 있는 것이 아닌가 생각된다. 2007년 제17대 대선에 뛰어든 후보자들의 미학수준은 어느 정도일지 궁금하다.

그리고 지도자가 갖추어야 할 소양 중의 하나가 언어의 표현 중에서 특히 은유법^{metaphor}이다. 너무 지나치게 직설법을 구사하면 정부와 정책에 대한 반감이 유발된다. 지도자에게는 논리적 분석력과 종합력의 훈련만이 아니라 문장론^{Syntactics}, 의미론^{Semantics}, 어용론^{Pragmatics}에 대한 것은 물론 은유법의 구사능력에 대한 철저한 훈련이 필요하다.

은유법을 이해한다는 것은 상상력과 관련되고 동시에 언어적 감각과 유관하다. 상상력이 창조력으로 이어진다는 것은 앞서 누누이 설명했다. 더불어 은유는 문학과 시의 구성에서 잘 나타나기 때문에 문학이론과 연관을 갖는다. 그러나 이 외에도 만약 전혀 예술 외적인 맥락에서 나타나는 단일 은유가 이를 진정한 예술작품으로 만드는 특성을 지니고 있다면, 은유는 미학에 대해서도 특별한 연관을 갖고 있는 것이다.

한마디로 은유법은 나머지를 듣는 사람에게 모두 떠맡기고 문장의 진위만 파악하게 한다. 또한 의미가 직접적이고 문제의 소지가 없는 문장을 포함한다. 행간을 읽을 수 있어야 하는 것과 같은 맥락이다. 그러나 애매하거나 은유적인 표현에서는 듣는 사람이 해야 할 중요한 임무는 그 의미를 헤아리는 일이다. 은유법이 예술철학을 언어철학으로 이끌어 철학의 본류에 갖다 놓는 구실을 한 셈이다.

그런가 하면 예술철학이 인식론과 지각론에 이끌려 그러한 위치에 오를 수 있는 구실을 한 것이 표상이다. 여기서 표상은 상상력이나 개념작용의 뜻을 포함한다. 굿만Nelson Goodman은 회화적 표상이라는 주제에 상당한 관심을 불러 일으켰다. 본래 존재론, 의미론과 관련이 있는 이러한 교리가 굿만의 회화적 표상의 분석에 함축적으로 들어 있다.

미래는 매트릭스 사회

'아름다운 창조사회'라는 미래에 대한 꿈은 어쩌면 우리의 욕심인지 모른다. 그러나 이러한 꿈이 산산이 부서질 수도 있다. 미래사회가 조지 오웰의 1894년 같은 세상일 수도 있고, 영화 〈매트릭스〉 같은 사회일 수도 있다.

매트릭스는 자신이 좋아하는 모든 것으로 인한 속박의 의미를 담는다. 좋아하는 음악, 좋아하는 음식, 좋아하는 친구 등 원하는 모든 것이 결국에는 자신의 짐이 된다는 뜻이다. 스스로 자신을 묶는다.

과학기술이 발달해 모든 것이 우리에게 유익하고 즐거움을 선사할 것 같지만 세상엔 공짜가 없다. 얻는 것이 있으면 잃는 것이 있기 마련이다. 좋은 보약을 많이 먹으면 건강이 나아지는 것 같지만 그런 약일수록 간에 부담을 주는 경우가 허다한 것과 같다. 지금까지 산업화의 길을 걸으면서 파괴된 환경은 얼마이며 피폐해진 인성은 얼마인가?

　미래사회가 매트릭스 사회가 되는 것을 경계해야 한다는 것을 강조하고 싶다. 미래는 우리가 소망하는 국가와 사회, 그리고 가정과 사람으로 꾸며져야 한다. 그러나 이에 대한 보장에 아직 자신이 없으니 아름다운 나라를 추구하되 조심스럽게 가야 한다고 말하고 싶다.

참고자료

1. Joel Garreau, 'Will We Still Be Fully Human?' 〈THE NEXT 30 YEARS〉, The Wilson Quarterly, Winter 2006, pp30, 32~34; Ray Kurzweil, 《The Singularity is Near》, 2005, Viking. Kurzweil은 인간과 기계의 경계가 애매해지고 인간의 지능이 비생물학적이 되면서 기하급수적으로 늘어 Epoch 6의 단계에 이르면 지금보다 그 힘이 1조 배가 된다고 한다.

2. 김창경, 'Imaging 2030 and Beyond', 한국미래학회 발표문, 2006. 9. 16.

3. 한국과학문화재단 엮음, 《교양으로 읽는 과학의 모든 것 1, 2》, 2006, 미래 M&B.; 이인식, 《미래신문》, 2005, 김영사.; 이인식, 《미래교양사전》, 2006, 갤리온.

4. 이인식, 《매래신문》, 2005, 김영사.

5. 〈조선일보〉, '미래학자 인터뷰 시리즈', 2007. 1. 19.

6. 앞의 기사

7. Marshall McLuhan and Quentin Fiori, 《Medium Is the Message》, 2005

8. 〈조선일보〉, 2007. 8. 21.

9. Yogi Berra, 《The Wit and Wisdom of Yogi Bera》, 2002, Mass Market Paperback.

10. Ray Kurzweil, 《The Singularity is Near》, 2005, Viking.

11. 권태준, 《한국의 세기 뛰어넘기》, 2006, 나남.

12. 다니엘 핑크, 《새로운 미래가 온다 A New Whole Mind》, 2006, 한국경제신문, 073.

13. 강홍렬, '사회, 그리고 미래', 한국미래학회 월례발표논문, 2006. 9. 16, p78.

14. 다니엘 핑크, 《새로운 미래가 온다 A New Whole Mind》, 2006, 한국경제신문.

15. '35 Years Later', 〈Foreign Policy〉, September/October 2005, pp34~38.

16. 이인식, 《미래신문》, 2005, 김영사.

17. 제러미 리프킨, 이희재 옮김, 《소유의 종말》, 2000, 민음사.

18. 다니엘 핑크, 《새로운 미래가 온다 A New Whole Mind》, 2006, 한국경제

신문.

19. 양승태, 《앎과 잘남: 희랍 지성사와 교육과 정칭의 변증법》, 2006, 책세상; 김남두, '서양 학문의 형성과 학문 분류의 기본 원칙', 《현대학문의 체계》, 1994, 민음사, pp39~73.

20. 장회익, '과학의 창 - 얻는 것과 잃은 것', 《물리학과 첨단기술》, 1997. 1.

21. 정민, 《18세기 조선 지식인의 발견》, 2007, 휴머니스트, pp58~59.

22. 앨빈 토플러, 하이디 토플러, 《부의 미래》, 2006, 청림출판, p218.

23. Ibid., p568.

24. 라메즈 남, 남윤호 옮김, 《인간의 미래》, 2007, 동아시아.

25. 류인균의 뇌 이야기, '남과 여의 서로 다른 뇌', 〈중앙선데이〉, 2007. 9. 2. p27.

26. 루안브리젠딘, 임옥회 옮김, 《여자의 뇌, 여자의 발견 *The Female Brain*》, 2006, 리더스 북.

27. Ibid., p274.

28. Ibid., pp275~278.

29. Ibid.

30. 새뮤얼 C. 플러먼, 문은실 옮김, 《교양 있는 엔지니어 *The Civilized Engineer*》, 2007, 생각의 나무, p279.

31. Ibid., pp342~343.

32. '제 2의 성 The Second Sex', Ibid., pp345~346.

33. 〈중앙선데이〉, 2007. 8. 5.

34. 한국과학문화재단 엮음, 《과학이 세상을 바꾼다》, 2007, 크리에이트, p336. "나도선 한국과학문화재단 이사장은 '신약과 바이오 장기는 BT의 꽃이다'라고 강조한다."

35. 〈중앙일보〉, 2007. 10. 29. "'활동적 은퇴기'는 인생을 6단계로 나눌 때 한 단계가 된다. 즉, 유아기, 청소년기, 오디세이기(대학졸업 후 진로와 방향을 모색하는 방황기), 성년기, 활동적 은퇴기, 그리고 노년기가 그것이다."

36. 〈조선일보〉, '그의 상상력이 곧 미래다-내일을 사는 남자 슈워츠', 2007. 9.

37. 저자는 1998년 STEPI의 연구용역으로 '과학화 정부론'이라는 보고서를 제출한 적이 있다. 10명의 교수들과 함께 이 작업을 했는데, 팀에는 오세정 서울대 자연대 교수, 박영준 서울대 공대 교수들이 있었다. 한마디로 정부를 보다 '과학화' 시켜야 한다는 것이었고, '부분사이의 상호 교류'를 강조했다.

과학기술과 사회, 그리고 정부와의 '관계'를 강조한 것이다. Quantum Self 의 저자, Danah Zohar는 21세기의 주제어로 '다양한 개체'와 이들 간의 '관계'를 역설한 바 있다. 그리고 2007년 12월 한국과학문화재단이 주관하는 '새로 보는 과학기술' 포럼 세 번째로 '과학기술, 사회·사회과학을 만나다'에서 '메타과학으로 아름다운 미래사회 만들기'라는 제목으로 기조연설을 한 바 있다.

38. 폴 파이어야벤트, 《자유사회에서의 과학 *Science in a Free Society*》

39. 《실증주의와 상대주의를 넘어서 *Beyond Positivism and Relativism: Theory, Methdo, and Evidence*》

40. 프리초프 카프라, 이성범·구윤서 옮김, 《새로운 과학과 문명의 전환 *The Turning Point*》, 1985, 범양사.

41. 장회익, 《과학과 메타과학: 자연과학의 구조와 의미》, 1990, 지식산업사.

42. 뚜르찐, 《과학의 현상》, 장회익에서 재인용.

43. 《*Chaos of the Disciplines*》

44. 이정일, '앞으로 20년 후, 나노 기술이 세상을 바꾼다', 《교양으로 읽는 과학의 모든 것》, 2006, 미래M&B.

45. 〈교수신문〉, 과학칼럼, '융합마인드, 세션의 벽을 넘다', 2007. 7. 15. "최 교수는 이런 예를 든다. '백만 달러의 상금이 걸려있는 크래이재단의 7대 수학 문제 중 순수 정수론 문제가 스마트카드, 금융시스템 등에 사용되고 있는 암호알고리즘의 브레인 역할을 하고 있음이 그러하고, 컴퓨터 애니메이션 그래픽 알고리즘도 기하학의 최신첨단 이론을 필요로 함이 그렇다. 우리 자산을 관리해주는 펀드 매니저가 복잡한 비선형 방정식을 이해할 수 있는 철저한 분석력으로 무장된 수학적 마인드 없이 경영마인드 하나로 자산을 관리한다면 순간의 순발력과 논리력을 필요로 하는 인터넷 주식관리는 할 수 없을 것이다.' 나아가 '따라서 응용수학이냐, 순수수학이냐의 분류는 수학문제의 중점을 어디에 두느냐에 따라 분리되며 그 내용이 다른 것이 아니라는 점을 강조하고 싶다."

46. 로버트 루트번스타인·미셸 루트번스타인, 박종성 옮김, 《생각의 탄생 *Spark of Genius*》, 1999/2007, 에코의 서재

47. Ibid.

48. Ibid., p51.

49. Ibid., p52.

50. Ibid., p43.

51. Ibid., p45.

52. Ibid., p46. "상상으로 꾸며낸 허구는 사실 이상의 것이다. 왜냐하면 창조의 과정이 개입되어 있기 때문이다. 예술뿐만 아니라 과학에서도 마찬가지다. 루이 파스퇴르 Louis Pasteur는 실험자가 가진 환상이 거의 다 라고 말한다. 아인슈타인 역시 '창조적인 일에는 상상력이 지식보다 더 중요하다' 고 단언했다. 피카소는 '예술은 사람들이 진실을 깨닫게 만드는 거짓말' 이라고 했다. 수많은 과학자, 예술가들과 마찬가지로 그는 상상력이 단순히 진실을 발견하게 하는 것이라고는 생각하지 않았다. 그는 상상력이 진실을 '이룬다' 고 생각했다."

53. 융은 인간의 심리가 시간과 공간의 제약을 초월하는 '집합적 무의식 collective unconscious' 의 일부분이라고 생각하는 것으로 유명하다. 그의 분석에서 가장 독특한 특징이 원형 arche-types의 역할에 대한 강조이다. 끊임없이 새로운 해석을 산출해 내는 '살아있는 생각 living ideas' 이나, 혹은 경험의 단편들에게 구체적인 형상을 부여해 주는 '근본 계획 ground plans' 으로 일컬어져 왔다. '원형' 이란 정신구조나 혹은 유전적으로 계승된 경험 속에 구현되어, 세계에 대한 우리의 이해를 선험적인 도식적 양상대로 주조해 가는 사고와 경험의 구조인 것이다.

54. Michael J. Gelb, 《How to Think like Leonardo da Vinci》, 2004, Delta Trade Paperbacks.

55. 'The ability to see relationship and patterns, and make unfamiliar combinations and connections is the core of creativity.'

56. 'Imagination is more important than knowledge.'

57. Jeremy P. Tarcher/Putnam, 《the Artist's Way: A Spiritual Path to Higher Creativity》, 2002, 'Devoted as they are to the scholarly appreciation of art, most academics find the beast intimidating when viewed first-hand. Creative-writing programs tend to be regarded with justified suspicion: those people aren't studying creativity, they're actually practicing it! Who knows where this could lead?'

58. Ibid. '창조성은 자연스러운 삶의 질서이다. 삶이 에너지이고 순수한 창조적 에너지이기 때문이라고 카메론은 말한다.'

59. Ibid.

60. 리처드 파인만, 승영조 · 김희봉 옮김,《발견하는 즐거움 *The Pleasure of Finding Things Out*》, 2001, 승산.

61. 강인선,《하버드 스타일》, 2007, 웅진지식하우스.

62. 조세미,《세계는 지금 이런 인재를 원한다》, 2005, 해냄.

국가의 미래

02

미래의 대학과 융합학문

미래의 학문 [1]

대학이 변해야 할 까닭

데카르트 이래, 학문은 으레 나누어 분과分科하면 좋은 것으로 생각했다. 그 결과 오늘날 학문과 대학의 학과는 수없이 쪼개져 각기 아성을 구축했다. 저마다 자신이 하는 학문이 최고라며 자부한다. 진리는 하나이고 함께 파헤쳐야 겨우 알 수 있는데, 학문 간 장벽을 쌓고 그 안에서만 관찰하고 있으니 전체의 그림이 보일리 만무하다.

그러나 이제는 이를 극복하기 위해 서로 융합하고 통섭하는 시대가 왔다. 대학은 분과학문의 전문성을 빙자해 학문 우월주의와 이기주의, 그리고 대학 이기주의에 빠져 자신의 영역을 구축하는 일에서 벗어나야 할 것이다. 옆의 학문이 무엇을 하고 있는지 모르고, 중복과 낭비를 거듭하는 원초적 우를

국가의 미래

범하면서 관료화의 길을 걷고 있는 학문과 대학을 더 이상 방치해선 안된다.

학문의 원형이 '이론학', '실천학', '제작학' 인 것은 변하지 않는다. 그러나 이제 학문은 분과 간의 구분에서 벗어나, 서로 합쳐 더 큰 힘을 발휘할 수 있는 융합과학의 길을 모색하고 있다.[2]

융합의 몇 가지 예로 '천문생물학', '바이오물리학', 법률전문회계학', '신경정신약리학' 등이 있다는 것을 앞에서도 소개했다. 뒤에 여러 대학의 융합프로그램을 소개하겠지만, 융합의 길은 점점 넓어져만 가고 있다. 과학과 예술의 만남도 이젠 흔해졌다. 앞만을 내다보고 치닫는 과학과, 과거 회귀가 다반사인 예술이 만나는 것이다.

융합의 극치는 아마도 인지과학으로의 승화일 것이다. 뇌, 마음, 그리고 컴퓨터로 모든 과학을 통합할 수 있다는 것이다. 현재 인문, 사회, 자연 등을 기초학문으로 인정하고는 있지만 융합의 시각으로 보면 옛날 문리과대학 체제가 옳았다는 생각이 든다. 요즘 '인문학의 위기' 라고들 하지만, 그것은 아성만 쌓고 다른 분야와 소통을 하지 않았기 때문이다.

이제 부활의 길은 융합에서 찾아야 한다. 서울대학교 인문대학의 이태진 학장이 환경대학원의 김기호 원장에게 부탁해 인문대학의 공간을 '열림과 소통' 으로 바꿔달라고 해 그렇게 했다는 말을 들었다. 노벨상 수상자를 19명이나 낸 방사선 연구소^{Radiation Laboratory}는 복도와 라운지 모두 다른 분야의 사람들이 만나 이야기할 수 있는 공간으로 꾸며져 있는데, 640억 원을 들여 지은 서울대학교 자연대학 건물은 전혀 그렇지 못하다.

융합의 종착역은 큰 그림을 보는 통섭이다. 이미 여러 대학들이 분과학문의 범역을 넘어 통합적 교과과정과 연구를 진행하고 있다. 그러나 통섭에 대한 반론 역시 만만찮다. 윌슨이 말하는 콘실리언스^{consillience}라는 단어의 뜻이 환원주의이기 때문에 통섭은 분장된 것이나 다름없다는 해석도 있다.[3]

과학의 또 다른 변화는 단순계 과학에서 복잡계 과학으로 가려는 것이다. 융합과 일맥상통하는 복잡계 과학은 카오스 이론이나 프랙탈 이론, 그리고 슈퍼컴퓨터로 가능하게 되었다. 상호작용이나 네트워크로 가능한 소산, 공진화, 자기조직화 등 비선형, 곡면의 본질을 파헤쳐 볼 수 있게 된 것이다.

학문과 과학의 변화는 당연히 대학의 변화를 몰고 온다. 미래 대학을 준비하지 않을 수 없다.

최근에는 대학에서 교과서만으로 강의하는 장면을 보기 힘들다. 사회과학 쪽에서도 교육방식을 바꾸어 강의자료로 동영상 등을 활용하는 것은 물론, 인터넷으로 국경을 넘어 두뇌 은행을 드나들며 자료를 탐색한다. 일방이 아닌 쌍방향 강의가 진행된 지 오래다. 과연 대학의 캠퍼스나 강의실이 앞으로도 필요한지에 대한 의문조차 생긴다. 오세정은 2007년 11월에 개최된 '미래대학 콜로키엄' 에서 미래에는 엘리트 중심의 대학과 대중 중심의 대학으로 나뉘고 전자는 캠퍼스를 유지할 것이라고 했다. 피터 드러커는 30년 안에 기존 대학 캠퍼스는 없어질 것이라고 예언했다. 대학 캠퍼스로 부를 수 있는 것이 있다 해도 여러 곳에 산재하는 멀티 캠퍼스, 유비쿼터스 캠퍼스* 정도일 것이다.

대학의 학문적 편제가 바뀌어야 하는 것은 물론이다. 미래의 대학은 기초교육원과 통섭대학원이 주축을 이루고 나노nano, 바이오bio, 인포info, 코그노cogno, 그리고 디지그노designo의 순환 연결고리가 토대가 되어 각 분과와 연대하여야 한다. 미래의 대학에서 기초는 '인지과학 대학' 이 되어야 하고, 여기서 머물 것이 아니라 각 학문분야와 연대하고 협동하지 않으면 안 된다.

대학은 기초과학 중심으로 유니버시티와 칼리지 몇으로 충분하고, 응용과학은 당연히 전문대학원으로 옮겨가야 한다. 응용과학이면서 기초과학대학에 머물고 있는 분과학문들도 자리를 다시 찾아야 한다.

미래의 학문과 미래의 대학을 구상해 보면 과학지상주의에 대한 반성이 없을 수 없다. 앞으로 인간이 사육당하는 매트릭스 사회가 온다면 학문발달 지상주의자들의 입장은 어떻게 될지가 궁금하다. 1960년대에 이미 성장의 한계를 의식하고 에너지의 경작을 주장하며 단순 생활simple life을 캠페인한 사람

101

들이 오늘날에도 '여유 있는 도시$^{slow\ city}$'를 구상하고 있다. 스캇·헬렌 니어링 부부나 박범준·장길연 부부의 예가 그렇다. 무엇보다 과학 윤리가 철저하게 자성되는 계기도 잡아야 할 것이다.

교육인적자원부는 이제 대학입시, 논술 등에 대한 간섭을 접어야 한다. 학문하는 방식과 세상이 바뀌었으니 미래 대학 건립을 걱정해야 할 것이다. 서울대학교에 실험적인 시도를 해도 좋고, 서연대학교, 한국융합대학교(가칭)$^{Korea\ Syncresis\ University}$, 우인대학교(가칭), 제3대학교, 또는 나비디코인 대학교$^{Nabidecogin\ University}$ 등을 통해 새로 시작해도 좋을 것이다. 아니면 기존 공과대학(포항공대, 또는 카이스트 등)을 탈바꿈시키는 작업에 지원을 해도 좋을 것이다.

여기서 분명히 할 것은 미래 대학은 이제 '대학교육'이라는 의미를 초월하는 수준으로 한 두 부처의 소관일 수 없다는 사실이다. 미래의 대학은 정부 기능 전체와 유관하기 때문에 국무총리실에 '대학위원회' 같은 기구의 창설이 필요하다.

아니면 교육, 과학, 정보통신 등 여러 부처가 하나가 되는 기구의 합병도 동시에 감안해 미래를 준비하면서 정부와 대학의 관계를 재설정해야 한다. 진리탐구의 정도인 통섭의 이상을 실현할 수 있는 학문체계를 갖춘 대학을 만들어 보면 어떨까?[4]

양자 패러다임, 복잡계 과학, 융합학문

학문과 대학은 세상의 변화만큼 바뀌어왔다. 기나긴 세월 동안 학문은 분화되고 대학에는 여러 학과가 생겼다. 그러나 이론학, 실천학, 제작학의 기본 골격은 변하지 않았다. 칼 세이건의 말처럼 '크나큰 우주의 하나의 작고 파리한 파란 점ᵃ ᵖᵃˡᵉ blue dot' 에 불과한 지구에서 인간의 인지능력과 욕구가 더 하면 더 했지 줄지 않았고, 이를 위한 학문 연마와 인재 양성이 세상이 달라진다고 크게 변하지는 않기 때문이다.

그런 가운데에도 변할 것은 변했다. 그 중 가장 큰 변화가 세상의 원리인 '패러다임의 변화' 라고 해야 할 것이다. 21세기에 들어서면서 패러다임은 물리학적 기계론의 패러다임 Cartesian-Newtonian Paradigm에서 생물학적 지각론의 패러다임 또는 양자 패러다임Quantum Paradigm으로 바뀌었다. 이것은 매우 큰 변환으로, 세상에 대한 인식이 바뀐 커다란 혁명이 아닐 수 없다. 패러다임의 변화는 세상을 어떻게 보느냐에 대한 변화와 이에 따른 과학과 학문에 관한 인식의 변화를 의미한다.

오늘날에는 생물학적 인식이 매우 팽배해 모든 것에 생명을 부여하려는 노력이 돋보인다. 더욱이 로버트 란자Robert Lanza 같은 학자는 종래의 형이상학을 부정한다. 시계가 째깍째깍 소리를 내니까 시간이 있고 우리가 머무는 자리가 있으니까 공간이 있다고 생각할지 모르지만, 거기에 시공이 존재하는 것이 아니라 우리가 의식하기 때문에 시간과 공간이 있을 뿐이라는 극단의 유아론solipsism*에 빠지는 입장도 있다. 생명 모두가 각기 우주를 갖고 있다는 것이다. [5]

패러다임의 변화와 더불어 또한 강조해야 할 것이 사람들의 생각 - 이것을 요즘엔 마인드 세트라고 말한다 - 을 바꿔야 한다는 것이다. 기존 생각으로 세상을 보는 시대가 지났다는 뜻이다.

그리고 과학은 단순계 과학에서 복잡계 과학으로 보다 더 다가갔다. 복잡계 과학에 관해서는 삼성경제연구소가 서울대학교와 연세대학교와 함께 2006년에 여름 강좌도 개설하고 워크숍도 활발하게 열고 있다. 참고 문헌으로 윤영수, 채승병이 쓴《복잡계 개론》이 있다.

복잡계 과학은 카오스, 프랙탈, 그리고 슈퍼컴퓨터 등으로 가능하게 된다. 미 · 적분이 되지 않았던 것은 다 버렸던 과거와 달리 이제는 구름의 모양, 산의 능선, 해안선의 굴곡 등을 프랙탈 이론과 슈퍼컴퓨터로 계산할 수 있게 되었다. 이를 통해 복잡계 과학은 훨씬 빠르고 강한 전파력을 갖게 되었다.

파리와 볼로냐의 일반학원Studium Generale을 위시하여 중세 시대에도 고등교육은 자유인으로서 갖추어야 할 일곱 가지, 즉 7자유학예Seven Liberal Arts를 강조했다. 이중 3학Trivium은 문법, 논리학, 수사학, 그리고 4과Quadrivium는 산수, 기하, 천문학, 음악(화음학)을 이른다. [6]

이러한 고등교육의 바탕이 달라지지는 않았으나 20세기

국가의 미래

후반에 이르러 인지과학^{Cognitive Sciences}이 본격화되면서 사물과 현상의 본질을 물질로 보지 않고 마음, 뇌, 그리고 컴퓨터(인간과 기계의 인터페이스)에 의해 학문을 다 모을 수 있다는 적극적인 생각을 갖게 된다. 이제는 마음, 물질, 기계 등이 구분되지 않는다는 제2의 계몽주의 시대를 맞고 있다. 학문들 간의 관계도 변하여 이젠 융합과학^{Science of Syncresis}이 아니면 생존하기조차 어려운 지경에 이르렀다.

그러나 이 나라 대학의 모습이나 역할은 학문과 대학 이기주의에서 벗어나지 못한 채 아직 큰 변화를 수용하지 못하고 있다. 이러한 상황에서 서울대학교 의과대학의 서유헌이 주관하는 인지과학 포럼은 새로운 변화를 모색하고 있다. 또한 서울대학교 사회대학의 강남준은 문화기술연구단을 이끌고 있다.

융합기술을 앞세우지 않으면 살아남을 수 없다는 것을 여러 대학이 보여주기 시작했다. 자연과학끼리의 융합이 있고, 자연과학과 인문학의 만남이 있으며, 자연과학과 미학의 만남도 있다. 몇 개 대학의 예를 들어본다.

(1) 아주대학교는 생명과학, 나노과학, 의학기술 등을 합한 '분자과학기술(나노메디신)' 이 대학의 간판이라고 생각하고 있다. 대학은 임상의학, 생명공학, 기초과학, 나노과학 분야의 최고 교수들 26명으로 분자과학기업단

을 구성했고, 교육과정도 융합해 공학도가 수술실에 들어가고 의학도가 기계를 다루는 것이 이 대학의 특징이라고 자랑한다.

(2) 중앙대학교의 첨단영상대학원 영상공학과 예술전공 연구실(DATA+, Digital Arts and Technology Application Lab)은 디지털 미술을 중심으로 영상예술 전반과 영상설치 및 넷아트, 그리고 예술과 기술을 접목시킨 예술영상작품 및 공학영상 예술작품을 제작하고 있다.

(3) 이화여자대학교는 최재천을 중심으로 '에코과학부'를 만들어 생태학만이 아니라 각 분야의 전공을 망라해 총체적 연구를 진행하여 학문간 통섭의 사례를 개발하고 있다.

(4) 경성대학교는 융합교육*을 추진하기 위해 많은 연구사업비를 끌어들이고 학생들의 취업률도 높이고 있다. 지난 10년간 융합교육 관련 사업으로 600여억 원 규모의 각종 지원을 받았으며, 기업과의 프로젝트식 융합교육으로 취업률을 높이고 있다. 지방대학 지원학생이 감소되는 추세에도 불구하고 2006년 6.7대 1의 입시경쟁률을 보인 것도 융합교육 덕분이라고 학교 측은 밝혔다.

(5) 연세대학교 경영대에는 공대, 생활과학대, 인문대 학생들이 함께 수강하는 '휴먼터치 신상품 개발론' 강의가 있었다. 이 강의를 맡았던 김진우는 "창의적인 제품은 이종異種 결합을 통해서만 나온다"고 주장하는 교수다.

*융합교육
학문 간의 차이를 넘어 서로의 정체성을 양보하면서 새로운 것을 추구해야 한다는 입장의 교육.

같은 맥락에서 포스텍 단분자생물물리학$^{single\ molecule}$ ^{biophysics} 실험실에서 생명과학과 남홍길과 물리학과 이종봉은 함께 '분자 단위의 생명현상'을 연구하고 있다. 남 교수는 "물리학을 이용해 생물을 분자 단위까지 분석하면 생명 현상을 완전히 새롭게 이해할 수 있다"고 말했다.

(7) 서울대학교는 교육에서 다학제적 복합전공을 권장하고 9개 분야에 걸친 세계적 수준의 융합연구소를 수원 영통지구에 설립하도록 추진 중이다. 또한 민동필은 '은하도시'를 꿈꾸고 있는데, 대형 가속기를 갖춘 과학 도시를 물리학, 디자인학, 생명과학 등 과학과 예술과 철학, 그리고 경영학 등 100여 명의 학자들과 합심해서 만들려고 한다.

(8) 인문학계통의 명문대인 아일랜드의 트리니티대학교는 2003년에 인문과학을 비즈니스에 접목한 '국제통합학부'를 만들었다. 신학, 철학, 역사학 선공학생들이 금융 마케팅, 국제지역학을 '역사 문화적 관점'으로 함께 배우고 있는 것이다.[7]

(9) 미국 일리노이대학교가 주도한 '사회 네트워크와 사이버 인프SNAC'는 세계 인문학과와 관련 학자들이 서로 필요한 자료와 지식을 유통하는 공간이다. 여기서 '분과된 학문'은 의미가 없다.

(10) 미국의 카네기 멜론 대학교에는 엔터테인먼트 테크놀

로지 센터Entertainment Technology Center가 있는데, 이 센터는 미술대학과 컴퓨터 사이언스 스쿨Computer Science School이 합친 것으로, 석사학위를 수여한다. 프로그래밍, 경영, 즉흥연극 등이 교과내용이다. 예술과 감성의 시대를 맞아 이젠 이들 분야와 접목이 되지 않으면 사람을 제대로 교육할 수 없다고 생각하기에 이르렀다.

〈뉴스위크〉는 '미국인 72%가 주치의와 신앙에 관해 대화하는 것을 좋아 한다' 고 보도했다. 의학이 영적인 것을 연구하는 종교학과 접목되어야 한다는 메시지이다. 의학은 이미 라비린스를 도입해 이야기 치료를 하고 있다. 법학도 예외가 아니다.

'융합 학문' 은 세계적인 대학에서는 이미 일반적인 현상이며, 국내 대학도 이런 방향으로 움직이기 시작했다. 미국 과학재단은 나노·바이오·정보·인지과학 융합과학기술의 틀을 수년 전에 제시했고, 유럽공동체는 자연과학 기술의 발전을 위해 인문사회과학을 함께 공부해야 한다고 강조하고 있다. MIT는 차세대 연구 분야로 2004년 신경과학Neuroscience*을 채택하고 언어학, 철학, 컴퓨터학, 인지학, 정보학 등의 학문분야를 함께 연구 중이다.[8]

이 같은 학문과 대학의 변화는 형이상학과 인식론의 변화를 동반한다. 이들이 변했기 때문에 학문과 대학이 변한 것이다. 경험주의 인식론이 주도할 때, 사물과 현상은 그 본질이 물질이라는 것을 전제로 모두 계량화가 가능하기 때문에 숫자로 표현할 수 있다고 믿었다.

현상을 쪼개서 볼 수 있다고 믿었던 때도 있었다. 그러나 이젠 모두 합쳐 보아야 한다는 생각이 지배적이다. 종래의 분화된 과학을 하나로 묶는 인지과학에서조차 본질과 존재에서는 물질을 인정하지 않으려고 하면서도 인식방법은 정량적으로 하는 모순을 안고 있다. 그러나 합리주의나 낭만주의 인식론에서는 또 다른 이야기를 할 수 있다. 그리고 앞에 소개한 대로 극단의 유아론에서는 오로지 의식만이 실재^{reality}의 존재 유무를 가린다.

존재론에서 인간, 시간, 그리고 공간의 의미가 달라져가고 있는 것도 학문과 대학에 대한 도전이 아닐 수 없다. 사이보그를 비롯해서 제2신경계가 생긴다든가 4세대 로봇이 나오기 시작하면 인간과 기계를 구분하기 어려운 상황에 이른다. 나아가 날개를 단 신인류의 등장까지 점치고 있는 상황이다.

인간을 어떻게 인식할 것인가가 인문학이 앞으로 풀어야 할 숙제다. 시간도 시간이지만, 공간은 우주 공간과 사이버 공간으로 인간세계를 온통 뒤바꿔 놓을 것이다. 이를 이해하고 설명하는 학문은 어찌 되어야할까?

학문의 융합과 더불어 대학의 학문체제가 크게 변해야 할 것이다. 대학은 크게 기초과학과 응용과학으로 나누고, 기초는 인문·사회·자연을 융합한 인지과학 대학으로, 그리고 응용은 모두 전문대학원으로 바꾸는 개편이 필요하다. 어쩌면 전혀 새로운 대학이 탄생해야 할 것이다. 여기에 나노^{nano}·바이오^{bio}·인포^{info}·코그노^{cogno}·디지그노^{designo} 등 과학기술이 뒷받침이 되어 전 분야가 선순환 고리로 연결되어야 할 것이다. 아마도 미래의 대학은 융합과 통섭의 원리에 따라 여러 분과학을 합치는 형태가 되어야 할 것이다. 인지과학, 생명과학, 인간생활정보과학, 우주과학, 융합공학 등이 그것이다.

이 책에서는 미래의 학문과 대학을 이해하기 위한 문제 제기에 머문다. 책이 다루고 있는 줄거리는 과학기술의 발달과 사회의 변화, 학문의 변화 발전과 미래의 학문, 대학의 변화와 미래의 대학 등이다.

기억, 이성, 상상 – 학문의 기본체계

'기억', '이성', '상상', 이 세 가지가 학문의 기본체계이다. 이 책에서 지성사를 두루 섭렵하기는 벅차다. 물론 미래의 학문 이야기를 하려면 과거의 학문을 말하지 않을 수 없고 그것이 변한 과정을 이야기해야 하는데, 그렇다면 지성사를 들쳐낼 수밖에 달리 도리가 없다. 그러나 일단 생략하고 학문이 어떻게 분류되고 달라졌는지만 밝히기로 한다.

학문이 변한다는 것은 인식론과 형이상학과 연관지어 설명해야 한다. 존재에 대한 인식의 차이로 학문하는 입장이 달라지기 때문이다. 학문이 변화 내지 분화 발전했던 것은 과학기술의 발전과 함께했고, 이를 인식하는 지식인들이 주체가 되어 세상에 대한 이해와 해석을 달리했기 때문이었다.

대학과 학문은 지식을 얻으려는 데 목적이 있다. 더 나아가 지식이나 정보에 대한 상상력, 그것도 창조적 상상력을 훈련할 수 있으면 그 이상 좋을 수가 없다. 그런데 인간과 시간과 공간, 그리고 관계를 무엇이라고 보느냐에 따라 인식방법이 달라진다.

이를 규명한 토대 위에 미래의 학문 이야기를 해야 한다. 학문이 무엇인지, 대학의 존재이유와 가치가 무엇인지, 그래서 이들이 어찌 변해야 할 것인지를 철학적 · 교육학적으로 조명해야 한다.

전통적으로 학문은 그 본질을 결코 포기하지 않으면서도 시대의 요구에 맞게 분야별로 변해왔다. 요즘 경영학에 관한 수양이 없으면 행세를 못하는 것도 다 세세에 따른 것이나. 오늘날에 이르러 학문하고 학생을 교육하고 사회에 봉사하는 대학에, 기능인을 양성해 달라는 사회적 요구가 이어지고 있다.

하지만 대학은 어디까지나 자유인을 양성하는 곳이다. 김우창은 2007년 12월 고려대 100주년 기념관에서 개최된 '대학의 이념과 비전'을 주제로 한 토론회에서 대학이 진리탐구를 무시하고 산업과 경제에 봉사한다면 인간 존엄성이 훼손될 수 있다고 했다.

학문은 신학으로 시작해서 앞서 밝힌 대로 고대 그리스의 3학三學과 4과四科를 기반으로 하여[9] 그 후 많은 변화와 발전을 거듭하며 오늘에 이르렀다. 서울대학교의 소광희와 김남두는 아리스토텔레스를 인용해 학문의 탐구대상이 서로 다르기 때문에 서로 다른 원리(아르케)를 가질 수 있고, 따라서 상호 독립적인 학문이 성립 가능하다고 기술한다.[10]

학문의 융합을 주장하는 최근의 추이와는 어긋나지만 당대의 논리로는 타당하다. 앞으로 각 분과학문의 정체성은 스스로 지키되 이를 탈피하는 탈정체성의 시대를 너그러이 맞아야 할 것이다.

어쨌든 당시에는 대상의 성격과 연구 목적에 따라 이론학, 실천학(또는 기술학), 그리고 제작학으로 구분했다.[11] 그 후 분과를 거듭하여 학문의 분류체계는 점점 복잡해진다. 중세 이후의 학문분류체계를 김영식의 글을 재인용하여 소개한다.[12]

김영식도 이미 "우리나라의 경우에는 이른바 '문과-이과', 또는 '인문학-사회과학-자연과학'의 임의적인 구분이 지나치게 경직되어 있음을 알 수 있다"고 했다.[13] 학문분야 간의 경계가 모호해져 가는 상황에서 이는 결코 바람직한 현상이 아니라는 것이다.

로버트 킬워드비R. Kilwardby는 과학을 신학과 인간학, 그리고 인간학을 철학과 매직으로 구분했다.[14] 자연과학, 수학, 그리고 형이상학은 신적인 요소로 구분했다. 인간적인 것에는 실천적인 것과 언어적인 요소를 포함했다. 또한 휴Hugh of St.

Victor는 이론, 실천, 기계, 그리고 논리로 학문의 분류체계를 만들었다.[15] 학문체계의 그림을 일일이 옮기려고 보니까 너무 학술적이어서 생략하기로 한다.

다음이 달랑베르[D' Alembert]의 분류체계*이다. 행[行]을 '이해의 차원'으로 하여 기억, 이성, 상상으로 나누고, 열[列]을 역사, 철학, 시로 나눈다. 철학에는 자연과학과 인간과학이 포함되고, 또 그 하위 차원에 수학, 윤리, 논리 등이 포함된다.

시학에는 설화, 연극, 우유 또는 풍유 등이 포함된다. 과거의 학문과 과학은 매우 체계적으로 학문을 분류해 놓았기 때문에 지금보다 오히려 분석적이면서 깊이가 있다는 느낌이 든다.

오늘의 분류는 실증주의에 치우쳐서 그런지 과거와 같은 인상을 얻기가 쉽지 않다. 앞으로 새로운 패러다임에 입각한 학문과 대학의 분류체계를 모색할 때가 되었다. 그 중에서도 달랑베르의 분류체계가 잘 정리되어 있고 시사하는 바가 크다.[16]

한편 그나마 현대적인 분류체계를 하나 보기로 한다. 콰인[Willard Quine]은 과학을 분석과학과 경험과학으로 나누고 경험과학을 순수과학과 응용과학으로 나누어 그림을 그렸다.[17] 분석과학에는 방법론과 수학, 방법론에는 논리와 인식 등이 가지를 치고, 경험과학에는 순수와 응용이, 그리고 순수와 응용 사이에 사회과학 특히 심리학이 자리 잡는다.

한국의 대학에서 편제된 대부분의 학문은 응용과학으로 공학, 농학, 법학, 의학, 간호학, 언론정보학, 사회복지학, 행정학 등이 있다. 전문교육이 되어야 할 몇몇 학과들이 학부에 그대로 남아 있는 것이다.

이 분류체계에서 알 수 있듯이 경험과학은 분석과학의 도움으로 과학화를 위한 노력을 기울이며 발전해 왔다. 어느 학문도 분석과학의 토대 없이 성장할 수 없는 것이 학문의 기본 생리다. 그리고 과학의 기본 틀을 현대적으로 표현하자면 인간과학, 생명과학, 우주과학, 환경과학, 그리고 정보과학이라는 데 대개 동의한다. 이는 1970년대 동경대학에서 정리한 것이다. 이론학, 제작학, 기술학으로 시작했던 학문의 역사가 시대발전에 따라 좀 더 세련되게 변했다고 해도 좋을 것이다.

문제는 시간과 공간의 변화, 즉 형이상학적 변화가 괄목할 만하게 이루어지고 있다는 사실이다. 형이상학에 관한 인식이 달라진 점은 나중에 이야기하기로 한다.

항공세계에 종사하는 사람들은 24시간 동안 일하는 시간과 잠자는 시간이 따로 구분되지 않는 세상에서 살고 있다. 이것은 일반인에게도 보편화될 것이다. 주야의 구분과 일하는 습관의 변화를 예고하고 있는 것이고, 실제로 국제금융을 다루는 상당수의 사람들이 시차 때문에 밤에 일하고 낮에 쉬곤 한다. 앞으로 우주를 넘나드는 사람들에게는 지구상의 시간개념이 무의미해질 것이다.

패러다임 역시 빠르게 변화하고 있다. 앞서 말한 대로 칼테지안 - 뉴터니안 패러다임에서 양자 패러다임으로, 다시 그것은 생물학적 지각론의 패러다임으로 세상이 물질이나 기계라는 전제보다 정신이나 유기체 내지는 콜라주collage*이거나 또는 그 합일 것이라는 전제로 바뀌는데 과학과 과학 하는 방법은 아직도 과거의 패러다임에 집착해 있다. 세상은 하나도 둘도 아닌 그 합, 즉 일원론이나 이원론이 아닌 집합론이다. 이 벽을 넘고자 하는 것이 복잡계와 인지과학이라고 생각하면 된다.

단순계 과학에서 복잡계 과학으로

복잡계 과학의 특징은 비선형적 사고를 토대로 평면이 아닌 곡면을 보자는 것이다. 깊이도 봐야 한다. 옛날에는 그 이상 확실한 것이 없으니 겉만 보자는 것이 실증주의의 입장이었다.

그러나 속도 모른채 어떻게 겉만 보고 판단할 수가 있겠는가? 그리고 측정해서 모든 것을 가려 판단했지만 아무리 엄격하게 재고 계산해도 틀리는 것은 어쩔 수 없다. 샌프란시스코 폼 게티 미술관에서 사려고 더 설정했던 고대 청년 흉상이 모작이라는 것이 밝혀진 일이 있다.

이는 순간적인 판단, 즉 블링크Blink*로 가능했다. 그러니까 직관력이 더 돋보이는 때도 있다는 것을 알아야 한다. 이런 면에서 눈 깜박임이나 흘끗 보는 블링크는 매우 타당하고 미래적인 관찰방식이라고 해도 좋다.[18]

복잡계가 새로운 패러다임으로 등장한 지는 오래다. 이른바 '네트워크 과학'으로 유용하고 흥미로운 결과를 내고 있

*블링크
눈 깜빡하는 사이(0.25초)에 사물을 판별하는 것을 뜻한다.

116

다.[19] '네트워크 과학의 연구 대상들은 매우 다양하여 인터넷을 비롯한 정보통신망 네트워크, 세포 내 물질 간의 상호 반응을 나타내는 신진대사, 기업 간의 상관관계를 설명할 수 있는 경제 네트워크, 공권력을 행사하는 정부의 권력 네트워크, 정책 네트워크, 선거 때의 정치 네트워크, 사람들이 서로 얽혀 있는 사회 네트워크 등 여러 학문 분야에 걸쳐 있다.

다양한 네트워크에서 공통적으로 나타나는 구조적 특징을 찾아 복잡계의 올바른 이해에 도움을 주고자 한다.'[20] 한마디로 구조, 성질, 협동 현상들을 한꺼번에 파악하자는 것이다.[21]

복잡계의 기본 개념은 몇 가지 주제어로 요약된다. '상호작용', '비선형', '혼돈', '반복', '자기유사성', '프랙탈', '자기조직화된 임계성^{SOC}＊', '혼돈과 기이한 끌개', '공진화', '소산구조' 등이 그것이다. 요지는 작은 것 하나하나도 중요하지만 전체를 보자는 것이다. 부분을 보는 좌뇌와 달리 전체를 보는 우뇌를 강조하게 되는 것은 이 때문이다.

이는 부분이 곧 전체라고 생각하는 양자 패러다임과도 통한다. '상호작용하는 개체 또는 개체군으로 이루어진 총체'로서의 의미인 시스템이 여러 방향으로 가지를 치면서 나타났던 1950~1960년대의 사이버네틱스, 1970년대의 카타스로피 이론, 1980년대의 혼돈 이론 등이 1990년대에 들면서 복잡계 이론으로 이어지는 것이다.

복잡계는 수많은 요소로 구성되어 있다. 이 요소들은 상호작용하고 있다. 그런데 이들의 상호작용은 대부분 비선형적이고 곡면이다. 이 비선형 때문에 다이나믹해진다. 아주 작은 변동에도 민감하게 반응하게 되어 있다. 초기에 미시적으로 나타나는 작은 차이는 관찰하기 어렵지만, 이것이 시간에 따라 크게 증폭되면 거시적으로도 뚜렷이 관찰할 수 있는 변화로 발전한다. 나비의 날개 짓이 폭풍이 된다는 이야기다. 이를 혼돈chaos이라고 한다. 이 혼돈현상은 자신의 모습을 반복하는 질서가 있어 이를 자기상사성self-similarity이라고 하며, 이러한 구조를 가지는 도형을 프랙탈fractal이라고 한다.

정부의 각 부처는 일종의 프랙탈이며 관료의 계층구조도 전형적인 프랙탈이다.[22] 프랙탈과 자기유사성은 다양한 복잡계에서 관찰되는 창발현상의 하나로서 혼돈 이론과 자기 조직화된 임계현상critical phenomena 등과 깊은 관련이 있다.[23]

복잡계는 열린 시스템이므로 외부로부터 에너지가 드나들며 개별요소들의 상호작용을 통해 스스로 새로운 계층의 조직을 만들어갈 수 있다. 소산구조와 자기조직화 현상은 원래 프리고진(참고로 서울대학교에 왔던 프리고진은 일찍이 "이제 그만 쪼개자"라고 역설했다. 과학을 더 이상 쪼개고 쪼개는 일은 그만하고 크게 전체를 보자고 했던 것이다)보다 140여 년 앞선 1834년에 러셀이 발견했다.[24]

19세기 말까지 자연과학 분야의 기본 패러다임은 뉴턴의 기계론적 세계관이었다. 철저하게 환원주의였던 것이다. 그러나 고전역학으로 설명할 수 없는 난류 같은 것을 이제는 설명할 수 있게 되었다. 구름의 모양, 산의 능선, 해안선의 굴곡 등도 그렇다. 호랑이 가죽 전부를 보지 않고 한 뼘만 보고나서 이게 호랑이 가죽이라는 것을 알게 되는 것과 같은 원리이다. 그렇게 해서 복잡한 리아스식 해안선의 굴곡을 모두 계산할 수 있게 된 것이다.

오랫동안 자유의지가 존재한다고 여겨온 인간행동은 결정론으로 기술하기가 매우 까다로웠다. 확률론적 관점에서도 기술하기 어려웠다. 난류, 진화, 생태계, 정치활동, 인간행동 등과 같이 어떠한 방향으로도 명쾌하게 드러나지 않는 현상들을 설명하기 위해서는 그 구성요소 자체보다 이들 사이의 상호작용 구조에 대해 이해해야 한다.[25]

볼 수 없고 계산할 수 없었던 현상을 파악하게 되니 주식가격의 변동, 정치인의 행태, 정부의 관료행태와 정책관계, 나아가 정치현상까지도 지금까지와 다른 방식으로 이해하고 설명해야 할 것이다. 그러니까 행정학이나 정책학의 기존 교과서는 새롭게 서술되지 않으면 안 된다. 이는 다른 분과 학문이라고 예외가 아니다.

분과학문에서 융합학문으로

미래의 학문이 융합학문이어야 한다는 데 이의를 다는 사람이 점점 줄어들고 있다. 학문과 학문을 연결시키는 학제學際

문제만이 아니다. 학문융합이 이루어지지 않고서는 미래 세계의 문제를 풀어가지 못한다.

예를 들어 성형외과교수가 미학Aesthetics을 함께 공부하는 것은 당연한 것이다. 현재 서울대학교에는 재료공학교수와 생활과학대학교 의류직물학과 교수들이 모여 서울대학교 국제섬유학회FTC:Fashion Taxtile Center라는 종합연구소를 만들었다. 강태진이 주도하고 있다. 항공이 디자인과 만나는 것도 매우 자연스럽다.

1990년대 중반에 이미 홍익대학교에서는 디자인 대학원을 만들어 외주로 운영하기 시작했다. 경영과 행정을 관리과학으로 합쳐야 할지는 생각해 보아야 하겠으나, 경영과 행정이 디지그노(디자인 미학)와 만나야 한다는 건 확실하다. 서울시청이나 박찬숙이 주도했던 공공디자인전이나 공공디자인 프로그램 같은 것을 연상하면 된다.

미래의 융합학문에 관한 다른 예를 들기로 한다. 미래에 의학은 매우 급격한 변화를 경험할 것이다. 스펙트럼 학술지의 표지에 '정신의학이 전자공학으로 간다Psychiatry goes Electronic'라는 특집이 실리기도 한다. 전자두뇌가 탄생할 것이기에 기존의 정신의학이 접목해야 할 분야가 너무나 분명해진다.[26]

또 다른 예로 의학과 생물학, 그리고 심리학과의 대화를 신학의 경지에서 논한 책이 이미 오래전에 발간되었다.[27] 누구든지 신학적 인간학에 관심을 가지고 연구하려는 사람들은 반드시 성서의 창조 기사와 인간 구원의 복음이 다른 학문들, 이를 테면 생물학, 심리학, 사회학 등에서 어떻게 이해되고 있는지 궁금해 하기에 이런 시도를 한 것이다.

서울대학교의 민동필이 '은하도시' 를 꿈꾸며 대형 가속기를 갖춘 과학도시를 물리학, 디자인학, 생명과학 등 과학과 예술과 철학, 그리고 경영학 등 100여 명의 학자들과 합심해서 만들려고 한다는 것은 앞에서도 소개했다. 이는 융합학문 활동의 대표적인 예다.[28]

한편 의술은 우선 용어부터가 '수술' 에서 '수선' 으로 바뀐다. 25년정도 지나면 나노 의학이 병원을 바꾸어 놓는다. 청진기, 주사기, 링거 등 지금 쓰고 있는 의료도구는 없어지고 수술실도 입원실도 대폭 줄어든다고 한다. 로봇 서전$^{robot\ surgeon}$ 이 등장하기 때문이다. 의사는 환자를 원격으로 진찰한 후 로봇 서전이 들어있는 알약만 제공하면 치료는 끝난다. 예를 들어 위출혈이 있다면 로봇을 위로 보내 상처를 치료하면 그만인 것이다.[29]

음악도 융합의 길을 모색하고 있다. 그리스 시대부터 연찬해 오던 음악은 오늘날에 이르면 다양한 각도에서 통합적으로 접근해야 한다고 한다. 음악은 사회역사가, 문화인류학자, 음악학자, 이야기꾼 들이 함께 통합적으로 접근해야 한다. 그리고 음악이론은 1985년 이후부터 탈구조주의, 해체주의, 그리고 페미니즘을 반영하고 있다.[30]

지난 100년은 들리지 않는 음악을 외면했지만 이에 대한 이해가 깊어지면서 음악에 인문학과 과학을 접목시켜야 한다고 채현경은 말한다.[31] 실제로 2007년 3월 통영에서 개최된 통영국제음악제에서 크로스노스 사중주가 양악기에 전통악기, 타악 소품까지 활용하고, 심지어 세면기에서 물을 흘리며 화음을 내는 연출을 한 바 있다.

우주과학과 동양학의 만남, 나노 과학과 미시 역사학의 만남, 입자 물리학과 인도 철학의 만남 같은 것이 가능할 것이다. 이들의 공통점을 찾기는 쉽지 않겠지만 나노와 아주 작은 부분을 연구하는 미시 역사학의 만남이 가능할 것이라고 믿는다. 이들은 인문학에서 본 과학을 말하려는 사람들의 입장이다.[32]

한국여성과학기술단체 총연합회는 2006년 8월에 서울대학교 호암교수회관에서 대회를 열어 21세기 과학의 새로운 패러다임이 '융합과학'이라는 것을 확인했다. 이를테면 생각하는 로봇은 생명과학 + 인지과학 + 기계공학의 융합산물이고, 휴대전화 인공지능 칩은 나노기술 + 인지과학 + 반도체기술의 합작품이다.[33]

다른 차원의 이야기이지만, 문명의 정체성을 찾기 위해서라도 혼융의 필요성을 강조하는 사람이 있다. 동서양의 철학적인 명제들이 어떠한 형태로든 융합되어야 하며, 다중심적 다문화의 세계관을 굳건히 구축해야 한다는 제안이 그것이다.[34] 혼융전략*은 한국문명의 정체성을 확립하는 지름길이고, 다중심적 다문화의 세계관은 종래의 단일중심적 세계관을 극복하는 대안으로 제안된 것이다. 혼융은 새로운 것을 만들기 위해서 역사상 성공한 문명들이 추구해 왔던 전략이다. 동양중심주의나 서구중심주의나 모두 단일중심적 세계관인 만큼 패권적이기 때문이다. 그렇기 때문에 패권을 추구하지 않으면서도 자기중심성을 찾기 위해선 다중심적으로 세계를 인식해야 한다.

'대체로 커다란 지적, 재정적인 보상은 2가지 이상의 과학적 진보가 융합될 때 일어난다. 진행 중인 프로젝트가 다양할수록, 많은 과학자와 과학적 진보가 함께 할수록, 거대한 결과를 산출해 내는 진기한 병렬 배치가 이루어질 잠재력이 더욱 커지는 것이다.'[35]

미래 융합학문으로 약방의 감초 같은 것이 디자인이다. 디자인 없이는 이제 사람의 눈과 감각을 설득하지 못한다. 디자인은 미래학문의 꽃이다. 디자인에 시詩라고 뒤질 수는 없다. 은유가 무엇보다도 의미를 천착하는 계기가 되기 때문인데, 시는 바로 은유를 가능하게 하는 기제이다.

'오늘은 아무 생각 없고
당신만 그냥 많이 보고 싶습니다.'

국가의 미래

‘푸른 하늘’ 이라는 제목의 이 시는 희망, 기대, 소원 등을 은유해 제목을 붙인 듯싶다.[36] 시인은 은유와 디자인의 실체이며 시스템적 사고의 대표이기도 하다.

‘가을하늘을 처다 본다/파아 - 란/하늘아래/당신을, 나를, 옆을/본다/옆에/신이, 내가, 우리가 있다/우리 함께/간다/손잡고/간다/마음을 잡고 열고/간다/가을 하늘 아래로/간다/가을 하늘이 당신이다.’ [37]

이 시 역시 희망을 노래하고 있다.

미래의 학문은 관계를 이해하는 데서 출발해야 한다. 앞으로 필요한 인물은 ‘경계를 넘나드는 사람boundary closser’ 이다. 관계에 관해서는 책의 앞부분에서부터 그 중요성을 내내 강조하고 있다. 사회과학도가 과학을 이해하려 애쓰고 과학의 산물을 사회에 접목시켜 보다 더 큰 승수효과를 내려고 하는 것은 모두를 위한 것이다. 개인, 사회, 국가 모두가 노력의 성과를 누릴 수 있도록 하려는 것이다. 관계기술의 중요성을 강조하는 것도 모두 다 이런 이유에서다.

융합학문의 토대가 되는 나노기술이 학문의 세계를 변화시킬 것이라는 생각은 이미 보편화되어 버렸다. 나노기술 자체가 다학제적multidiciplinary이기 때문이다. 즉, 나노 기술이 발달하면 할수록 물리학자가 화학식을 외워야 하고, 기계공학자가 박테리아를 관찰해야 하고, 화학도가 전자공학을 연마해야 하고, 재료과학도는 양자역학을 공부하지 않으면 안 되게 된다.

다학제성은 바로 학문 간의 경계를 허문다. 2020년이나 2030년이 되면 물리, 화학, 생물, 전자 재료, 기계 등 학제간의 경계가 모호해지거나 무너지고, 나노 과학기술이라는 한 분야로 대통합을 이룰 것이라는 전망이 나와 있다.[38] 자연과학과 공학의 관계가 이렇게 적극적으로 변모하는 것은 물론, 20년 뒤에는 나노 기술 변호사, 나노 철학자, 나노 윤리학자, 나노 경제학자 등이 다수 등장할 전망이다. 이러한 전망을 보면 대학과 학문은 이를 위해 어떤 분과와 커리큘럼을 짜야 할 것이냐가 명백해진다.

나노의 개념은 더욱 미세화되어 그로부터 부를 창출할 가능성을 높인다. 예를 들어 1미터의 0.000,000,000,000,000,000,000,001을 의미하는 욕토^{yocto}까지 가능해 미세의 극치에 이를 수 있다.

미래의 학문으로 예견되는 것 중 하나가 인지과학의 이름으로 학문을 하나로 묶거나, 큰 학문을 보는 이른바 통섭^{統攝,} ^{consilience}*이다. 융합의 맥락과 어긋나지 않는다. 인지과학은 뒤에 기술한다.

이화여대의 최재천이 통섭에 대해 잘못 이해하고 있다는 상지대학교 최종덕의 주장도 있다. 생존의 뇌와 감정의 뇌를 넘어 설명의 뇌로 경계를 넘나들어야 한다는 것이 최재천의 주장이다. 그러나 설명^{erklaren}의 중요성도 존중해야 하지만 이

국가의 미래

해 ^{vershtehen}와의 차이도 존중할 줄 알아야 진정한 과학의 세계를 탐색할 수 있는 것이다. 어쨌든 경계를 치고 장벽을 높이기만 한 기존의 과학적 태도는 바꿔도 크게 바꿔야 할 것이다.

2007년부터 이화여대는 '에코과학부'를 만들어 생태학만이 아니라 각 분야의 전공을 망라해 총체적 연구를 진행하여 학문 간 통섭을 이루어 나가려고 한다. '진리는 우리가 만들어 놓은 학문의 울타리에 전혀 개의치 않고 돌아다니는데, 우리 학자라는 사람들은 스스로 쳐 놓은 울타리 안에 평생 안주하며 잠깐 들렀다 가버리는 진리의 그림자를 붙들고 씨름하고 있다'고 최재천은 말한다.[39] 에코는 행정학에서도 1960년대에 유행했다. 존 M. 고스와 이한빈이 그 주역으로, 행정학을 이해하기 위해서는 에코시스템을 알아야 한다고 주장했다.

이화여대는 2007년 9월에 '지식의 통섭을 위하여'라는 제목으로 통섭원統攝苑 개원 기념 심포지엄을 했다. 발표된 논문 중 일부를 소개한다.

자연과 인간의 통섭 또는 총섭(이는 원효의 말이라고 한다)은 조선조에서 이미 성리학의 이름으로 설파되었다고 한다. "성리학이란 인간이 지켜야 할 도덕률들이 원래부터 그랬던 것처럼 내면화되고, 동시에 당연의 질서를 다시금 자연의 법칙으로 삼는 일에 다름 아니었다. 자연은 도덕(문화)의 반대편에 있는 것이 아니라, 당연함의 문화(도덕)를 조건짓는 전제였다. 도덕의 반대로서의 자연이나 문명의 반대로서의 자연(야만)이 아나라 도덕 그 자체로서 자연이다. 따라서 인간사회의 도덕률을 보중하기 위한 자연의 원리는 '자연스럽게' 인간 사회로 인입引入되어야 한다. 자연을 닮은 인간 그리고 인간을 닮은 자연, 이것이 바로 조선 성리학이 목적하는 바였다. '자연인'이 바로 '문화인'인 세상, 성즉리의 토대 위에서 자연학은 바로 인간 본성학에 다름 아니었다."[40] 인문학과 자연과학이 융합되어야 할 논거로 인용했다.

인간의 의미변화에 따른 인문학의 고민

융합이든 통섭이든 이에 기본이 되는 인문학의 고민이 없을 수 없다. 인간학문의 기본인 인문학이 미래의 학문으로 보다 발전하기 위해서는 고민해야 할 것이 하나 있다.

즉 인간이 무엇인지, 어떻게 변할 것인지에 관해 매우 심각하게 생각해야 한다는 것이다. 그것은 앞으로의 인간이 지금까지의 인간이 아닐 가능성이 높기 때문이다. 앞으로 인간이 어떻게 변할 것인지에 관한 논자들의 이야기를 잠시 소개하기로 한다.

바깥인 환경 쪽으로 뻗어나가던 과학이 이젠 안쪽으로 눈을 돌려 인간의 마음, 기억, 신진대사, 성격, 그리고 혈통 등에 관해 관심을 쏟기 시작했다.

가장 쉬운 예측 중 하나가 2008년 베이징 올림픽 때는 선수들의 각종 기록들이 크게 갱신될 것이라는 사실이다. 바이오엔

지니어들의 도움을 받아 인간의 근육이며 유연성, 그리고 판단력 등이 크게 향상되어 기록을 바꿔가기 십상일 것이라는 말이다. 기억력을 향상시키는 알약을 먹어 SAT 점수를 200점 더 얻게 할지도 모른다는 보고도 있다.

생물학적 진화를 거듭하면서 인간은 원숭이로부터 시작해 손을 자유롭게 쓰게 되었다. 또한 문화적 진화를 통해 66년이 걸려 달에 착륙할 수 있게 되었다. 현재 우리는 제3의 기계적 진화 단계에 와있다. 지난 10년 동안 우리는 유전자, 로봇, 정보, 그리고 나노 기술 등의 발달에 힘입어 신체적, 지능적 변화를 경험하고 있다.

인간이 반 기계가 될 것이라는 예측도 있다. 사이보그가 바로 그것이다. 신체 내부에 장착된 온갖 기기들이 사람인지 기계인지를 분간하기 어려운 상태로 만들 가능성이 있기 때문이다. 최근에는 입는 로봇까지 등장했다. 그리고 영화 〈마이너리티 리포트〉에 나오는 선전물이 인간의 홍채를 인식해 쌍방향 소통이 가능하게 할 수도 있게 된다.

영화 〈매트릭스〉는 인간을 사육해 자신이 살아 있다는 착각을 일으키며 더 끔직한 상태로 만들고 만다. 거기에다 제2의 신경계를 만들어 이들끼리 네트워크가 짜여져 소통할 때가 오면 두 개의 사회가 공존하게 될 지도 모른다. 이들은 이미 앞서 소개했다.

이러한 인간의 본원적 변화에 대해 후쿠야마 ^Francis

Fukuyama나 카스Leon Kass 같은 바이오보수주의자들은 인간의 본질에 관해 바이오윤리* 문제를 제기하고 있다. 앞으로 윤리학은 이러한 인간을 가정하고 그 분야를 더 개척할 필요성을 절실히 느낄 것이다.

그러나 보다 근본적인 문제는 르네상스 때부터 던졌던 질문이다. 1486년 피코 델라 미란돌라Giovanni Pico della Mirandola가 《인간의 존엄성에 관하여Oration on the Dignity of Man》라는 책에서 한 말이 있다.

'인간더러 한 곳에만 머물라고 했던가?

인간더러 한 가지 형태만 띠고 살라고 했던가?

인간더러 한 가지 기능에만 얽매이라고 했던가?'

이 질문처럼 인간인 우리가 의문을 가질 때가 되었다. 더욱이 인간 본질의 한계에 대한 또 다른 질문을 어떻게 유지해 갈 것인가, 아니면 이들을 파기하고 또 다른 원리를 찾아 나설 것인가에 대해 학문과 대학은 이제 답을 할 때가 되었다. 이들의 한계는 알다시피 '소크라테스의 이성Socratic reasoning, '부다의 계몽Buddist enlightment', '기독교의 희생Christian sanctification', '데카르트의 논리Cartesian logic' 그리고 '개인주의(또는 이를 New Soviet Man이라고 표현하기도 한다)'[41] 등이다.

미래의 인간은 호모 사피언스(현명한 인간), 호모 루덴스(유희의 인간), 호모 이렉터스 그리고 다양한 삶multilives이다. 대표적인 인물이 철학교수이자 피아니스트 그리고 경영컨설턴트 일을 하고 있는 앤디 턱^{Andy Tuck}이다.

마치 르네상스 시대로 회귀한 느낌이다. 그래서 미래를 준비하기 위해서는 패턴을 인식하고 전체를 볼 줄 아는 능력을 키워야 한다.[42] 그리고 미래의 인간은 다른 입장에서 조명하고 유추하는 훈련을 쌓아야 한다. 관료주의(판에 박힌 사고와 행동에 익숙한)를 몰아내는 것도 미래의 과제가 아닐 수 없다. 정책 지식생태계가 숨을 쉴 수 있도록 해 주어야 하지 않겠는가.

기초과학은 인지과학

20세기 후반에 들면 현대과학의 특징은 인지과학으로 대변된다. 이 분야를 강조하는 학자들은 이렇게 말한다.

'학문 분야를 인문, 사회과학과 자연과학으로 분류해온 종래의 분류법을 당연한 것으로 받아들이고 있는 사람이 있다면 그는 40여 년이나 시대에 뒤처진 학문관을 지니고 있다고 볼 수 있다. 그리고 과학기술의 개념을 물리학, 생물학, 화학, 기계공학 등의 물질 중심의 과학기술만으로 생각하고 있는 사람이 있다면 그는 30여 년이나 뒤처진 과학관을 지니고 있는 것이다.'[43]

보는 틀, 즉 패러다임이 변한 것을 인식하지 못하기 때문이라는 것이다.

종래의 인간관, 물질관, 기계관, 학문관, 과학기술관 등에 대폭 수정을 가하게 하는 새로운 관점이 형성되었다. 좌 · 우 뇌의 기능상 차이를 드러낸 분할 뇌split brain의 연구를 통해 1981년 의학 · 생리학 분야에서 노벨상을 수상한 신경심리학자 스프리Sperry는 인지혁명cognitive revolution이 20세기 후반에 일어난 가장 중요한 과학적 사건이라고 하였다.[44]

이러한 과학적 혁명을 구체적으로 가능하게 하며 그 기초 이론을 제시하고 이 변화의 구체적 의의를 탐색하는 학문이 인지과학이다. 이는 지난 반세기 동안 급격히 부상했다. 이들 입장은 학문 간의 벽을 허물고 협력을 독려한다. 마음, 물질, 기계 구분 없이 뇌와 마음과 컴퓨터를 연결하는 인지과학은 문과와 이과를 통합하여 인식하는 능력을 기르는 종합학문이라고 할 수 있다.[45]

여기서 인간은 끊임없이 자극을 제공하는 환경에서 능동적으로 적응하며 각종 의미 정보를 파악하고, 이를 통해 앎을 획득하여 저장, 활용하는 존재다. 이전에는 심리 현상을 비물리적 현상으로 보고 과학적으로 접근할 수 없다고 생각했는데, 이러한 낡은 과학관을 버리고 심리 현상을 다른 자연 현상과 마찬가지로 과학적으로 연구할 수 있고, 또 연구하여야 한다는 자연주의적 입장을 취하고 있다.

이는 마음, 두뇌, 컴퓨터가 본질적으로 동일한 추상적 원리를 구현하는 정보처리 체계라는 생각에서 가능하다.[46] 어찌 보면 기계론적 물리학의 패러다임으로 회귀하고 있다는 느낌을

국가의 미래

준다는 점에서 좀 꺼림칙하다.

인지과학의 입장은 미래의 대학이 인문, 사회, 자연의 구분 없이 과거의 문리과대학처럼 하나의 대학으로 묶여야 한다는 논거를 제시하고 있는 셈이다. 이러한 연관에서 인지과학은 종래의 학문 분류를 뛰어넘는 새로운 학제적interdisciplinary 과학이자 미래지향적 종합과학이다.

자연 현상을 보는 틀이 20세기 전반까지는 물리현상, 생명현상에 초점을 둔 뉴턴의 이론, 진화론, 상대성 이론 등이었다면, 20세기 후반에 비롯된 새로운 패러다임은 정보 및 심리현상을 중심으로 한 인지주의적 틀이며 이것이 구체적이고 제도적인 과학으로 구현된 것이 인지과학인 것이다.

미래의 지식체계와 한계

21세기 지식의 체계

21세기 지식의 체계가 현재와 크게 달라질 수는 없을 것이다. 어디까지나 인간이 중심이 되어 지식을 습득하는 인식론에는 큰 변화가 오지 않을 것이기 때문이다. 단 엄청난 지능의 발달 덕에 과학적 탐구의 지성이 어떤 그림을 그릴지 아직은 분명하지 않다.

그러나 분명한 것은 패러다임이 바뀌고 학문 간의 관계가 재설정되면서 지식체계에 변화가 올 것이라는 사실이다. 그리고 비인간화에 대한 인간화의 반명제가 끈질기게 도전해 올 것이다. 인문학의 필요성이 점점 높아질 충분한 이유가 여기 있다.

책 모두에 인용했던 '2100 기관'에서 만든 시나리오를 참고하면서 21세기 지식체계를 상상해 본다. 그리고 이런 세상의 변화를 염두에 두고 지식과 과학과 학문이 어떤 편제를 갖추게 될 것인가를 예측해 볼 것이다.

앞서 지적한 대로 인간이 사물을 이해하기 시작한 후, 그리고 과학적으로 관찰하기 시작한 후 오늘에 이르기까지 지식체계는 수 없이 분화되어 왔다. 그럴 수밖에 없었던 것이 부분의 합이 전체라는 칼테지안 - 뉴터니안 패러다임 때문이었다. 그렇게 학문은 발전하고 지식이 축적되어 왔는데 21세기 들어서 지식체계의 본질을 '융합학문'이 아니라고 주장할 사람은 없을 것이다. 물론 누구나가 다 융합이 추세이고 학문을 살리는 길이라는 데 동의하지는 않을 것이다.

앞에서 미래 지식과 융합학문에 관한 이야기를 어느 정도 했으니 여기서는 '21세기 지식체계(나무)'를 그리는 것으로 대신하고자 한다.

이제 21세기 지식체계를 그려보자. 기본 축을 분과과학과 종합과학으로 나누고, 그 뿌리를 수학과 철학, 또는 형이상학으로 한다. 철학에 관해서는 기초라고 하기보다 종합이라고 해야 한다는 주장이 있지만 종합의 기초라고 이해하면 될 것이다.

〈표 2-1〉을 보면 지식체계의 줄기는 인지과학부터 시작해서 인성학과 생태계를 이해하는 학문으로 구성된다. 자연학이 표시되어 있지는 않지만 당연히 여기에 포함된다. 왼쪽에는

출처: '2100 기관' 의 지식체계를 기초로 변형

기존의 분과학문들을 나열했다. 그리고 오른쪽에는 미래의 융합 내지는 종합과학의 대표적 과학과 기술들을 나열했다. 뇌과학, 생명공학, 우주과학, 바이오기술, 나노기술 등이 그것이다. 21세기 지식체계의 또 다른 특징은 디지그노를 강조하면서 관계기술[RT]의 위치를 설정해 본 것이다. 인간의 뇌가 어디에든 무관하지 않다는 것을 강조했다.

결국 21세기의 학문은 분과과학과 종합과학이 융합, 통섭을 이루는 것을 기본 골격으로 한다. 그리고 여기서 중요한 것은 인간의 인지능력을 감안하고 신인류 등장의 가능성을 염두에 두면서 모든 것을 이어가고 연결시키는 관계학이 큰 역할을 한다는 점이다.

끝으로 인간이 존립하는 지구, 그 지구를 감싸고 있는 우주, 그것만이 아니라 우주 밖까지 인간의 인식의 지도에서 빼놓을 수 없다는 점을 강조한다. 여기서 나열한 학문들은 예시적인 것일 뿐 망라된 것은 아니라는 것을 밝힌다.

한편 〈표 2-1〉을 보다 쉽게 이해하기 위해 단순화시킨 것이 〈표 2-2〉다. 지식의 나무뿌리를 수학과 철학 대신 형이상학으로 하고, 인성학^{ethology}과 자연학을 줄기로 하였다. 결국 융합과 통섭이 기초가 되는 '관계학'을 지향하는 것인데, 나무의 왼편 가지들에는 기초과학과 인지과학이 자리를 잡고 있고, 나무의 오른편 가지들에는 뇌과학, 생명과학, 우주과학, 나노과학, 로봇과학 등이 자리 잡고 있다. 〈표 2-1〉과 같은 맥락에서 그려본 것이다.

2007년 3월 29일 서울대학교에서 개최한 '제1회 미래학문과 대학을 위한 범대학 콜로키엄'에서 '관계학'을 강조한 것도 그런 취지에서였다. 여기서 새삼 강조된 것을 정리해보자.

고등교육의 존재 가치와 기능이 어떻게 변할지 궁금한 가운데, 분명한 것은 삶과 지식의 습득과 인간의 완성에서 필수적인

〈표 2-2〉 21세기 지식나무

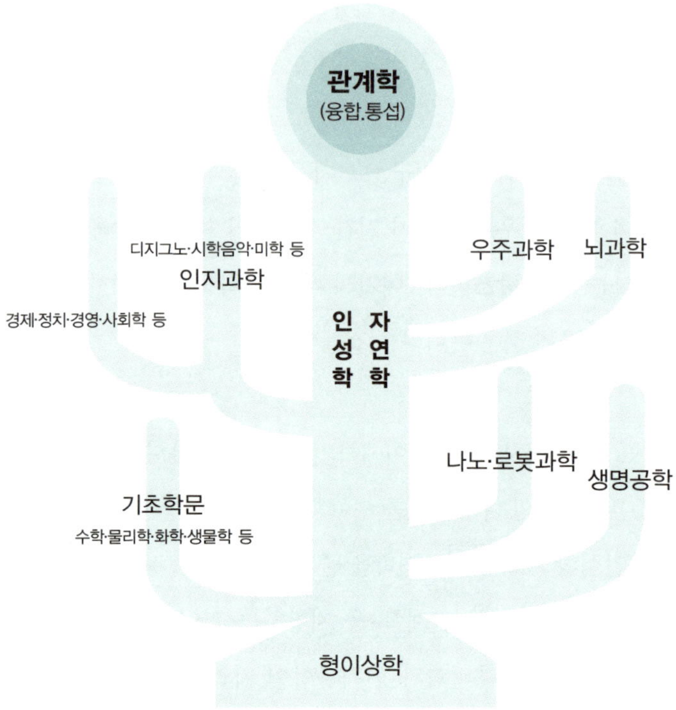

기본 요소로 상상력과 전체를 보는 혜안, 서로 다른 요소들을 묶는 관계 엮기, 아름다움을 느낄 수 있는 심미안(디지그노) 등을 꼽을 수 있다는 것이다. 미래 학문을 '관계의 과학', 경계를 넘는 '융합의 과학'이라고 강조한 것은 그런 이유에서다.

그러나 여기서 분명히 해야 할 것은 미래에만 융합학문이 이뤄지는 것은 결코 아니라는 것이다. 홍성욱은 2007년 6월 14일 '제2회 미래 대학 콜로키엄'에서 발표한 글에서 분트, 아인슈타인, 레디에이션 랩 등의 예를 들면서 이미 융합학문의 기틀이 마련되었고, 그렇게 실천할 수 있는 공간과 환경이 마련되었다고 했다.

이 콜로키엄에서 토론자들이 말하기를 대학의 분과 학문과 단과 대학들이 존속할지 의문이 앞선다고 한다. 물론 지금의 대학편재가 바뀌지는 않을 것이다. 그러나 학문이 이제 과거의 분화를 멈추고 통합·융합·통섭의 길로 가고 있다는 사실을 부인하기는 어렵다.

지금처럼 대학의 학문 분과가 너무 세분돼 횡적 교류 없이 유아독존 하는 것은 학문으로서의 가치가 떨어지고, 현실세계에 대한 기여도 못하는 결과를 초래한다. 인문학의 위기가 초래된 것은 그런 이유에서이다.

과학(주의)에 대한 오해와 이해

미래의 지식을 이야기하면서 과학의 한계에 관해 잠시 언급하지 않을 수 없다. 어쨌든 '셈하기 시작하면 그것이 그게 아니다' 라는 희랍의 금언을 어느 정도까지 믿어야 하느냐에 따라 사회과학의 과학화를 판단할 수 있다.

학문의 기초가 되는 수와 그 학문인 수학은 주어진 전제를 놓고 이것으로부터 형식논리학의 동일률에 의거하여(전제에 위배됨이 없이) 이론을 전개시키는 논리체계이다. 결코 수의 세계에나 적용되는 논리체계가 아닌 것이다. 외래어^{mathematics}를 번역하는 과정에서 수학이라고 이름 붙였을 뿐이며, 그 어

원은 희랍어 *μάθημα* 로서 '과학의 과학' 즉 과학학^{science of}
^{sciences}이라는 뜻을 갖는다고 한다. 이론의 내적 정합성을 요
구하는 한 이론구성의 논리는 반드시 수학적 논리여야 한다는
것이다.

그러나 서양의 합리주의에서 출발한 이런 주장이 항상 옳은
것만은 아니다. 몇 가지 반론 내지 보론을 소개할 필요가 있다.

카프라는 양보다는 음의 중요성을 환기하면서 전일주의
^{holism}를 주장한다.[47] 합리적인 것과 직관적인 것은 인간 마음
의 상보적인 기능 양식이다. 합리적 사고는 직선적이며, 중심
적이고 분석적이다. 이것은 구분, 측정 및 분류를 기능으로 하
는 지성의 영역에 속한다. 따라서 합리적 지식은 단편적인 경
향을 가지고 있다.

반면 직관적 지식은 각성의 막연한 상태에서 일어나는 직
접적, 비지성적 실재의 경험을 기반으로 하고 있다. 이것은 종
합적이고 전일적^{holistic}이며 비직선적인 경향을 가진다. 이렇
게 볼 때 합리적 지식은 자기중심적 또는 양陽적 행위를 일으
킬 것이고, 직관적 지혜는 생태적 또는 음陰적 행위의 기반이
될 것이라 하겠다.

여기에 페아야반드의 주장을 보태면 합리주의 과학의 사회
적 수용에 대해 많은 회의가 일 가능성이 높다.[48] 《방법에의
반대^{Against Method}》의 저자 페아야반드는 '자유사회' 에서는 힘

* 비엔나 학파
1920년대의 실증주의를
풍미하고 주도했던 학파.
뒤에 미국으로 축이 이동
된다.

이나 권위가 아니라 참여자라면 누구나 똑같은 권리로 그들이 값지다고 생각하는 아이디어와 그들이 적절하다고 생각하는 절차에 따라 문제를 해결해나가는 것이지 전문가가 따로 있다는 것을 인정하지 않는다. 과학(서양과학과 합리주의의 전통 Western Science and Rationalism)이 이미 선택된 힘이 되어 모든 것을 좌지우지하는 것을 인정하고 싶지 않은 것이다. 연구실 책상 앞에 앉아서 추상적 관념 속을 헤매며 내놓는 주장과 이로 인해 구축된 전통(마르크스주의자 Marxist, 파르소니안들 Parsonians, 그리고 마흐 Mach에서 비엔나 학파 Vienna Circle*를 거쳐 포퍼 Popper에 이르기까지 비판적 입장에 서면서)으로는 이제 더 이상 안 되겠다는 견해이다.

좀 구체적이고 예상하지 못했던 상황에 적응하며 느낌도 야망도 꿈도 반영되는 그런 아이디어가 살아 숨쉴 수 있어야 한다는 것이다. 보다 신축적으로 모든 전통을 존중하기 시작하면 스스로 정당하다고 믿는 합리주의의 좁은 소견에서 벗어날 수 있을 것이라고 믿는다. 요즘 말하는 '위험한 생각들'과 같은 입장이다. 판에 박힌 사고와 행동에서 벗어나고 싶은 것이다.

이 주장은 자유사회에서 상대주의를 존중하려는 것이다. 그러니까 과학의 본래 역할인 합리주의에 대한 비판이 주종을 이룬다. 이 책은 지식인과 전문가들이 자신들의 인식과는 다른 전통을 만들어 옴으로서 생기는 장애를 제거하고 사회의 중심에 선 전문가의 역할을 축소시키려는 반명제적 주장을 개진한다. 합리성이란 여러 전통 중에서 하나의 전통일 뿐이지 모든 전통이 이에 맞추어질 필요는 없다는 것이다.

예를 들어, 서양의학의 공헌을 부인하는 것은 아니지만 종족마다 다른 고유 의학이 진단과 처방에서 훨씬 유효하다는 경험이 있으며, 원시적 우주론primitive cosmology*이 우리의 시각을 월등하게 열어주는 경우도 있다. 문제는 기본이 되는 이론적 논쟁으로서 이성Reason과 실천Practice의 관계를 어떻게 정립하느냐다. 우리를 옭죄고 있는 것, 특히 외부에서 들어온 문화 같은 것에서 벗어나 자유사회로 가는 길을 찾을 때가 된 것이 아닌가?

한편 우리가 알아야 할 또 한 가지는 이상주의이다. 이는 '실천(과학의 실천, 예술의 실천, 자연언어를 말하기, 공식 법규나 규칙에 반하는 관습 등)은 이성이 만들어 놓아야 할 원자재crude material' 라는 것이다. 그러나 그것은 어디까지나 우연한 것이고 비체계적인 패션으로 가능할지 모르겠다.

과학이 가능했던 것은 바로, 일부는 구조적이면서 일부는 특성이 없는 무정형의 물질에 의식적, 체계적으로 이성을 적용하려 했기 때문이다. 그런 사회는 살 만한 가치가 있고, 그런 역사는 인간이 최대한 노력한 결정체이기에 자랑스럽다.

또 자연주의는 '역사, 법, 과학 등은 이미 완벽의 극치를 이룬 것' 이라고 이해한다. 반드시 그런 것은 아니다. 인간은 사고 없이 행동할 수 없으며 가능한 한 항상 이성적이려고 노력한다. 그렇다고 결과까지 항상 완벽하지는 않다. 조건이 뒤바

국가의 미래

뀌고 좋은 의견이 항상 받아들여지는 것은 아니기 때문이다. 합리성에 관한 명백한 이론으로 과학과 사회를 재구성해 보려고 시도해도 사고, 감성, 이미지화, 역사적 조건 등의 민감한 균형을 깨뜨리고 무질서를 초래하게 되는 경우가 있다.

이것이 헤르더^{Herder}와 하만^{Hamann}이 역설한 계몽주의에 대한 비판이고, 합리주의자들의 편견이며, 잘 다듬어진 설계도(요즘 말하는 로드맵)의 도움으로 사회를 개혁해보려는 사람들에 대한 반대이며, 폴라니^{Polanyi}, 쿤^{Kuhn}, 그리고 이상주의 과학철학이 거부한 것이기도 하다.

거듭 말하지만 이성의 모든 가능성을 이해하기 위해서는 실천과 행동의 차원에서 이를 보아야 하고, 역사와 시간적 산물을 제대로 분석해야지 과학, 시, 언어, 실정법 등 성숙했지만 익숙하지 않은 혐기적^{anaemic}아이디어를 따라가서는 안 된다.

이상주의와 자연주의는 서로 거울 이미지로 연결되어 있는 관계로서 단점을 가지고 있는 것이 분명하다. 그러나 이성과 신천을 잘 결합하면 이를 극복할 수 있다. 우리가 가끔 당황하는 것은 코페르니쿠스 혁명^{Coprnican Revolution}이 합리성 이론으로 설명될 수 없으며, 잘 다듬어져 받아들여졌던 이론과 개념도 하루아침에 무너지는 경우가 있다는 사실 때문이다. 그렇게 되면 자연의 기본법칙이 지선의 것이라고 믿는 사람은 허무의 나락으로 떨어지는 경우가 있는데 아리스토틀과 코페르니쿠스가 부딪힐 때 생길 가능성이 있다.

논쟁이 의미 있는 때는, 주의를 기울이고 상대를 존중하는 적절한 태도에 있는 것이 아닌가 한다. 과학적 변화에 주관적 측면이 분명히 있고(제임스 왓슨도 그랬다), 모든 논쟁이 우주적 전제를 깔고 있기 때문에 논쟁들이 합의점에 이르기는 어려운 일이 아니다. 어쩌면 세상엔 순수하고 공식적인 논쟁은 하나도 없을지도 모른다.

상호교호주의interactionism도 빼놓을 수 없다. 이성과 실천이 같은 자격으로 역사에 등장했다고 믿는 입장이다. 이성은 오로지 이성의 자격으로 그 체계 안에서만 전통으로 인정되는 것이며, 전통이라고 해서 좋거나 나쁘거나 하는 것이 아니라 단지 그 자체라는 것이다.

좋고 나쁨(합리성/비합리성, 경건/세속, 진보/원시, 선/악 등)은 다른 전통에서 보았을 때 그런 것일 뿐이다. 반유대주의와 인본주의 사이에서 객관적으로 취할 것이 마땅치 않다는 것쯤은 알아야 한다. 상대적으로 손해를 보았던 입장들, 어쩌면 역사적 희생자라고 해야 할 입장들이 빛을 볼 때가 올지도 모른다.

이어서 생각할 것은 자연과학은 사회과학과 달리 진리를 추구할 수 있는 유일한 학문인가, 자연과학의 지식은 모두 객관적이어서 믿을 수 있고 보편적인가, 법칙과 같은 대접을 받아 마땅한가 등에 관한 이해이다.

'자연과학은 해석학적 견지에서든 또는 수학적 논리의 견지에서든 객관적이면서 불완전하거나, 또는 완전하지만 전후 모순되는 딜레마를 벗어날 길이 없다' 고 김용준은 말한다[49].

[50] 언어의 진리를 밝히려면 그 언어를 정의할 수 있는 보다 높은 차원의 메타언어가 있어야 한다.

'정식적으로 증명할 수 없는 수학적 진리가 존재한다는 사실이 발견되었다고 해서 영원히 알 수 없는 진리가 존재함을 의미하는 것은 아니고, 사람의 이성에 어쩔 수 없는 한계를 허용하는 것도 아니다. 그것은 인간 지성의 근원은 남김없이 공식화되지도 않았고 또한 공식화될 수도 없는 것이며, 증명의 새로운 원리는 자기가 발견되고 또한 유도되기를 영원히 기다리고 있다는 뜻이기도 하다.' [51]

'오늘날 자연과학에서 채택하고 있는 방법론, 좀 더 엄밀히 말해 수학적인 논리를 가지고 과연 절대증명이 가능한가?'라는 질문에 사실상 참인 모든 것이 방법론적으로 증명될 수 없음을, 그런데도 방법론적으로 증명하기를 원하는 아이러니에 귀착하게 된다. 진리가 방법을 능가하기 때문이다.

그러나 변증법으로 철학은 성립되지 않는다. 철학은 이데아 자체는 아니지만 그것을 대체할 수 있는 자연언어와 일상언어로 비로소 이루어진다. 그러므로 일정한 규칙에 따르는 증명이라는 방법보다, 생활공동체 안에서의 대화를 통해 공동체의 요구에 참여하게 된다.

즉 변증법은 대화의 형식을 갖춘다. 플라톤은 지속적으로 자연언어의 결점을 지적하면서 인공언어의 필요성을 강조했다. 그러나 가다머는 반대로 대화가 일종의 강제성을 띠는 합

의보다 우선한다는 점을 강조하기 위해 '인공언어의 약화' 와 '자연언어의 강화' 를 주장한다. [52]

로던은 《실증주의와 상대주의를 넘어서》에서 '실증주의는 여러 형태의 인식론적 그리고 방법론적 상대주의에게 자리를 내주었다' 고 한다. [53] 쿤과 페아야반드, 그리고 후기 비트겐슈타인, 후기 윌러드 콰인Willard Quine, 후기 폴 굿맨Paul Goodman, 로티 등 후기실증주의자들은 '이론이란 객관적으로 비교될 수 없으며 동시에 결정적으로 반증될 수도 없고 과학적 대안을 가져다주는 이론 선택의 인식론적 법칙 같은 것도 없다' 고 주장한다. 그리고 '과학철학의 향방은 새롭게 과학적 합리성과 과학적 진보의 과제로 방향을 돌리고 있다' 는 견해를 피력한다. [54]

라카토스Imre Lakatos는 '과학에서 진리는 퇴조되었다' 고 말한다. 포퍼는 방법론적 발생으로부터 방법론적 검증으로 돌아간 반면에 가다머는 방법으로부터 전통으로 돌아갔다고 말할 수 있다. [55]

다음은 가다머의 말이다. '현대과학은 방법론적 방식으로 경험이 항상 추구해온 결과를 통해 발전해가고 있으며, 그 경험은 그것이 확증되는 한에서만 유효하다. 따라서 이 경우의 경험은 본질상 그 역사를 폐하고 만다.' 그렇기 때문에 가다머는 자연과학의 진보성을 인정하지 않는다.

이 관점은 쿤이 과학혁명의 구조에서 피력한 패러다임의 개념과도 일맥상통한다. 쿤은 새로운 패러다임과 옛 패러다임

의 연속성을 인정하지 않았다. 따라서 쿤도 진보에 관한 목적론적 개념을 수용하지 않는다.[56]

장회익은 소련의 과학사상가 뚜르찐[V. F. Turchin]을 따라 '자연과 사회 그리고 이 안에 속하는 일차적 실체들을 대상으로 하는 체계적 지식을 과학이라고 부른다면, 다시 과학과 이것이 빚어낸 문명자체를 대상으로 하는 한 차원 높은 새로운 종류의 지식을 우리는 메타과학이라고 부를 수 있을 것이다. 따라서 이 시대가 요구하고 있는 정신적 도약은 바로 과학을 발판삼아 메타과학으로 올라서는 도약을 의미하며, 이는 인류가 과학기술 문명의 노예가 되지 않고 문명의 주인이 되기 위해 감당해야 할 불가피한 요청이라 할 수 있다'고 말한다.[57]

지나치게 전문화되면서 옆과 소통이 단절된 과학연구의 현주소를 감안해 이제 질적 도약이 있어야 하고, 그것이 버탈란피[Bertalanffy]나 카프라[Fritjof Capra]가 말하는 전체론적 또는 전일적 철학[holistic philosophy]이나 관점으로 가능하다고 믿는다.[58, 59]

여기서 '플라톤의 딜레마'를 외면할 수 없다. 플라톤에 의하면 증명은 몰라도 발견이란 논리적으로 불가능하다는 것이다. 즉, 발견이란 우리가 이미 아는 것에서 이루어질 수가 없다. 아는 것에서 이루어진다면 그것은 발견이 아니기 때문이다. 그리고 모르는 것에서도 이루어질 수 없다. 모르는 것에서는 그것을 알아볼 수가 없기 때문이다. 따라서 발견이란 불가능하다. 이것이 바로 플라톤의 결론이다.

그리고 이 결론으로부터 플라톤은 새로운 지식은 있을 수 없으며 오직 선천적으로 알고 있는 내용을 의식 속으로 끌어 들이는 것뿐이라는 그의 유명한 이데아 철학으로 결론을 이끌어 간다.[60]

그보다 더 본질적으로 대상의 상황을 양태와 실태로 구분하여 하나의 질서를 부여하고 이 질서 아래서 논리적 방법을 사용하여 자연을 이해하려 했다. 이 점을 감안한다면 대립된 두 개의 체계를 선택하는 데 이들이 얼마나 아름답게 조화된 양태와 실태를 보여주느냐 하는 점이 중요한 몫이라고 해야 할 것이다.[61]

우리는 지금까지 지나친 단순화의 위험을 무릅쓰고 인간의 사고양식을 모형화하였다. 즉 인간은 사물을 이해하는 데 그 대상의 성격을 양태와 실태라는 이중적 구조로 파악하고 이 양자의 내용을 논리적으로 결합시킴으로써 그 이해의 영역을 넓혀 나간다고 하는 하나의 기본적 전제 아래서 고찰한 것이다.

그러나 실제 사고과정은 이렇게 단순한 모형에 따라 엄격히 정형화시키기 어려운 점들을 포함하고 있다. 또한 정형화된 사고과정의 논리체계도 우리가 제시한 모형적 설명보다는 훨씬 복잡한 구조를 지니고 있는 것이 사실이다. 그럼에도 불구하고 이렇게 단순화된 모형을 고찰해 본 것은 이를 통하여 자연과학적 사고의 논리 구조가 지닌 핵심적 요소들이 어느 정도 파악될 수 있다고 생각했기 때문이다.

이제 복잡계 과학적 사고를 존중할 때가 되었다. 부동산 대책들이 시장에서 먹혀들지 않는 이유를 보면 안다. 일반 시민

국가의 미래

들의 심리상태를 정형화시켜 변수로 모형에 넣고 아무리 분석해도 답은 나오지 않는다. 실제로 그렇게까지 분석하지도 않는다. 심리상태는 수시로 변한다. 동시에 모형이 놓친 수많은 변수들이 작동하면 대책 내지 정책은 무용지물이 된다.

과학기술이 인간과 사회를 바꾸어 놓았고, 또한 앞으로도 온통 바꾸어 놓을 것이다. 과학기술은 인간사회의 편익을 증진시키기 위해 존재하는 것, 그 역도 옳을 수 있다. 즉 인간사회가 과학기술의 변화에 영향을 줄 수도 있다는 말이다 .

그러나 이러한 이분법이 맞는가는 한번 생각해 볼 필요가 있다. 세상의 어떤 현상이든 자기상사성을 갖고 있는 것 아닌가? 프랙탈 디스팅션fractal distinction이 있는바, 하나는 다른 하나의 속성을 지니고 있다.

순수이성과 실천이성이 서로 구분되는 듯하지만 순수에는 실천이, 실천에는 순수가 내포되어 있다. 정량분석과 정성분석의 경우도 마찬가지여서 정량에는 정성이, 정성에는 정량이 들어 있는 셈이다.02 앞에서 이미 지적했다.

그래서 세상의 현상은 다르기도 하고 닮기도 한다. 보여도 보이지 않고, 설명할 수 있어도 설명할 수 없고. 결국 하나인 것, 일원론을 말한다.

인간이 만든 과학, 인간이 만든 사회, 하나일까? 둘일까? 하나면서 다른 것일까? 둘이면서 같은 것일까? 모르는 것이 많아 해석이 제각각 다른 가운데, 그러니까 다원성을 인정하면서 하나로 가야 하는 것일까?

비인간화의 길을 경계하며

21세기가 더 진행될수록 인간화와 비인간화의 극명한 대립이 예상된다. 잘못하면 앞으로 점점 과거나 현재와 크게 다른 비인간화의 길이 재촉될 가능성이 농후하다. 여기에 오히려 안티테제로서 인간화의 길이 모색될 것이다. 비인간화의 길에 강력한 제동을 걸지 않으면 안 된다.

지식의 존재가치는 문제해결에 있다. 지식과 학문과 대학은 바로 여기에 초점을 맞추어 변화를 모색해야 한다. 21세기 지식의 나무를 그리고자 하는 것도 이런 취지에서다.[63]

21세기 미래의 지식에 있어 융합이 그 토대가 된다는 것은 앞에서 여러 차례 설명했다. 융합의 양상은 자연과학과 공학에서 시작해 훨씬 앞서 가지만 사회과학도 예외일 수 없다. 사회과학도들은 원래 인접과학과 협동해서 많은 연구를 진행한 것이 사실이지만, 사회과학끼리가 아니라 사회과학과 인문과학은 물론 자연과학, 그리고 공학과도 융합해 연구를 진행해 나가야 한다. 모두가 과학연구의 융합적 추이를 반영하는 것이라고 생각하면 된다.

공자 《논어》에 '흥어시興於詩 입어체立於禮 성어락成於樂' 이란 말이 있다. 직역하면 사람은 시로서 흥하고, 예로 서고, 락으로 이룬다는 말이다. 다시 말해서 '詩(시)로서 흥을 일으키고, 禮(예)로써 서며, 音樂(음악)으로써 이루느니라' 는 의미다.

이재혁은 이를 좀 의역하여, '사람은 시로서 일어나고, 즉 논리와 실증적인 지식들을 전수받고 공부함으로써 시작하고, 예로서 서면 즉 도덕적 인간으로서 사회적 관계를 맺고 사회에 참여하며, 락으로써 즉 논리 너머의 미학적 감수성을 통해 완성되는 존재이다' 라고 했다.

그는 '인간은 논리, 합리적 존재이면서 동시에 도덕적이고 미학적인 존재다. 자연과학의 엄밀성, 사회과학의 상상력과 더불어 인문학적 통찰이 서로 함께 가야 할 이유이다' 라고 해석했다. [64]

그러나 여기에서 논리와 합리성을 찾기보다는 시를 통한 상상력, 예를 통한 사람과의 사회적 관계, 그리고 즐거움을 통한 미학적 완성을 뜻한다고 해석하면 큰 무리는 없을 것이다.

다시 《논어》를 우리가 추구하는 미래 학문, 미래 지식의 입장에서 해석하면 예나 지금이나 또 내일에도 삶과 지식의 습득과 인간의 완성에서 필수적인 기본요소는 상상력과 전체를 보는 혜안, 서로 다른 요소들을 묶는 관계 그리고 아름다움을 느낄 수 있는 심미안(디지그노) 등을 꼽는다고 생각하면 될 것이다. 미래학문이 '관계의 과학', 경계를 넘는 '융합의 과학'이라는 것이 다시 한 번 입증된다.

서울대학교의 최우정은 "모든 학문들간의 교집합에는 음악이 자리한다"고 말한다. 모든 것의 공통점이 귀로 듣는 소리라는 것이다. 소리의 표현양식은 현대음악에서 크게 달라진다. 바로 융합의 형태를 띤 행위예술이다. 음악과 천으로 장식한 미술이 합쳐져 스튜디오 아트가 된 것이 그 예다.

2007년 3월 23일 통영국제음악제 개막공연에서 크로노스 콰르텟Kronos Quartet의 연주도 그렇다. 현악 4중주에 우만의 비파가 합류한 것부터 시작해 라일리T. Riley, 부르만R. D. Burman, 둔Tan Dun이 작곡한 곡을 연주하는 이들은 현악기만이 아닌 북과 각종 소품의 타악기를 활용했고, 심지어 세면대에서 물소리를 연출했다. 또한 무대만을 고집하지 않고 객석에 있는 관객 옆에서의 연주도 서슴지 않았다.

미래의 대학

인지과학을 기반으로 융합학문으로 변해가는 추세에서 대학은 어떻게 변해야 할까?

앞에서도 대학 이야기를 언급했지만, 대학의 의미나 역할이 시대가 변했다고 크게 변하는 것은 아니다. 대학은 예나 지금이나 학문을 발전시키고 인재를 양성해 사회에 공헌해야 한다. 이것이 대학에 대한 '역할 기대role expectation'다.

아주 먼 옛날 희랍의 지성사에서는 '좋은 말을 들으면 그것을 이해하고 따를 줄 아는 가치 있는 사람들'을 교육의 대상으로 생각했다. '스스로 생각하지도 못하면서 다른 사람의 말도 듣지 않는 쓸모없는 사람들'은 처음부터 헤시오도스의 교육에서 제외되었다.[65] 조금 다른 이야기이긴 하지만 지금의 영재교육 같은 것과 상통할지도 모르겠다.

그리고 앎을 추구하는 교육이 왕과 귀족들처럼 정치권력

을 가졌거나 사회적으로 잘났다고 생각하는 사람들에게는 일종의 도전일 수 있었기 때문에 교육과 관련된 저술활동이나 교육행위들이 거부와 배척 또는 박해의 대상이 되기도 했다. 고등교육이 환영받지 못한 때도 있었다는 사실이 격세지감을 느끼게 한다.

희랍 고전 시대의 지성사와 교육과 정치의 변증법에 대한 서술에서 알아두어야 할 것은 시인이자 현인이며 지식인인 헤시오도스의 교훈시가 문학적으로 계승되어 시민적 잘남이나 훌륭함을 찬양하는 시로 나타났다는 것이다.

또한 시대정신의 연장선상에서 정치와 교육의 종합이 지식인의 행동을 통해 시도되었다는 것, 진실에 대한 전문적 탐구이자 본격적인 로고스적 사고*로의 이행과 발전으로 나타나게 된다는 것을 알아야 할 것이다.[66] 교육이 '앎과 잘남'과 훌륭함, 진실규명, 이성 같은 주제어들과 떨어지려고 해도 떨어질 수 없는 것이 본질이라고 해야 할 것이다.

여기서 새삼 대학의 본질을 더 밝힐 이유는 없을 것이다. 우리가 궁금한 것은 대학사와 지성사가 어떻게 발전해 왔고, 앞으로 미래의 대학은 어떨지, 이에 대한 기대는 무엇인가다.

이에 관한 답은 미래인재의 조건을 들여다보면 어느 정도 알 수 있다. 전혀 달라진 세상에서 그리고 더 변할 내일의 세상에서 인재를 어떻게 길러야 하는지에 대한 대학의 사명은 과거와 다르겠지만 같은 부분 역시 있을 것이다. 그래서 논의가 필요한 것이다.

국가의 미래

다니엘 핑크가 미래인재의 6가지 조건을 잘 지적하고 있다.[67] 열거해 보면 디자인, 스토리, 조화, 공감, 놀이, 의미 등이다. 기능도 중요하지만 거기에 디자인이 합쳐져 부가가치를 창출할 수 있어야 한다.

단순한 주장보다는 스토리를 갖추어야 한다. 집중과 승리만이 아닌 조화를 이루어야 한다. 분석적 논리만으로는 안 되고 공감을 이끌어 내야 한다. 진지해서만 되는 것이 아니고 놀이도 필요하다. 인간이 호모 루덴스라는 이야기는 앞에서도 했다. 물질적 축적만으로는 부족하며 반드시 의미가 곁들여져야 한다.

이상과 같이 살펴볼 미래 대학의 원리는[68] 다음과 같이 요약할 수 있다.

(1) 경계를 뛰어 넘어 융합과 조화로 - 그림 그리기, 기하(도형)

(2) 분석에서 종합으로

(3) 집중하고 뛰어넘기로 - 전공 개방

고등학교 때까지의 교육은 여러 가지를 기본으로 두루 알아야 하기 때문에 분산형이라고 할 수 있다. 그러나 대학 4년은 전공을 택해야 하는 집중형이 되고, 대학원에 이르면 전문교육 + 응용으로 전문화해 한걸음 더 나아가 경계를 뛰어넘어 전체를 보는 눈과 힘을 기르지 않으면 안 된다. 문제를 해결하려면 그렇게 해야 한다.

대학이 '나'를 묶으면 전문가는 될지언정 가는 길이 너무나 단순화된다. 그리고 그 전문성은 복잡계에서는 쓸모가 없어진다. 따라서 '나를 벗어나 나를 버리고 너와 세상과 만나야 한다.'

미래의 대학에서는 한 곳에 집착하는 좌뇌를 발달시키는 교육뿐만 아니라 우뇌를 발달시키는 교육도 해야 한다. 널리 알려진 대로 '좌뇌는 순간적으로 반응하고, 분석에 뛰어나며, 언어를 담당한다. 한편 우뇌는 종합적으로 사고하고, 패턴을 감지하며, 감정과 비언어적 표현을 해석한다.' [69]

우뇌는 창의성과 영혼이 깃들어 있는 곳이며 아이디어의 보고라고 할 수 있다. 좌뇌는 분류를, 우뇌는 관계를 맡는다. 좌뇌는 많은 것을 아는 여우에, 우뇌는 하나의 큰 것을 아는 고슴도치에 비유된다.[70] 리더십 연구에 있어서도 오래전부터 '지도자가 되려면 우뇌가 발달하지 않은 사람은 일찍이 포기하는 것이 좋겠다'라는 명제가 설파된 바 있다.[71]

그래서 미래의 대학 교육은 양쪽 뇌를 사용하는 새로운 사고를 발달시킬 수 있어야 한다. 이러한 훈련은 물론 어릴 적부터 시작해 대학에서 완성해야 한다. 그래야 세상을 바로 보는 눈을 갖출 수 있다.

〈그림 2-1〉의 로고는 양쪽 뇌의 발달 교육을 시키는 카네기 멜론 대학의 엔터테인먼트 테크놀로지 센터 Entertainment Technology Center의 것으로, 하나의 본보기로 예시했다. 뒤에 설

<그림 2-1> 카네기 멜론 대학 센터 로고

출처: 엔터테인트먼트 테크놀로지 센터 인터넷 홈페이지

명이 따른다.

현재 세상의 변화에 따라 미래 대학의 교육이 어떻게 되어야 하는가를 궁금해 한다. 일일이 다 설명할 수는 없겠으나 몇 가지만 살펴보자. 우리는 학문과 그 실천이 서서히 변해가는 현장을 목도하고 있다. 일상적이고 분석적이며 정보에 기반을 둔 업무에서 벗어나 사람의 감정을 보듬기 시작하는 것을 알게 된다.

의학교육의 경우, 대화치료와 전체론적 치료를 향해 가고 있다. 환자들이 자가진단을 하고 나아가 의사와 같은 정보를 갖는다. 이에 따라 의사들도 일방적인 정보전달자에서 바뀌어 환자를 위한 동반자가 되어가고 있다.[72] 그리고 스토리나 나래이션이 현대의학 기술과 결합된다면 이것이 미래의학의 새로운 모습이 될 것이다. 의학이 신학에 가까이 간다는 요지의 이야기는 뒤에 나온다.

의사의 세계에서만이 아니라 법률의 세계에서도 변화가 일고 있다. 〈뉴욕 타임스〉 기사에 따르면, 고객들은 변호사들에게 많은 돈을 들여 계약하지 않고, 온라인사이트^{Lawvantage.com,} MyCounsel.com에 들어가 가입한 뒤 스스로 적절한 양식을 작성한다. 그리고 변호사들에게 몇백 달러만 지불하고는 서류를 검토해 달라고 하면 그만이다.

이제 법률서비스는 전통적인 방법 대신에 살아남기 위해 좀 더 복잡한 문제를 담당하고, 데이터베이스와 소프트웨어가 할 수 없는 업무, 즉 카운슬링이나 중재, 법정변호, 기타 우뇌형 사고를 통한 서비스를 제공하게 된다. 한편 법률 서비스의 질이 높아지고 그에 따른 부담도 커질 것으로 보여 의료보험처럼 법률보험이 보편화될 전망도 없지 않다고 핑크는 예견한다.[73]

미래의 인재에게 디자인 능력을 주문했듯이 '미래의 연금술'이라는 디자인도 미래 대학에서 강조되어야 할 주제 중 하나다. 디자인은 다른 분야를 접목시키는 일을 하기 때문에 전체적인 안목과 사고를 할 수 있는 능력을 키워준다. 그런 이유로 디자인을 요구와 기술과 인지과학과 미를 결합하는 르네상스적 태도라고까지 주장하는 사람도 있다.[74]

분석적 사고에 스토리텔링까지 갖춰 새로운 관점에서 새로운 세상을 상상할 수 있게 하려는 의도가 있다. 우편물을 배달하는 회사인 페덱스^{FedEx}의 로고를 보면 그 속에 흰색 화살표가 숨어 있다는 사실을 알게 된다. 스페이스와 네거티브 스페이스페덱스, 빛과 그림자, 각도와 비율 등 예전에 미처 깨닫지 못했던 방법들을 통해 몇몇 관계를 새롭게 보는 방법을 배워야 한다는 뜻이다. 2007년 9월 17일에 새로 창간된 〈시사

〈그림 2-2〉음각된 로고의 한 예

출처: 인터넷시사 IN 홈페이지

IN〉이라는 시사 주간지의 로고도 IN자 안에 사람이 음각되어 있는 것을 알 수 있다.

이젠 MBA가 아니라 MFA다

앞서 여러 번 미래의 학문이 융합과학이라는 말을 설명했다. 그리고 디자인이 연결 기능을 하고 새로운 것을 창출해낸다고 했다. 카프라$^{P.\ Capra}$가 일찍이 말했던 전일주의처럼 전인의학$^{holistic\ medicine}$*, 통합의학$^{integrative\ medicine}$ 이야기가 나오는 것은 매우 자연스러운 흐름이다.

그러면 미래의 대학은 어떤 모습일까? 21세기 대학의 모델이 될 수 있는 몇개의 사례를 소개하기로 한다.

《사례 1》 미국의 카네기 멜론 대학교에는 엔터테인먼트 테크놀로지 센터$^{Entertainment\ Technology\ Center}$가 있다. 이 센터는 미술대학과 컴퓨터 사이언스 스쿨$^{Computer\ Science\ School}$을 합친 것으로 2년제 교육으로 석사학위를 수여한다. 프로그래

*전인의학
인체를 부위별로 파악하고 설명하는 입장을 넘어선 의학.

밍, 경영, 즉흥연극 등이 주요 교과내용이다. 앞서 디자인을 강조한 대로 예술과 감성의 시대를 맞아 이젠 이들 분야와 접목이 되지 않으면 사람을 제대로 교육할 수 없다고 생각하기에 이르렀다. 그러면서 분명히 이러한 교육이 예술가를 기술자로 만들려는 것이 아닌 다른 분야의 언어, 가치 그리고 작업 패턴을 익히도록 하여 스토리텔링과 엔터테인먼트에 새로운 비전을 갖도록 하는 것이 목적이라고 밝힌다.

《**사례 2**》 〈뉴스위크〉는 '미국인 72%가 주치의와 신앙에 관해 대화하는 것을 좋아 한다' 고 보도했다. 의학이 영적인 것을 연구하는 종교학과 접목되어야 한다는 메시지다. 법학도 예외가 아니다.

《**사례 3**》 경영대학에서 MBA과정이 붐을 일으킨 지 오래다. 취업과 직결되기 때문이다. 법학과 의학 못지않게 선호되는 분야이다. 그러나 미래에는 MBA보다 MFA를 해야 한다고 주장한다. 카네기 멜론 대학에 '예술창조에 이르는 세 가지 길A Three-way approach to Artmaking' 을 지향하는 미술석사과정 Master of Fine Arts 프로그램이 있어 디자인의 중요성을 강조하고 이를 커뮤니티와 연결짓는 노력을 기울인다. 2006년부터 서울대학교에 본격적으로 미국식 MBA 코스를 신설했는데 이는 이미 시대에 뒤떨어진 판단이다. 지금이라도 미술대학과 공과대학이 함께 이 과정을 운영할 것을 제의한다.

《**사례 4**》 서울대학교 이외에도 아주대학교 학문컨버전스에서 의학, 공학, 나노가 함께 신기술에 도전하고 있다.[75] 아

주대학교는 생명과학, 나노과학, 의학기술 등을 합한 '분자과
학기술(나노메디신)' 이 대학의 간판이라고 생각하고 있다. 대
학은 임상의학, 생명공학, 기초과학, 나노과학 분야의 최고 교
수들 26명으로 분자과학기업단을 구성했다. 교육과정도 융합
해 공학도가 수술실에 들어가고 의학도가 기계를 다루는 것이
이 대학의 특징이라고 자랑한다.

《**사례 5**》 중앙대학교의 첨단영상대학원 영상공학과 예
술전공 연구실DATA+, Digital Arts and Technology Application Lab은 디
지털 미술을 중심으로 영상예술 전반과 영상 설치 및 넷아트
그리고 예술과 기술을 접목시킨 예술영상작품 및 공학영상 예
술작품을 제작하고 있다.

협동과정을 잘 운영하면

현재 대학은 융합과 통섭의 추이대로 학문의 벽을 넘어 여
러 분야가 합동해서 연구하고 교수하고 있다. 협동과정만 잘
운영해도 융합의 취지를 얼마든지 살릴 수 있다. 그 실례를 서
울대학교의 27개 협동과정에서 찾을 수 있다. 이름만으로는
여러 분과가 협동하고 있다는 느낌을 받을 수 없지만 실제 여
러 분과학문의 도움을 받아 운영하고 있다.

그러나 좀 더 영역을 넓히고 지평도 넓혀야 한다. 물론 운
영양식도 바꾸어야 한다. 다시 말해 이름만 협동이지 실제로
는 한 과가 주도하고 있다면 그것은 융합의 길에서 멀어졌다

는 의미이다. 현재 서울대학교를 예로 들면 다양한 강의를 듣도록 독려하고 전공도 심화와 다양 양쪽을 권장하고 있다. 이미 다학제적 복합전공과 제2전공을 강화하는 연합전공, 연계전공, 학생설계전공 등 유연한 전공교육체제를 도입하여 학문적 능력과 함께 실천성과 헌신성을 겸비한 리더십 교육에 역점을 두고 있다.

서연대학교 – 2010년 설립될 미래의 대학

미래의 대학에 관해 구체적으로 언급하는 사람은 그리 많지 않다. 아직까지는 강의 방식의 변화 정도에 머무르고 있는데, 이보다 훨씬 파격적인 언급을 한 사람이 있다. 서울대학교 물리학과의 오세정이 그렇다.

오세정은 매우 구체적으로 2010년이면 한국에 '서연대학교'가 설립된다고 예측한다.[76] 앞으로 대학은 나라 간의 경계가 없이 네트워크 강의가 보편화될 것이기 때문에 해외석학들과의 콘텐츠 교류와 연계를 표방한 서연대학교야말로 세기를 앞서가는 대학으로 인정받게 된다는 것이다.

2025년이 되면 대학 강의는 전 세계계적으로 표준화되어 하나로 연결된 네트워크를 통해 유명대학과 유명교수들의 온라인 원격 강의록을 적절한 계약조건에 따라 쉽게 구할 수 있고, 영어 표준화의 결과로 언어의 제약도 받지 않게 되어 훨씬 수월하게 강의를 듣게 된다는 것이다.[77] 교수충원 방식도 달라져야 한다. 그리고 학제의 편성에서는 생명공학과 우주공학 등의 미래 산업과 연관된 분야에 중점을 두는 반면, 모든 학문의 근간이 되는 인문학에 상당한 노력을 들인 결실을 얻어가게 될 것이라고 한다.

이러한 변화 속에 기존 교수들은 단지 지식 내지는 콘텐츠의 전달자로 전락할 가능성이 있어 교수의 수가 줄어들 가능성도 없지 않다. 다만 생명공학의 발달로 인간 수명이 크게 늘어나면서 대학이 성인 재교육 프로그램에 지금보다 훨씬 더 적극적으로 나서지 않을까 전망한다.[78] '노인대학'이라는 명칭도 좋지만 '제3대학'이라고 해서 인생의 제3사이클에 들어간 사람들을 위해 인간, 우주, 자연, 건강 등에 관한 프로그램 등을 운영하는 것이 어떨까 싶다.

대학의 사회적 역할도 도외시 할 수 없다. 대학이 지금보다 더욱 적극적으로 사회에 공헌하려면 대학의 커리큘럼을 기업이나 정부와 함께 만들어 졸업생들이 손쉽게 직장에 적응할 수 있도록 해야 한다.

한 걸음 더 나아가 대학에 기업의 임원이나 정부의 간부가 초빙교수로 참여해 교과과정을 함께 개발하는 것도 시대의 수요에 부응하는 방편이 될 것이다. 현재 학교에 따라 실행하는 경우가 있긴 하지만 연구실 하나 정도를 제공하여 같이 리서치를 한다거나 과목과 커리큘럼 등을 개발하는 것이 아니라 명목에 그치는 경우가 허다하다.

미래의 교육은 교수가 학생에게 가르쳐주는 일방적 교육이 아니라 쌍방적 교육이 될 것이다. 또한 맞춤 교육이고 학생이 강좌를 짜는 방식이다. 학습과정을 통제하지도 않고 누군가를 이끌어가기 위해 조직화하지도 않는다. 현재의 서울대학교는 아직도 지나치게 관료화되어 있어 통제가 너무 심하다. 수강 신청에서도 그렇고 연구비 신청에서도 그렇다.

모든 것이 아직도 관료화되어 있는 곳에서 미래의 희망을 찾기란 결코 쉽지 않을 것이다. 이런 상태에서는 틀에 박힌 교육이 가져오는 폐단을 없앨 방법이 없다. 통제를 걷어 버리는 것만으로도 미래가 준비되기 시작했다고 말할 수 있을 정도다.

스스로 학습하거나 전문가에게 물어 비공식적으로 지식을 전수받는guru-teaching 교육 방식 등 창조적이고 생산적인 것으로 바뀌어야 마땅하다.[79, 80]

끝으로 좀 더 구체적으로 미래의 대학을 그려 볼 단계가 되었다. 여기서 전체를 다 디자인할 수는 없겠지만 몇 가지 예시적인 것을 밝히면 어떨까 한다.

미래의 대학은 협동과정은 과정대로, 학부는 학부대로 진행하면서 학부의 경우 다른 조합을 구성해야 할 것이다. 이를테면 경제학부의 경우 경제학 중심으로 정치학, 사회학은 물론 심리학, 인문학 분야의 철학, 역사 등과 연대해야 할 것이다.

그리고 사회대학의 예인데, 언론정보학이나 사회복지학이 학부 수준에 머물 이유가 없다. 전문대학원으로 옮겨가야 하겠지만, 이 분야는 언어학과 심리학 등이 필수 연대 학문분과가 될 것이다.

융합학문의 예 – 경제학

학문의 세계를 융합하는 그림으로 경제학을 예로 들어본다.

경제학을 몇 차원에 걸쳐 상정해 보면, 우선 시간의 차원에서는 경제사, 공간은 한국경제, 일본경제, 중국경제, 그리고 지리학 등이 될 것이고, 관계분야는 수학, 통계학, 철학, 논리학, 역사학 등 분석과학과 경험과학*을 망라하는 하위분야를 상정해야 할 것이다. 심리학과 정치학도 관계분야인 것은 물론이다. 〈표 2-3〉은 경제학의 학문적 연관성을 시·공간 그리고 관계의 차원이라는 3차원의 좌표를 표현 해 본 것이다.

〈표 2-3〉 경제학의 시·공간 그리고 관계분야의 좌표

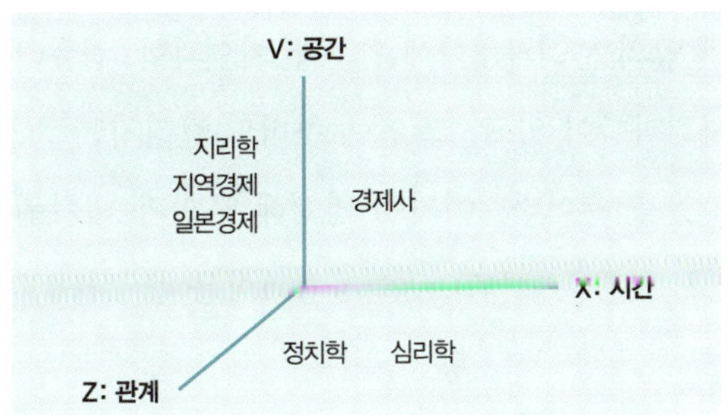

미래 대학 편제

대학의 편제도 지금과 같은 분산이 전문성을 높인다는 면에서 틀리진 않지만 문제해결의 길을 열어놓기 위해서는 결코 바람직하다고 하기 어렵다. 한마디로 인문, 사회, 자연 등으로

대학이 나누어 있다는 것은 융합과 통섭의 이념과 너무나 동떨어진 현상이다. 인지과학적 입장에서도 그렇다.

그럼 이렇게 나누지 않고 유니버시티 칼리지^{university college}로 하면 어떨까? 알려진 대로, 하버드 대학교에는 하버드 칼리지^{Harvard College} 하나밖에 없다. 들여다보면 문리과대학^{Faculty of Arts and Sciences}, 의과대학^{Faculty of Medicine}, 경영대학원^{Harvard Business School}, 디자인 대학원^{Graduate School of Design}, 신학대학원^{Harvard Divinity School}, 교육대학원^{Harvard Graduate School of Education}, 행정대학원^{John F. Kennedy School of Government}, 법학대학원^{Harvard Law School}, 레드클리프 연구소^{Radcliff Institute for Advanced Study}, 보건대학원^{Harvard School of Public Health} 등이 모두다.

우리의 옛날 문리과 대학을 빼면 나머지는 모두 전문대학원인 것이다. 맨 앞의 문리과대학에 인문학, 자연과학, 컴퓨터과학 그리고 사회과학이 있고, 그 안에 하버드 칼리지^{Harvard College} 하나가 있을 뿐이다. 여기에 병행해 문리과 대학원^{Graduate School of Arts and Sciences}, 공학응용과학분과^{Division of Engineering and Applied Sciences}, 평생교육원^{Division of Continuing Education} 등이 있다. 대학 학부 수준에서 당초부터 융합을 실천하고 있었던 셈이다.

스탠포드 대학교에는 세 개의 학부와 네 개의 전문대학원이 있다. 세 개의 학부는 지구과학^{Earth Sciences}, 공학^{Engineering}, 인문학과 과학^{Humanities and Sciences}이고, 전문대학원은 경영대학원^{Business}, 교육대학원^{Education}, 법과대학원^{Law}, 의과대학원

Medicine이다.[81] 인문학과 과학이 함께 있다는 것을 결코 가볍게 생각하면 안 된다.

캘리포니아 대학교(버클리 캠퍼스)와 미시간 대학교(앤아버) 등은 우리와 비슷한 대학편제를 갖고 있다.

서울대학교를 예로 들면, 응용성이 강한 학문은 모두 전문대학원으로 분류해 학부수준을 유지시킬 근거를 없애야 한다. 즉, 행정학은 이미 그렇지만 경영학은 전문대학원으로 하고, 사회대학의 언론정보학과 사회복지학은 기초가 아니기 때문에 전문대학원으로 만들어야 한다. 구시대적 편제인 사범대학의 학문적 위치도 재고해야 한다. 교육대학원이 타당할 것이다.

철옹성 같은 관료화의 화신인 서울대학교의 대학편제를 혁신한다는 것이 불가능할 수 있으므로 미래 대학을 새로 탄생시키는 것이 훨씬 현실적이고 올바른 길일 것이다. 교육인적자원부가 나서든 재정적 여유가 있는 사립대학이 나서든 고등교육에 관심이 있는 대기업이 나서든 시연대학교의 이상理想과 또 다른 '미래 대학' (저자가 누누이 강조하는 것처럼 한국융합대학교도 좋고, 나비디코인 대학교도 좋다)의 과학화 통합대학의 이념이 합쳐져 미래 대학의 표본으로 학문도를 편성해 볼 필요가 있다.

〈표 2-4〉는 대학의 통합과정을, 〈표 2-5〉는 미래 대학의 대학편제를 잘 보여준다.

대학의 통합과정은 각 분과학문의 정체성에서부터 탈피해

서로 수용하는(협동과정으로) 입장을 보이고, 융합과정을 거쳐 통섭에 이른다. 융합은 '학부'로 이루어지고(경제학부는 이런 뜻에서 별 의미가 없다), 통섭은 인지과학대학으로 완성된다.

새로운 '미래의 대학'은 기초교육원과 통섭대학원이 대학의 주축이 된다. 이들을 떠받들면서 다른 통합과학(대학)과 연계되는 기본 분야가 이들을 둘러싸고 있다. 코그노, 나노, 바이오, 인포, 디지그노로서 이들 다섯 분야가 모든 학문의 기초가 될 수밖에 없다.

그리고 대학의 기초는 인문, 사회, 자연 등의 '인지과학대학'이다. 몇 개의 대학 체제는 존중되어야 하지만 새롭게 우주를 개척해 무한 공간을 넓혀 갈 것이므로 '우주과학대학'이 있어야 한다. 또한 하위 통섭에는 예술과 감성 그리고 디자인

〈표 2-4〉 대학의 통합과정

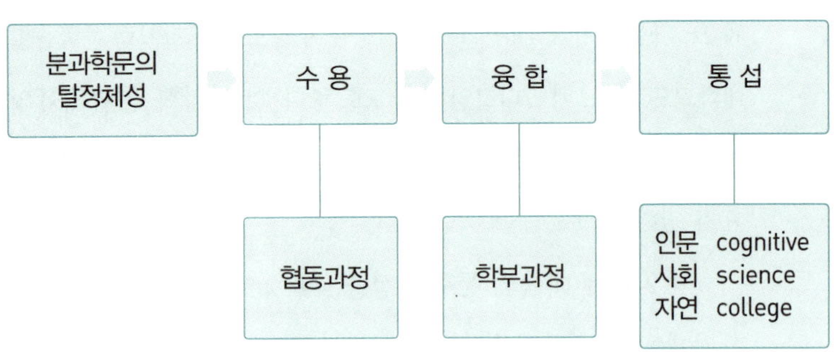

중심의 '예술미술대학' 의 탄생이 기대된다.

과학의 기본으로 '생명과학대학' 과 '인간정보과학대학', 그리고 실천적 차원의 '융합공학대학' 은 예대로 존재해야 할 것이다. 생명과학대학에는 약학대학, 농업생명과학대학, 수의학대학, 그리고 의과대학의 약리학과 병리학 등이 포함된다.

대학이 융합의 개념 위에 서는 것이라면 응용과학 위주의 전문대학원은 철저하게 분과학으로 전문성의 깊이를 인정해야 할 것이다.

〈표 2-5〉 미래 대학 편제

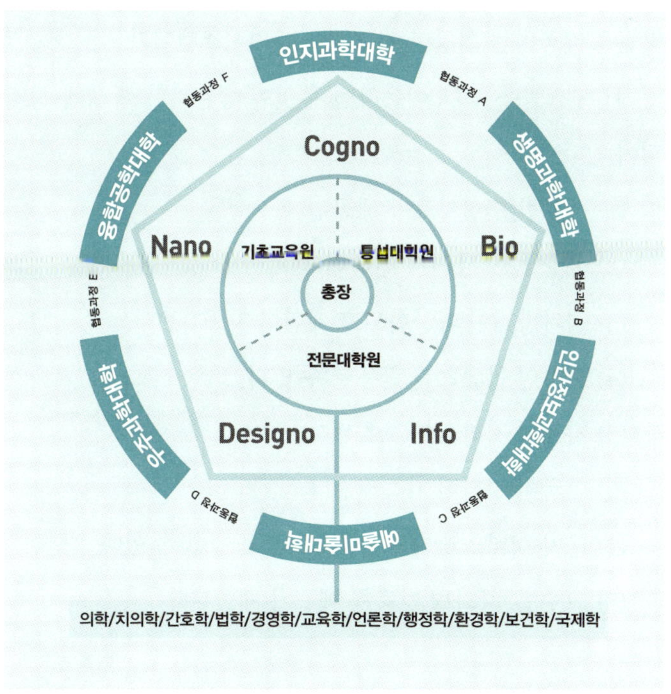

미래의 교육방식

　대학교육을 교육공학적으로 접근한지 이미 오래이다. 대학은 날로 미디어 자료를 강의에 활용하고 있다. 강의실에서는 강사들이 PPT자료를 포함한 영상자료로 강의를 하는 것을 어렵지않게 볼 수 있다. 영화를 보여주고 토론하는 수업도 많다. 맥베스 연극을 보는데 어느 배우가 연기를 하는 것을 보는 것이 좋겠느냐는 것도 선택해 등장시켜 가며 듣는다.

　서울대학교는 SNU-e-TL*를 개설했다. 이는 학사행정시스템과 통합적으로 연동되어 학생관리, 강의안관리, 평가관리, 과제관리, 수업커뮤니티 운영관리 등 다양한 수업활동의 방법을 제공하는 최첨단 교수학습 관리시스템이다.

　이 시스템을 누가 이용하면 무엇이 좋은가가 아래에 정리되어 있다.

　(1) 풍부한 수업자료가 제공된다.

　(2) 휴강 없이 강의가 진행된다.

　(3) 평가방법이 다양화되고 채점이 자동화된다.

　(4) 온라인 콘텐츠를 활용할 수 있다.

　(5) 자료의 저작권이 보호된다.

　(6) 다국어 지원이 가능해진다.

　(7) 문자 서비스[SMS]를 통해 수업을 공지할 수 있다.

　(8) 교수법, 강좌별 맞춤형 메뉴가 제공된다.

유비쿼터스, 쌍방향 교육방식 등에 관해서는 앞에서 간단히 언급했다. 대학교육은 이미 열린 시스템으로 전 세계 대학과 도서관이 인터넷 네트워크로 연결되지 않으면 안 된다.

미래의 대학 도서관

강의실에 가거나 도서관에 가지 않고도 학습이 가능해지고 있다. 요즘도 학생들은 집에서 동영상으로 대학도서관에 비치되어 있는 교수별 강의내용을 볼 수 있다. 그래서 미래의 대학 도서관은 '두뇌 은행 brain bank' 이 될 수밖에 없다. 두뇌 은행에서 얼마든지 자료를 찾아 볼 수 있으니 어느 곳에서도 접근할 수 있는 도서관이 되는 것이다.

구글이나 야후 같은 검색 사이트들은 도서관이 하는 일을 바꾸어 놓고 하루에 6억 개의 질문을 처리한다. 구글이나 야후뿐만 아니라 요즘엔 위키피디아 Wikipedia를 활용하면 훨씬 더 다양한 정보를 얻을 수 있다. 나아가 Web 2.0이나 UCC를 이용한다면 원하는 자료는 천지에 널려 있다고 보면 된다.

미래 도서관은 종래 일방적으로 제공하는 그런 패러다임을 유지하면 안 된다. 학생이 필요로 하는 정보를 제공할 수 있도록 재편되어야 한다. 수요 측면의 개별화로 중점이 옮겨져 가고 있음을 인정하고 시장에서의 생산품 맞춤 서비스와 같은 것을 제공할 수 있도록 변해가야 하는 것이다.

미래 도서관의 모습으로 디지털시대의 도서관이 자리를 잡아가고 있다. 한국의 중앙도서관에도 디지털 도서관이 곧 문을 열 것이다.

'유럽의 디지털 도서관' 도 하나의 모델로 등장한다. 네덜란드 왕립도서관을 주축으로 구축 중인 새로운 도서관은 문화의 다양성을 지키기 위해 유럽 문화유산의 디지털화를 추진하고 있다. 미국은 '국립 오디오비주얼 센터' 를 2007년 12월에 세울 예정이다. 연방정부가 금괴를 보관하던 벙커로 사용하던 곳에 922개의 음향·영상자료 저장소를 건립하는 것이다. 서울대학교 중앙도서관을 변형할 가능성을 예시해 주고 있다고 하겠다.

도서관과 아카이브를 통합한 캐나다의 사례도 특기할 만하다. 캐나다는 퀘백주의 국립도서관과 국립아카이브를 통합했다. 이것이야말로 21세기 새로운 도서관 모델이라고 할 수 있다. 아무리 인터넷 시대라 해도 도서관의 중요성은 폄하될 수 없다. 이를테면 영국처럼 도서관에 중소기업관을 마련하고, 이들에게 시장 리서치 정보, 특허 정보 등을 디지털 환경에서 제공한다면 기존 도서관이 더 유용하게 될 것이다.

미래의 대학혁명을 위하여

대학이 이렇게 변해도 되는 것인가 하는 걱정도 없지 않다. 학문과 대학이 변해야 하는 것은 명백한 명제지만, 과연 얼마나 바뀔 수 있을 것인지 의문이다. 과학기술이 매우 발달해 인간과 기계의 차이가 없어지고 인간의 지능이 비생물학적이되면서 지금보다 1조 배의 능력을 지니게 되어 사회의 모든 문제가 없어진다는 희망적인 예측도 있긴 하지만 아무래도 불안한 마음을 지울 수 없기 때문이다. 그러나 분명한 것은 과학기술의 변화 발전이 대학과 학문의 모습을 바꾸어 나가고 또한 그 반대의 모습도 틀리지 않다는 점이다.

그래도 지워지지 않는 걱정이 있다. 학문의 줄기를 바꾸는 것보다 더 어렵고 힘든 것이 지금까지 우리를 구속하고 있는 제도와 관행을 어떻게 깨버릴 것이냐 하는 것이다. '내 학문' 우월주의와 '내 대학' 이기주의, 그리고 '내 사람' 이나 뽑으려는 인재 폐쇄주의에 젖어 있는 현재의 대학교가 '미래 대학' 으로 갈 길이 멀게만 느껴진다.

그럼에도 불구하고 시대를 초월해 미래를 준비하는 노력을 멈춰서는 안 된다. 과학기술이 발달해 학문의 분화가 멈추고 오히려 학문이 통합 또는 융합되어 미래의 대학으로 변모할 가능성이 충분하다. 물론 학문이 모인다고 해서 지금까지 풀지 못한 문제들을 더 풀 수 있을지 확신이 서는 것은 아니지만 그래도 해보지 못한 것을 시도할 때는 되었다.

세상엔 대학과 학문만으로는 설명할 수 없는 일이 아직 너무나 많다. 비과학의 세계가 무궁하다. 죽은 자의 머리카락이 자라는 것을 어떻게 설명할 수 있을까? 피아노를 치는 손가락을 보고 손가락보다 마음과 느낌으로 치는 것이 훨씬 더 훌륭한 음악이라는 것을 어떻게 설명할 수 있을까? 그렇다면 손은 핀셋처럼 우리 몸의 도구에 불과하고 심장만이 더 소중한 장기인가?

우리가 관찰하면 할수록 대상은 변한다. 우리가 보고 있고 이해하고 설명하려고 하는 모든 것을 어떻게 진실이고 진리라 믿게 할 수가 있겠는가? 빛은 입자이기도 하고 파장이기도 하다. 여기서 입자와 파동에 관한 이야기 하나를 소개한다.

입자가 파동성을 가지면 입자가 한 시점에 한 위치에만 있는 것이 아니라 일정한 운동공간 내에 퍼져 있다고 볼 수 있기 때문에 여기에도 있고 저기에도 있다는 이야기가 된다. 즉 같은 사람이 아파트 2층에도 있고 3층에도 있을 수 있다는 말이다. 파인만이 '하나의 전자가 서로 다른 두개의 구멍을 동시에 지나갈 수 있다' 고 한 이야기와 상통한다. 그러니까 '슈뢰딩거의 고양이*' 라는 난제가 풀리기 시작한 셈이다.

만약 앞으로 점점 과거에 규명되지 못했던 명제들이 입증되고 또한 과학기술의 발달이 극에 달하면 우리가 평생 안고 있는 허위와 모순을 말끔히 씻어 줄 수 있을까? 보는 각도에 따라 모두 달라지는 관찰을 우리는 어떻게 정당화시킬 수 있을까? 모순은 없어져야 하겠지만 우리라고 완벽한 학문과 완벽한 대학을 추구할 수 있을지는 의문이다.

그래도 이 길을 가야 한다. 서울대학교를 개편하든지 새로운 미래 대학(가칭 서연대학교, 한국 융합대학교, 우인대학교, 나비디코인 대학교 등)을 대덕에 창설하든지 물방울 도시(부양 도시)나 우주공간에 창설하든지 해야 한다.

국가의 미래

인간의 기계화를 경계하면서 그럼에도 불구하고 우리는 지금보다 나은 미래를 위해 노력하고 투자하여 현재의 모순과 역설을 고칠 수 있는 노력을 기울여야 한다. '내 학문'이 아닌 '우리 학문'을 모아 바로하고 관료제의 틀을 벗어 미래 대학을 제대로 짜야 할 사명이 우리 앞에 놓여 있다.

1. 서울대학교는 2006년 10월 13일에 개교 60주년 기념 학술대회를 개최했다. 이때 발표된 논문 중 김광웅의 〈미래의 학문, 대학의 미래〉에 근거한다.

2. 융합과학을 science of syncresis 라고 표현한다. 융합을 convergence 또는 fusion 같은 단어로 표현하기도 하지만 나는 syncresis를 즐겨 쓴다.

3. 최종덕 교수는 "윌슨은 문화적 진화가 생물학적 진화와 서로 피드백 관계로 상호진화 한다는 생각을 갖고 있지만 기본적으로 사회학적 현상은 심리학적 현상으로 환원되고, 심리학적 현상은 생물학적 현상으로 환원되며, 궁극적으로 모든 것은 물리학적 현상으로 설명된다는 물리환원주의를 신봉하는 흐름 속에 있다"고 한다. 하지만 최재천 교수는 원효의 화쟁사상과 성리학, 최한기의 통섭 등을 거론하며 "컨슬리언스 개념이 일반인으로 하여금 마치 동등하고 상호적이며 양방향적인 관점의 합일 수준인 양 오해하게 만들고 있다" 는 것이다.

4. 이 나라의 대학개혁에 관해서는 한국미래학회 근간, 《배움과 한국인의 삶》에 김광웅의 '한국대학개혁론' 을 참고하기 바란다.

5. Robert Lanza, 'A New Theory of the Universe: Biocentrism builds on quantum physics by putting life into the equation' 〈*The American Scholar*〉. pp18~33.

6. 양승태, '대학사와 이념과 현실의 변증법 I: 서설 대학의 발생과 대학의 기원 문제', 〈대학지성 1호〉, 1995, 한국대학총장협회, pp119~126; 양승태, '희랍대학사에 있어서 종교적 초월성과 세속적 실용성의 변증법 1: 대학 탄생의 전야', 〈대학지성 3호〉, 1996, 한국대학총장협회, pp42~48에 따르면 대학은 원래 자유인을 양성하기 위해 설립되었다. 양 교수는 또 《앎과 잘남》(책세상, 2006)을 펴내어 지성사를 정리하고 있다.

7. 〈조선일보〉, '울타리를 부숴라 - 위기의 인문학 살길은 〈3〉', 2006. 9. 20.

8. 〈조선일보〉, 2007. 10. 18

9. 양승태, Ibid.

10. 소광희, 《현대학문의 체계》, 1994, 민음사, p321.

11. Ibid., p321. '이론학(자연학, 수학, 형이상학)은 지식 자체를 위한 지식을 탐구

하는 학문으로 이성의 자기 만족을 위한 학문이다. 실천학(정치학, 윤리학, 경제학)은 인간의 행위에 관한 학문으로서 행복한 삶을 위한 지혜이다. 제작학은 제작을 위한 일정한 규칙, 즉 기술에 관한 학문이다.'

12. 김영식, '과학의 발전과 서양 학문 체계의 변천' ; 소광희, 《현대학문의 체계》, 1994, pp127~152.

13. Ibid., p152.

14. 'Robert Kilwardby의(13세기 중엽) 분류체계', 소광희, Ibid.

15. 'Hugh of St. Victor의 분류체계', 소광희, Ibid.

16. 'D' Alembert의 분류체계', 소광희, Ibid.

17. 김광웅, 《방법론 강의》, 1998, 박영사.

18. Malcolm Gladwell, 《*Blink: The Power of Thinking without Thinking*》, 2005, Little, Brown and Co.

19. 이인식, '네트워크 과학은 작은 세계 이론에서 시작한다. 자연세계와 인간 사회에 존재하는 여러 형태의 네트워크 속에 공통적으로 숨겨져 있는 간단한 법칙을 찾아내기 위한 것이다.', 《미래교양사전》, 2006, 갤리온, p68.

20. 정항웅, '세상을 묶는 끈들의 갈래 따기', 〈통섭원 개원 기념 심포지엄 - 지식의 통섭을 위하여〉, 2006. 9. 2.

21. 서울대학교는 삼성경제연구소의 도움으로 연세대학교와 함께 계절 학기를 한 강좌 개설했는데 주제가 복잡계였다. 서울대학교에서 8강좌, 그리고 연세대학교에서 8강좌, 모두 16강좌를 강사를 달리하며 운영해 새로운 학문의 입장을 소개했다. 쓰였던 주 교재가 둘이 있다(윤영수 · 채승병, 2005, 《복잡계 개론》, 삼성경제연구소: 민병원 · 김창욱, 2006, 《복잡계 워크숍》, 삼성경제연구소). 복잡계에 관해서는 고려대학교의 김문조가 한국사회과학연구협의회를 중심으로 워크샵 등을 이미 개최한 바 있다.

22. Andrew Abbott, 《*Chaos of Disciplines*》, 2001, The University of Chicago Press; 김광웅, 《바람직한 정부》, 2004, 박영사.

23. 윤영수 · 채승병, 《복잡계 개론》, 2005, 삼성경제연구소, p104.

24. 러셀J. S. Russell은 우연히 말을 타고 가다가 물이 덩어리를 이루어 빠른 속도로 아주 멀리까지 계속해서 이동하는 현상을 목격하고 이를 횡행파라고 명명했다. Ibid.

25. Ibid., p107.

26. 의술은 우선 용어부터가 수술에서 수선으로 바뀐다. 다시 말해서 25년이 지

나면 나노 의학이 병원을 바꾸어 놓는다고 한다. 병원에 흔한 청진기, 주사기, 링거 같은 전통적 의료도구는 없어지고 수술실과 입원실도 대폭 줄어든다. 로봇 내과의사, 즉 로봇 서전robot surgeon이 등장하기 때문이다. 의사는 환자를 진찰한 후 환부에 로봇 서전이 들어있는 알약만 제공하면 치료는 끝난다. 예를 들어 위출혈이 있다면 로봇을 위로 보내 상처를 치료하면 그만인 것이다. 이인식, 《미래 신문》, 2005, 김영사, p89.

27. 김광식, 《인간과학과 신학》, 1991, 연세대학교 출판부.

28. 〈중앙일보〉, 2006. 9. 8.

29. 이인식, 《미래 신문》, 2005, 김영사, p89.

30. 채현경, '음악학의 새 지평: 음악교육의 미래와 음악학의 역할', 〈이화음악 논집〉, 2006, pp164~177.

31. 채현경, 〈중앙일보〉, '들리는 음악, 들리지 않은 음악', 2006. 9. 16.

32. 김용석·공지영·이진경 외, 《인문과학의 창으로 본 과학》, 2006, 한겨레 출판.

33. 다시 확인하지만 '과학기술의 발달은 서로 다른 학문과 학문의 경계에서 생겨 났습니다' 라고 서남표 KAIST 총장이 취임사(2006. 7. 13)에서 한 말이다.

34. 강정인, 《서구중심주의를 넘어서》, 2004, 아카넷.

35. 정항웅, Ibid., p35.

36. 김용택, 《참 좋은 당신》, 2004, 시와시학사, p81.

37. 김광웅 시 '가을하늘은 당신입니다'

38. 이정일, '앞으로 20년 후, 나노 기술이 세상을 바꾼다', 《교양으로 읽는 과학 의 모든 것》, 2006, pp440~450.

39. 〈중앙일보〉, "학문 간 장벽 허물어 지식의 '통섭' 이룰 것", 2006. 8. 31.

40. 김호, '조선시대의 學 - 자연과 인간의 총섭總攝을 향한 과정', '지식의 통섭 을 위하여', 통섭원 개원 기념 심포지엄, 2006. 9. 2.

41. Joel Garreau, 'Will We Still Be Fully Human?', 〈*THE NEXT 30 YEARS*〉, The Wilson Quarterly, Winter 2006, pp30, 32~34.

42. 베티 에드워즈, 《우뇌로 그림 그리기 *Drawing on the Right Side of the Brain*》, 1979.

43. 이정모, 〈대우재단 소식지〉(1986), 대우학술총서 〈인지과학: 마음, 언어, 계 산〉(1989), 월간 〈세계와 나〉(1992), 연세대학교 교양과목 교재 《인지과학 교 재》(1993-1995), 단행본 《인지심리학의 제 문제 - '94》(1994), 단행본 《과학사

상과 철학》(1996)에 부분적으로 게재된 된 후, 《인지심리학의 제 문제 (I): 인지과학적 연관》(이정모 편, 1996)에 게재된 글을 재편집한 것이다.

44. 'Thus the cognitive revolution is a science revolution.… (it) gives science a whole new way of perceiving, explaining, and understanding ourselves and the entire natural order in a true Kuhnian worldview paradigm for a shift.… What science stands for, what it upholds, its reality tenets and worldview, are radically revised (by Cognitive Revolution).… a new world order…(Sperry, 1995, p506)."

45. "이러한 중요성을 지닌 인지과학의 바탕을 이루고 있는 '인지주의 cognitivism' 또는 '인지적 패러다임' 은 마음과 두뇌와 컴퓨터의 본질과 상호 관계성을 규명하며, 이들의 공통분모를 찾고 거기서 얻어지는 개념적 틀에 의해 인간과 세상을 설명하는 방식을 재구성하려는 노력에서 이루어진 새로운 과학적 인식틀이다. 인지적 패러다임은 인간을 앎의 특성, 즉 知的 특성을 중심으로 설명하자는 것이다. 데카르트가 인간 존재의 바탕을 cogito에 두었듯이, 인간이 어떻게 앎을 획득하고 활용하는가를 중심으로 인간의 마음을, 인간의 삶을 설명하자는 것이다.', 이정모, Ibid., 그리고 소흥렬, 《인지과학과 철학》, 1989; 조명한 외(공저), 《인지과학: 마음, 언어, 계산》, 민음사, pp31~46.

46. '인지과학' 이란 인간의 ①두뇌와, ②마음, 그리고 이 둘에 대한 모형이며, 또한 인간의 마음이 만들어낸 인공물의 정수인 ③컴퓨터, 그리고 ④기타 환경 속의 인공물(知의 확장의 부분들이요 대상인)들의 넷 사이의 정보적(지식 형성 및 사용적) 관계를 다루는 학문이라고 할 수 있다.

47. Fritjof Capra, 이성범 · 구윤서 옮김, 《새로운 과학과 문명의 전환 The Turning Point》, 1985, 범양사.

48. Paul Feyerabend, 《*Science in a Free Society*》, 1978, 1982, Verso.

49. 김용준, 《과학과 종교 사이에서》, 2005, 돌베개, p97.

50. 김용준, Ibid. '코페르니쿠스의 지동설은 우리를 감각의 편견에서 해방시켜 주었다. 그럼에도 불구하고 눈에 비치는 현실은 태양이 움직이고 있는 것이다. 눈에 비치는 현실의 세계와 이성의 우리에게 가르치고 있는 지식의 세계 사이에 차이가 나는 것은 바로 내가 나 자신을 대상화하지 못하기 때문이다. 따라서 진리의 최후 심판자는 논리의 무모순성이 아니라 역사적인 삶 자체이다.', p98. 가다머는 진리와 방법에서 철학적 해석학의 골자를 이렇게 주장하며 끝까지 고집했다.

51. 김용준, 《*Ernest Nagel, James R. Newman*》, p93.

52. 김용준, Ibid., pp88~89.

53. 《*Beyond Positivism and Relativism: Theory, Method, and Evidence*》

54. Ibid., p77.

55. 《*Personal Knowledge*》, 1958.

56. Ibid., p80.

57. 장회익, 《과학과 메타과학: 자연과학의 구조와 의미》, 1990, 지식산업사.

58. Ibid., pp8~9.

59. '생명'의 한 부분이 되는 '인간' 또한 우주적 존재양상과 고립되어 존재할
수 있는 그 무엇이 아니다. 특히 그 자신이 인간인 우리들 스스로가 인간을 정
확히 이해한다는 것은 마치 눈동자 자신이 눈동자 자체를 정확히 본다는 것만
큼이나 어려운 일이다. 그러므로 인간을 정확히 이해하기 위해서는 인간을
빚어낸 우주적 진화과정을 함께 이해하지 않으면 안 된다. 이러한 의미에서
인간은 한편 우주적 과정의 산물로서, 그리고 다른 한편 우주적 실재를 주체
적으로 반영해 나가는 존재로서 이해될 수 있으며 이러한 관점에서 인간에 대
한 새로운 이해를 시도해 본다.

60. Ibid., p27.

61. Ibid., p29.

62. Andrew Abbott, 《*Chaos of Disciplines*》, 2001, University of Chicago
Press.

63. 여기서 소개되는 미래의 지식은 2007년 3월 29일 제 1회 '미래학문과 대학을
위한 범대학 콜로키엄'에서 발표된 '미래의 지식체계'에 관한 논문을 토대
로 한다.

64. '우리 학문, 어디에 서 있는가? - 거울 앞에선 근대 어느 사회과학자의 소묘'
기획 특집, 〈지식의 지평〉 창간호 2006, p126.

65. 양승태, Ibid., p214.

66. Ibid., pp217~219.

67. 다니엘 핑크, 2006, 《새로운 미래가 온다》 한국경제신문.

68. Ibid., pp17~44.

69. Ibid.

70. Ibid.

71. 김광웅, '한국의 대학생을 위한 리더십 함양 프로그램' 미발표 연구보고서,

2006.

72. 다니엘 핑크, Ibid.

73. Ibid.

74. 필라델피아 공립학교 중 하나인 CHAD[Charter High School for Architecture and Design]에 가면 뭔가 다른 것을 가르치고 있다는 사실과 분위기를 확인하게 된다. 이를테면 수업에서 로마제국의 상수도 체계에 관해 배울 때 책을 읽고 선생님의 강의만 듣고 끝나는 것이 아니라 상수도 모형을 직접 만들어 보도록 한다. "학생들은 서로 다른 것을 조합해 해답을 찾아내는 방법을 배우고 있습니다. 그것이 바로 디자이너의 일입니다." 건축가이자 이 학교의 교과과정 및 교육책임을 맡고 있는 클레어 갤러허[Claire Gallagher]의 말이다. 그는 덧붙여, "디자인은 서로 다른 분야를 접목하는 작업입니다. 우리는 전체적인 안목과 사고를 갖춘 인재를 양성하고 있습니다." 디자인은 욕구 + 기술 + 인지과학 + 미를 결합하는 르네상스적 태도이다(파올라 안토넬리), Ibid.

75. 〈중앙일보〉, 2006. 7. 24.

76. 오세정, '대학, 고급 인적 네트워크 기관으로 변신 중' ; 이인식, 《미래신문》 2005, 김영사, p128.

77. Ibid., p128.

78. Ibid., p128.

79. 토플러, Ibid., p292. 만일 학교에서 컴퓨터를 구입하고, 교육 과정을 만들고, 교육 시간을 정하고, 교사들을 훈련시키고, 이 모든 일을 추진할 자금을 마련할 때까지 컴퓨터 입문자들이 기다려야 한다면, 이 기술이 기업과 경제에 확산되는 과정은 심각한 정도로 지체된다.

80. 이 같은 현상은 복잡계에서 말하는 self-organizing과 다를 바 없다. 윤영수 · 채승범, 《복잡계 개론》, 2005.

81. Three of Stanford's seven schools offer undergraduate and graduate programs: Earth Sciences, Engineering and Humanities and Sciences. The other four schools offer graduate programs: Business, Education, Law and Medicine.

03

미래의
정 부

바람직한 정부

국가가 발전하려면 무엇보다 가장 큰 비중을 차지하는 정부가 잘해야 한다. 물론 지금까지 우리나라가 발전해 오면서 정부의 공헌이 컸음을 부인할 수는 없을 것이다.

그러나 정부가 변해야 한다는 것 또한 확실하다. 기존 정부의 위상과 역할이 지속되면서 국가와 사회의 위상과 모습 역시 그대로 유지된다면, 21세기를 맞은 국가와 정부에 대한 국민의 변화요구는 거세질 수밖에 없다. 이미 시대의 패러다임이 변하고 있기 때문이다.

전일주의와 복잡과 융합으로 나아가고 있는 21세기 양자 패러다임 안에서 정부의 구조와 실천에 변화가 오지 않는다면 곧 국제사회에서 뒤처질 수밖에 없다. 즉 학문을 쪼개고 쪼개던 대학의 분과학문이 융합되고, 사회현상을 단순화시켜 정책적 해결을 시도하던 관료주의의 전형이 융합성과 복잡성의 원리로 바꾸어야 한다. 관련 부처가 융합하고 복잡한 문제를 단순화시키려 하지 말아야 한다. 그렇다고 각각의 문제를 그대로 인지해서 정책이 따로 따로 문제에 접근하도록 하라는 것이 아니다. '정책군'이 그렇게 해야 한다는 뜻이다.

미래 정부를 제의하면서 현재의 정부가 변하지 않을 수 없는 여러 논거를 제시할 것이다. 먼저 바람직한 정부는 어떤 정부인지부터 논의하기로 하자.

'정부는 아주 위험한 장난감이다. 전쟁을 벌이고, 이데올로기를 강요하고, 지배자들을 부유하게 하는 데 사용된다. 물론 오늘날 우리의 지도자들이 자기 배를 불리지 않는다는 것은 맞는 말이다. 하지만 그들은 자신의 의뢰인들을 부유하게 만든다.

즉 그들은 파킨슨의 법칙*에 따라 그 수가 계속 늘어나기만 하는 거대하고 탐욕스러운 관료들을 거느리고 있는 것이다. 그리고 이 관료들이란 무역업자와 발명가처럼 부의 진정한 창조자들에게 기생하면서 살아가는 집단이다.

아주 작은 정부를 가지는 것은 가능하다. 모택동, 히틀러, 스탈린의 세기를 보낸 지금, 아주 작은 정부의 위험이 너무 큰 정부의 위험보다 크다고 단언할 수 있는 사람이 몇이나 될까? 우리 모두가 알아야 할 것은 우리가 정부의 성장을 더 많이 제한할수록, 우리 모두의 삶도 더 나아질 것이라는 위험한 생각이다.'[1]

《이타적 유전자*》로 유명한 매트 리들리가 한 말이다. 과

*** 파킨슨의 법칙**
1957년에 발간된 조직 이론의 원조로 조직은 계속 늘어나게 되어 있다고 한다.

*** 이타적 유전자**
책의 제목으로 리처드 도킨스의 이기적 유전자에 반대되는 용어.

학 저술가이자 국제생명센터 설립자인 리들리가 정부를 어떻게 생각했기에 이렇게 신랄하게 비판할 수 있단 말인가?

정부의 인상

정부는 대개 시대 흐름을 모르거나 애써 간과하려는 듯한 모습을 보인다. 이데올로기의 종말도 제대로 인식하지 못하고 과거청산에 집착하면서 진보라는 이름으로 불평등을 더욱 더 조장하고 소통의 길을 막아왔다. 이 때문에 국가의 미래를 제대로 조망하지 못하고 있다. 미래는 우주시대이고 생명공학시대다. 과학은 복잡계 과학^{science of complexity}의 시대이고 학문은 융합학문^{science of syncresis}의 시대다. 시대가 변화하고 있는데도 교육부는 대학을 20세기에 묶어 놓았다.

정책은 형이상학적 인식의 기초인 시간과 공간의 개념을 뉴터니안 패러다임*에 그대로 묶어 놓고 바이오 센추리즘^{biocentrism}*을 외면하고 있다. 또한 정부는 수치만 발표하면 과학적인 것인 양 착각하고 있다. 그 숫자들 뒤에 존재하는 허구가 얼마나 가공할 만한지 전혀 모른 채 정책을 펴는 것이다. 또한 양자 매커니즘이 그 정교함만으로 모든 문제를 풀 수 있다고 생각하는 것도 환상일 수 있다는 인식을 가져야 한다.

정부가 갖는 가장 큰 기능은 국부를 늘리고 국방을 책임지고 문화유산을 유지·존속시키며, 복지를 책임지는 기능 등이다. 그러나 이들 중에서 정부가 해야할 이유가 없는 것들도 많

*뉴터니안 패러다임
아이작 뉴턴의 가치관으로 고전 물리학을 대변해 세상을 기계라고 보는 입장.

*바이오 센추리즘
의식이 모든 사물의 판단 기준이라는 극단적인 생물학적 입장.

다. 정부가 전파를 독점하고 체육을 책임지던 시대는 지났다. 21세기에는 정부의 기능을 대폭 줄이는 방향으로 가야 할 것이다.

앞으로는 국제적 테러도 개인차원에서 얼마든지 가능하다는 예측을 한다. 물리적인 테러도 경계해야 하지만 사이버 테러도 가공할 만한 위력을 가지고 있다는 사실을 인지해야 한다. 그리고 이러한 공격에 대비해 국토를 안전하게 지킬 수 있는 복합적인 행정망을 구축해 놓아야 한다. 그러한 방안 중의 하나가 국토안전부, 국방부, 국정원을 하나의 기관 내지는 네트워크로 묶는 체제를 구축하는 것이다.

또한 정부가 무엇보다 앞서 해야 할 일 중의 하나가 바로 규제완화다. 정부는 시장과의 관계를 새롭게 정립해야 하는 숙제를 안고 있다. 골프장 허가를 내는 데 900개의 도장을 찍어야 하는 나라라면 다른 밝혀지지 않은 규제를 쉽게 짐작할 수 있을 것이다. 노무현 정부 들어 규제를 완화했다는 것은 인정해야겠지만, 아직도 기업하는 사람들이 만족할만한 정도는 아닌 것 같다.

시장도 정글의 법칙에서 벗어날 수 없기 때문에 믿을 수 없는 구석이 한두 군데가 아니다. 그렇게 정부의 역할과 개입을 정당화시킨다. 그러나 이를테면 정부가 공공주택을 짓는 기능만 하면 되지 건축시장까지 개입해 간섭할 정당성은 없다. 정부와 시장은 권력을 더 차지하려는 대립의 관계다. 결국 국민이 어느 편에 서느냐의 문제인데 사람에 따라 입장이 다르다는 점을 인정해야 할 것이다.

정부는 이제부터라도 정부가 할 필요가 없거나 할 수 없는 분야는 과감히 시장에게 맡겨야 한다. 앞서 지적한 대로 체육, 관광, 문화는 물론 교육, 과학 그리고 경제의 상당부분을 시장에 맡겨야 한다.

정부부문에서도 핵심은 역시 사람이다. 공무원 사회의 제도와 관행을 조금이라도 세계적인 수준으로 탈바꿈하도록 노력해 온 것도 그런 이유에서다. 그래서 개방형 임용제와 공무원 민간파견휴직제를 실시하고, 공무원 시험을 공직적격성 테스트로 치를 수 있도록 바꿨다.

그러나 정부가 각급의 자리에서 해야 할 직무가 무엇이며 그 성과를 어떻게 평가해야 하는지의 바탕이 되는 직무분석을 아직도 제대로 하지 않고 있어 개혁의 끝이 불분명하다는 데 한계가 있다.

정부가 당연히 주력해야 할 것 중 하나가 바로 소통이다. 국민은 물론 내부에서도 소통이 잘 이루어져야 한다. 그런데 노무현 정부는 코드가 맞지 않은 사람들을 배척하는 등 자기 내부에서의 소통만 이루어냈다는 느낌이다. 그러니 이를 비판하는 언론을 백안시할 수밖에 없었다.

정부는 언론이 중요하다는 인식을 저버리면 안 된다. 결국 정부와 시장, 정부와 언론의 권력다툼 속에서 선량한 국민의 등만 터지는 형세다. 다시 말하지만 권력자들이 조금씩 인내하고 양보하는 길밖에 다른 대안이 없다.

정부가 제대로 나아가려면 국제사회의 시대적 흐름을 알고 미래를 조망할 수 있는 지도자가 필요하다. 한국의 세계적 정치력은 거의 과락 점수다. 우리에게 앞으로 더욱 국제적인 리더십이 필요하다는 뜻이다. 미래의 리더십은 함께하며 공유하는 팀 리더십이다. 한 사람만 잘났다고 되는 것이 아니라, 팀 전체의 팀웍이 훌륭해야 한다.

우리가 정부를 제대로 알고 정부에 정책이나 서비스들 요구하려면, 우선 정부의 정책이 부처별로 논리가 부딪혀 모순된다는 사실부터 알아야 한다. 산업자원부의 논리와 환경부의 논리는 서로 딴판이다. 또한 통일부와 국방부의 정책논리도 딴판이다. 안보의 논리와 인권의 논리도 같지 않다. 국세청은 어떻게 해서든지 국민을 짜내야 하고, 베풀어야 할 부처는 모은 세금을 한 없이 쓰고 싶어 한다.

정부의 능력을 평가하는 지표 중에 세금을 거둬들이는 부가능력이 있다. 그런 의미에서 노무현 정부의 과세능력은 매우 탁월하다. 어쨌든 복지혜택을 베풀어야 하는 일과, 이를 가능하게 하기 위해 과세를 높여야 하는 일이 서로 모순되는 현상을 빚고 있다.

정부의 공직자들은 '사이'를 간과한다

'여름 아침에서의 연못에서는 수련뿐 아니라 물도 잠들어 있다. 물이 밤 새 내쉰 숨은 비린 향기와 물안개로 수면 위에 깔려있고, 해를 기다리는 물 속은 아직 발현되지 않은 무수한 빛과 색의 입자들을 재우면서 어둡다. 빛과 색으로 존재하는 것들은 시간 위에 실려서 멀리서부터 다가오는데, 그 모든 생멸의 과정이 살아있는 동안의 뜬 눈에 다 보이는 것은 아닌 모양이다. 그래서 여름의 연못은 인상주의 낙원이며 지옥이다. 수련을 그린 클로드 모네의 화폭은 그 빛과 빛 사이, 색과 색 사이, 순간과 순간 사이의 경계를 비집고 들어가서 거기에서 새로운 빛과 시간의 나라를 열어내는데, 이 나라는 보이지 않는 것들의 지옥 위에 보이는 것들의 낙원이다.' [2] 소설가 김훈의 말이다.

실체와 본질은 존재 그 자체에 있는 것이 아니고, 존재되어짐에 있으며, 존재와 존재 사이의 관계에서 형성된다. 이 사이와 관계가 정부의 공직자들이 흔히 간과하는 부분이다. 그들은 사이를 보지 못함으로써 사자가 갇혀있는 것을 사자 우리의 창살로 알뿐 창살과 창살 사이의 틈 때문인 줄은 모른다.

정부의 공직자들은 논리에 약하다

정부의 공직자가 논리에 약할 수밖에 없는 것은 이미 정부가 정해 놓은 논리(그것은 대개 대선 때 공약한 이데올로기가 주축을 이룬다)를 따라야 하기 때문이다. 그래서 때로는 실정과 너무나도 동떨어진 논리를 피력할 때가 있다.

정부의 공직자가 보다 논리적이려면 자기 혼자서만 인정할 수 있는 대화(태도)의 방법이 아닌 아무나 붙잡고 물어도 떳떳한 방법으로 참과 거짓을 가려낼 수 있어야 한다. 이를 대도^大道라고 말할 수 있다.

일반인이라면 자신이 어떤 주장에 대해 어떤 태도를 취하든, 그것은 자신만의 자유이고 또 자신만의 결단의 문제일 것이다. 그러나 태도는 어디까지나 태도일 뿐이다. 어떤 주장의 참을 믿는 태도가 그 주장을 참으로 만드는 것은 아니다. 토론 석상에서 대립하는 두 당사자들이 대립하는 이유가 어떤 논제의 참과 거짓에 있지 않고, 그 논제에 대한 태도에 있을 뿐이라는 것이 밝혀지면, 그 토론은 더 이상 진행할 필요가 없다.

"좋소, 당신은 그렇게 믿고, 나는 또 이렇게 믿을 뿐이오. 나는 당신의 믿음이 잘못되었다고 생각하지만 존중하겠소. 마찬가지로 당신도 내가 믿는 바를 존중해주길 바라오."

이렇게 토론은 끝나게 되고, 또 끝낼 줄 알아야 한다. 태도의 문제와 진위의 문제를 혼동하게 되면, 토론은 또 다른 태도인 감정의 대립으로 치닫게 된다. 서로 다른 종교를 가진 사람들 사이에서 가끔 일어나는 이와 같은 마찰은 바로 태도의 문제와 진위의 문제를 혼동한 결과인 경우가 많다.

무엇이든 주장하는 사람은 항상 자신의 주장에 대한 증명의 부담^{burden of proof}, 입증의 의무^{onus probandi}를 갖는다. 그런데 이를 무시하고 대부분 독단에 빠지는 경우가 허다하다고 김상일은 말한다. 독단은 지적 사생아(증명의 부담을 지키지 않는 경우)의 숨겨진 아버지다. 독단에 빠진 사람은 자신의 주장이 옳다고 주장하면서도, 근거를 제시하지 않을 뿐만 아니라, 근거의 검토조차 허용하지 않는다. 그리고 자신의 주장에 대한 근거를 검토하려는 것을 자신에 대한 도전으로 여긴다. 그러나 흔히 알듯이 '덕이 없는 아름다움은 향기 없는 꽃'일뿐이다. 그리고 객관적인 평가의 기준이 있어야야만 근거로서 타당하다.

논증의 연역적 타당성 여부를 조사하고 평가할 수 있다고 해서 논증을 평가할 수 있는 입장에 도달한 것은 아니다. 타당성 조사는 전제들의 논리적 형식과 결론의 논리적 형식이 어떤 관계를 가지고 있는가에 대한 조사에 불과하기 때문이다.

따라서 논증의 평가를 완성하기 위해서는 논증의 내용 평가가 곁들여져야 한다. 그러나 전제들의 참과 거짓을 논하기 전에 꼭 거쳐야 할 단계가 있다. '기호놀이*' 가 바로 그것이다.[3]

버트런드 러셀^{Bertrand Russell}은 어린 시절 여러 번 자살을 하고 싶었지만, 수학의 세계에서 기쁨과 위안을 찾을 수 있어 극복했다고 한다. 결국 러셀은 수학의 기초로서의 현대 논리학을 체계화하게 되었다. 기호의 세계 속에서 '기호놀이' 에 얼마만큼 재미를 붙일 수 있는가는 사람에 따라 다르다. 그러나 논리적 사고법을 완성시키기 위해서는 어쩔 수 없이 기호들의 세계를 알아야 한다.[4] 즉, 연역법칙과 논리적 동치를 알아야 한다.

국가의 미래

정부의 공직자들은 묘합에 인색하다

앞에 편 저자의 주장이 정부의 공직자들은 정말 미워해서 하는 이야기는 아니다. 저자가 안타깝게 생각하는 것은 따로 있다. 한마디로 아리스토텔레스 이후부터 내려온 서양 논리의 이분법을 극복하고자 하는 것이다. 지금까지 서양의 논리는 위계론적 일관성의 논리*이고, 동양의 논리는 순환론적 비일관성의 논리*라고 분류해 왔는데, 이것조차도 이분법이다.

이분법이라고 하는 것은 정신과 물질, 몸과 마음, 여성과 남성, 아내와 남편, 여당과 야당, 보수와 진보, 빈자와 부자 등 둘로 나뉘는 것을 전제로 한 것으로, 그 자체 현실로서는 이상할 것이 없다. 이념적 논쟁에서 자본주의와 공산주의, 민주주의와 사회주의 내지는 관료주의와 대칭을 이루어 우열을 따지는 것도 마찬가지다.

이것은 아리스토텔레스의 모순율(어떤 명제도 참인 동시에 거짓일 수 없다)과 배중율(어떤 명제도 참이나 거짓 중의 하나다)을 나누어 참과 거짓을 가려보려는 것과 같은 것이다. 그런데 이 논리를 따르다 보면 역설에 빠진다.

그래서 다시 한 번 우리는 이분법적 논쟁이 반드시 옳은가에 대해 생각해 봐야 한다. 지난 300년간 우리는 이런 식으로 논리를 구사해왔다. 부분과 전체를 별개의 것으로 치부했던 것이다.

그러나 오늘날의 양자 패러다임에서 보면 부분은 곧 전체

* 위계론적 일관성의
  논리
논리가 순서대로 체계적으로 정연하게 전개된다는 입장.

* 순환론적 비일관성의
  논리
논리가 위계적이거나 일관적이지 않아도 된다는 입장.

191

가 되고, 전체 또한 부분이 된다. 또한 서로 입장이 뒤바뀌면서 하나가 된다. 관찰의 주체와 객체도 따로 존재하지 않는다. 그런데 사람들과 정부는 아직까지도 이분법의 논리에서 헤어나지 못하고 있다.

그러면 현실적으로 양분되어 있는 것들은 어떻게 이해해야 할까? 그 이유는 바로 분업을 해야 하기 때문이다. 그래야 효율이 높아지기 때문이다.

둘이 하나가 되면 실제로는 매우 좋다. 그렇다고 정부와 국민이 하나가 될 수 있는 것은 아니다. 그저 둘이 합쳐 하나가 되자는 것이 아니다. 둘은 둘이지만 하나가 되는 순서는 이렇다. 즉, 각기 하나인 존재가 둘로 합치는 존재되어감^{becoming}이 되는 것으로, 이때 변화가 일어난다고 화이트헤드는 말했다.

풀어 말하면, 촉매 분자가 화학적으로 합성되는 총량을 증가시킬 수 있다는 것이다. 만들어 가는 과정 자체가 내용을 바꾸어버리는 현상이 일어난다고 한다. 이 존재의 원리 때문에 총량이 존재의 단순한 집합보다 더 커지는 현상이 생긴다. 이를 생물학에서는 '반사적 촉매작용'이라고 한다.

여성과 남성 그리고 여와 야가 합치면 더 큰 성과를 얻을 수 있는 것과 같은 것이다. 국민과 정부가 하나가 되면 더 말할 것도 없이 좋다. 그러나이는 어디까지나 이상적인 상황을 말하고 있다.

덧붙여 둘이 하나가 되는 것보다 내가 네 안에, 네가 내 안에 들어오는 것이 훨씬 더 좋다. 율곡과 만해는 이렇게 이야기 했다.

'만날 때의 웃음^{one}보다 / 떠날 때의 눈물이 좋고^{two} / 떠날 때의 눈물보다 / 다시 만나는 웃음이 좋다^{One}' 고 했다. one into two 혹은 two into one의 관계가 이루어져야 한다는 뜻이고, 율곡은 이를 묘합^{妙合}*이라고 했다.[5]

정부와 국민 간의 관계가 묘합의 경지에 이르러야 한다고 주장하는 뜻이 여기에 있다. 정치인들도 마찬가지여서 비록 이념이 달라 다른 정당에 소속돼 있지만 항상 정략적이라면 국민의 신뢰를 받지 못한다. 때로는 서로 끌어안고 인정할 것은 인정하고 동의할 것은 동의하면서 함께 가야 한다.

정치인들은 모름지기 각자의 정체성은 유지하면서 서로 끌어안고 하나가 되어야 한다. 이런 논리로는 이런 언명이 가능해진다. 이를테면 여성의 시각으로 여성의 논리만 주장하는 정치인은 우리나라 정치나 국가발전에 하나도 도움이 되지 않는다. 흔히 여성운동가나 여성정치인들은 '가부장적 권위주의' 라는 이름 하나만으로 논리를 펴기가 다반사다. 여성이 입은 비대칭적 관계를 그러한 방법으로 극복하려 해서는 아무런 성과를 얻을 수 없다.

이미 행정개혁에 관련된 좋은 아이디어는 다 나와 있다. 국가의 여러 정책, 행정에 관한 개편 방안 등 역대 정권에 없는 것이 없다. 그렇다면 왜 지금까지 온갖 개혁의 노력에도 불구하

193

고 그런 좋은 아이디어가 실제로는 개선에 아무 기여도 하지 못했을까?

그것은 체세포만 조작하면 유전자가 바뀔 것이라고 잘 못 생각했기 때문이다. 중요한 것은 하나의 세포가 아닌 세포군으로서, 이들이 바뀌어야만 한다. 세포군엔 세포막이 있는데 이것이 친수親水와 배수背水의 양쪽 친매성을 가지고 있다. 국가정책 이념에 이중성이 있는 것도 같은 논리다.

또한 정부정책의 논리는 통일부의 논리와 국방부의 논리, 환경부의 논리와 산업자원부의 논리가 맞지 않고 어긋나기만 한다. 한 정부의 논리가 서로 모순되는 것도 모두 이중성 때문이다. 이를 인정하는 가운데 개혁을 추구하며 논리를 펴야 하는데 정부는 아직 이런 일에 익숙하지 않다.

지금까지 하던 식으로 대상을 고치기만 하는 정치개혁은 안 된다. 법, 제도, 정책의 내용을 수없이 고쳐보았지만 성공하지 못했다. 관찰자와 대상의 구분없이 정치리듬, 정치이미지 그리고 정치파도를 하나라고 생각하고 바꾸어야 한다.

그리고 기존의 이분법의 논리에서 벗어나야 한다. 대통령도 이제서야 자주와 동맹은 보완관계에 있다고 말했다. 야당이 대통령 편을 들 때가 있어야 한다는 뜻이다. 대통령도 여당의 지지만 받을 생각은 하지 말아야 야당과 더 가까워질 수 있다. 때로는 남녀, 여야, 정부와 국민의 역할을 바꾸어도 괜찮다. 축구에서 유상철, 송종국 선수는 수비수 내지는 미드필더로 뛰다가도 공격수가 되어 골을 넣는다. 물론 적진 편에 서지는 않는다.

저자는 집에서 아침 식탁을 차리고 아내는 저녁 식탁을 차리기 때문에 우리가 앉는 식탁의 자리는 조석으로 달라진다. 역할에 따라 자리가 달라지는 것이다. 히딩크가 선수들에게 하나 이상의 역할을 하라고 주문한 것도 같은 취지다.

오늘날엔 이중역할이 당연한 것이 되었다. 대학도 복수전공을 인정하는 추세다. 협동, 연합, 연계 등의 이름을 써서 하나의 전공에만 몰두하지 않고 여러 학문을 두루 섭렵하도록 하고 있다.

'낙서를 하지 마시오' 라고 벽에 쓰여 있다면 이것은 이미 낙서가 된 것이다. "말이 많다", "조용히 하세요" 라고 누가 큰 소리로 말을 했다면 그것은 이미 소음인 것이다. 노무현 대통령이 연세대학교 특강에서 보수를 매도하고 폄하하며 "보수란 힘 있는 자가 마음대로 하는 것" 이라고 말했다. 이미 힘을 가진 대통령이 보수가 되어 버린 순간이었다.

사람들은 자신이 얼마나 모순된 행동을 하는지 모른다. 우리모두는 역설 속에서 산다. 그러니 제발 '하나의 시각, 정부의 시각, 여성의 시각으로 사회를 보고 정치를 보지 말자' 는 것이다. 그 순간 편협된 시각의 권위주의에 빠지고 마는 사람이 한둘이 아닐 것이다.

정부의 공직자 중에는 무책임한 사람이 있다

정부에서 주야를 마다않고 고생하며 일하는 공복公僕을 폄하해서는 안 될 것이다. 모두 훌륭하고 능력 있고 국가를 위해 헌신하는 공인들이다.

그러나 간혹 그들 중에는 매우 부도덕한 사람들이 있다. 청렴하지 않거나 부정을 저지른 사람을 말하려고 하는 것이 아니라 아까운 국가의 자원을 낭비하는 사람을 일컫는 것이다. 몇 가지 예를 들어 보자.

첫째, 법질서가 지켜지지 않고 있는데 눈을 감고 있다면 이는 국가질서를 무너뜨리는 것과 다름이 없다.

둘째, 환경이 파괴되는 것을 방관했다면 이것은 국가에 커다란 부담을 주는 것이다.

셋째, 시의에 맞지 않는 정책을 폈다면 이것 또한 국가에 커다란 부담이 된다.

넷째, 아까운 국민의 혈세인 예산을 낭비했다면 공인으로서 자격이 없는 일이다.

다섯째, 정부조직을 늘리고 인력도 마구 늘리면서 정부가 모든 것을 다 해내려고 거짓 논리를 펴는 공직자는 공인의 자격이 없다.

여섯째, 개방을 지향하는 21세기 행정에 역행하는 공직자는 역사의식이 부족한 것이다.

국가의 미래

이상에 열거한 대표적인 예들 중에서 여기서는 특히 정부의 크기를 늘리려는 공직자에 대한 이야기를 하려고 한다.

현대 정부의 세계적 추세는 '작은 정부'다. 이유는 간단하다. 정부가 하면 자원 낭비가 크고 비효율적이어서 민간이 주도하는 것이 효과적이기 때문이다. 물론 정부가 할 일은 따로 있다. 이를테면 기업이 할 수 없는 일(예컨대 우주개발 같은 것)과 미래를 준비하는 일 등이 그것이다.

물론 나라를 지키는 일, 경제를 일으키는 일, 문화를 계승하고 창달하는 일 등은 정부가 맡아 해야 할 일이다. 그러나 많은 부분에서 정부가 참견을 할수록 오히려 국민이 불편해지고 예산만 낭비되는 일이 있다면, 왜 정부가 이러한 일을 맡아야 하는가에 대한 의문을 가져봐야 할 것이다.

바람직한 정부는
어떤 정부인가?

'사설 정부'라는 말을 들어보았는가?

미국 노스캐롤라이나주의 그린스보로우시에서는 시민들이 담배 밭에 대해 보상받은 돈으로 시의 교통체계를 바꾸는 프로젝트를 진행하고 있다. 또한 직업야구팀을 유치하기 위해 스타디움도 짓고 있다. 물론 시 정부와 협의하기는 하지만 시 운영을 민간이 주도하고 있다. 이를 일컬어 '사설 정부private government' 라고 한다.

그린스보로우 시정부는 이렇게 민간인과 역할을 분담하고 있다. 시 정부는 공공이라는 이름으로 법, 제도, 정책을 독점하지 않는다. 〈포린 폴리시Foreign Policy〉 2005년 8월호는 향후 35년 내에 정당(특히 공산당), 소아마비, 공적 영역 등이 없어질 것이라고 예견한다. 정부가 아예 없어진다고 단정하기는 어렵지만 정부의 역할이 축소되는 징후가 여러 곳에서 나타나고 있다.

공공정책은 이미 정부의 독점물이 아니다. 민간경제연구소가 경제정책을 제시하는 일이 다반사가 되었고, 시민단체도 정책대안을 제시하곤 한다. 이를 '시민정책시대' 의 도래라고 말한다.

우리 정부는 어떠한가? 2002~2003년 인수위 시절 공무원들을 적대시하던 노무현 정부는 시간이 갈수록 공무원들에게 관대해졌다. 공무원의 수를 늘리고 기구를 늘리고 자리를 상향조정 했다. 2002년 이후 2006년까지 4년간 공무원 수는 4만 8,000명이 늘었다. 장 · 차관 정무직은 28% 늘었다.

정부가 2006년에 발표한 GDP 대비 공적 지출은 28%가 아니라 34%를 넘는다. 대통령 자문위원회의 위원장은 기사가 딸린 자동차를 예사롭게 타고 다닌다. 1990년대 초반 서울대학교 학장들의 차를 없애기 시작한 것과는 대조적인 것이며, 더욱이 역대 정부의 대통령 자문위원회의 위원장으로서는 상상도 못했던 일이다.

2003년 이후 지난 3년간 정부가 예산의 32%에 해당되는 52조 원을 낭비했다는 보고가 있다. 2002~2006년 사이에 늘어난 나라 빚 150조 원은 정부수립 이후 54년간 떠안은 134조 원의 부채 규모를 능가한다.

행정학자들은 이구동성으로 정부 규모를 줄여야 한다고 말한다. 김관보는 교육, 노동, 문화관광의 일부 기능을 합쳐 미래부를 신설해야 한다고 주장하고 있다. 1993년 저자가 주장했던 미래부는 약간 성격이 다른 것이긴 하지만 비슷한 견해로 볼 수 있다.

김 교수의 주장은 헌법 88조 2항에 어긋난 것이긴 하지만 1원 10부처를 주장한다. 헌법에는 국무위원 수를 15인 이상 30인 이내라고 규정하고 있기 때문이다. 한편 이창원은 국정홍보처와 여성가족부를 없애자고 주장한다. 김대중 정부 초기에 공보처를 없앤 적이 있었다.

정부부처 수만 문제가 되는 것이 아니다. 부처 자체는 얼마든지 슬림화할 수 있다. 민간에서 해도 되거나 중복되는 기능을 줄이면 되기 때문이다. 문화관광부의 예를 들면, 관광과 체육기능은 굳이 정부가 담당하지 않아도 된다. 정책홍보관리실의 인사, 재정, 법무 기능 등은 존치되어야 하지만 정책총괄기능을 더하면 문화정책, 예술·문화사업, 문화미디어, 관광, 체육 등 각국의 정책팀을 따로 둘 이유가 없어진다. 각국들이 실체적인 집행업무를 하면서 정책의 총괄과 조정을 정책홍보관리실에서 한다면 더 효과적이고 불필요한 중복을 많이 줄일 수 있다.

여기에 대외협력업무를 보태면 문화정책국의 국제문화협력팀 등도 없앨 수 있다. 정보통신부 하나만 더 예를 들어 보자. SW진흥단은 소프트웨어에 관한 한 시장이 훨씬 앞서기 때문에 정부가 직접 관리하기보다는 연구소로 이관하는 것이 현명하다. 대신 미래수요에 맞게 과학기술부에 우주청 같은 기구를 신설해야 할 것이다.

인구 2억 9,500만의 미국 연방정부는 15개 성에 불과하다. 인구 1억 2,700만의 일본의 정부부처는 12개 성이다. 우리는 헌법을 고치지 않는 범위 내에서 15개 부처로 줄일 수 있다.

빌 게이츠는 하버드대 졸업식에서 '창조적 자본주의creative capitalism' 를 역설하며 시장과 정부의 힘을 가난과 질병으로 고생하는 사람을 위해 쓰자고 했다. 자본에 대한 이미지를 바꾸자는 뜻이 담겨 있는 것이다. 우리 정부도 역할과 이미지를 바꾸어 꼭 필요한 일만 하는 '창조적 정부creative government' 로 가야 하지 않을까? 사설 정부에 밀리기 전에 새로운 정부는 반드시 달라질 것이라고 믿는다.

정부에 대해 갖는 기본 인식

노무현 정부는 5년동안 정부혁신에 주력했다. 어떻게 해서든지 나라를 고쳐 세계 선진 국가와 같은 반열에 올려놓으려고 노력했다. 그러나 이러한 정부의 정책은 실패에 실패를 거듭하고 있다(부동산, 교육, 통일 등). 정부 운영은 예산을 낭비하고 빚을 늘릴 대로 늘리는 등 방만하기 이를 데 없다. 그러고도 정부의 역할은 더 크게 지속되어야 한다고 말하고 있다.

한마디로 노무현 정부는 정부에 관한 기본 인식에서 큰 오류를 범하고 있다. 정부는 아직 작으니 더 커도 된다거나, 공무원 수, 기관, 직제 등을 늘려도 되고, 예산을 더 늘려 써도 되며, 나라 빚이 더 늘어도 상관없다는 입장이다. 그러나 이럴수록 한국에 대한 세계의 평가는 점점 뒷걸음 치고 있다. 우리나라와 정부에 대한 평가를 보자.

포린 폴리시의 '세계화 지수*' 순위는 62개국 중 29위고 국제경영개발원IMD의 '국가 경쟁력' 순위는 61개국 중 38위다. '정부행정효율'은 31위에서 47위, 세계경제포럼WEF의 국가경쟁력 순위는 125개국 중 24위다. 그리고 세계은행World Bank의 '정부 효과성'은 81.8에서 78.9, '규제의 질'은 75.5에서 71.8로 떨어졌다. 이런 결과를 보면 정부혁신을 진행한 나라라고 볼 수 없다.

정부에 대한 인식은 각각의 입장에 따라 큰 차이가 있다. 학자가 보는 인식이 다르고 정부가 생각하는 입장이 다르다. 그러나 이제야말로 미래 정부가 어떤 모습이어야 할지 생각해 볼 때가 되지 않았을까? 바람직한 정부의 모습에 대한 발전적인 생각을 해야 한다.

미래의 정부는 새로운 패러다임에 근거해야 한다. 여기서 새로운 패러다임이란 양자 패러다임을 말한다. 동시에 창조사회에서 코그노, 디지그노, 융합 등 새로운 시각으로 정부를 해석할 수 있어야 한다. 나아가 복잡계 과학의 시대에 맞는 정부여야 할 것이다. 이러한 패러다임의 변화에 부응해 우리정부

국가의 미래

의 역할이 재조명되면서 정부 각 부처를 정리해야 할 필요성
이 높아졌다.

먼저 없어져야 할 부처로 행정자치부(조직 등 기능의 일부는
중앙인사위원회로, 자치업무는 대부분 지방자치단체로 이관), 여성
가족부, 국정홍보처 등을 들 수 있고 통폐합해야 할 부처로는
외교통일부, 교육과학부, 산업부(정보, 기술, 산업), 복지부(보
건, 복지, 여성, 가족, 노동), 자원부(농림수산해양부) 등을 들 수
있다.

존속해야 할 부처로는 재정경제부, 법무부, 국방부, 문화부
(관광은 관광공사로, 체육은 체육회로), 환경부, 기획예산처, 법제
처, 국가보훈처 등을 들 수 있다. 끝으로 신설부처로 국토안전
부(경찰청, 재난방재청, 교통청), 공공주택부(건설청), 교육과학
부 소속의 우주청 등을 들 수 있다. (〈표 3-26〉 참조)

모두 15부처로 헌법 88조 2항에 어긋나지 않는다. 이들 이
외에 몇 개의 독립규제위원회(공정거래위원회 등)와 행정위원
회(중앙인사위원회)가 존속해야 한다. 폐지되어야 할 대표적인
청으로는 조달청을 들 수 있다.

이때 기관 수의 통폐합은 다른 기관과 공무원 수의 축소를
동반해야 한다. 남발되는 대통령 자문위원회도 줄여야 한다.

그러나 무엇보다 중요한 것은 미래의 성숙한 한국사회에
걸맞은 미래 정부의 진정한 모습이 탄생돼야 한다는 점이다.
미래 정부는 국민이 믿고 존중하는 정부, 국민을 편안하게 하

는 정부, 국내외로 떳떳하고 반듯한 정부여야 할 것이다.

이를 위해 다음과 같은 몇 가지 원칙을 지키기 바란다. 미래설계를 멋대로 재단하지 말라는 것, 정부를 작고 효율적으로 운영하라는 것, 우물 안 개구리처럼 공공자료를 멋대로 유리하게 조작하지 말라는 것, 홍보 위주로 실재와 다른 이미지 조작에 급급하지 말라는 것 그리고 국제적 감각으로 국제 기준에 맞게 국가운영의 틀을 바꾸어 가라는 것 등이다.

정부가 착각하고 있는 '정부 패러다임'

정부의 책임을 맡고 있는 사람들이 정부를 인식함에 있어 근본적으로 착각하는 것이 있다. 정부의 시대착오적 모순들을 요약하면 다음과 같다.

(1) 과학기술이 변하고 발전하여 사회 각 부문이 바뀌고 있으며, 정부라고 예외일 수는 없다. 한마디로 단순계 과학시대의 정부에서 복잡계 과학시대의 정부로 변해야 마땅하다. 그러나 노무현 정부는 시대의 변화흐름을 외면하고 패러다임의 전환을 읽지 못한 채 정부의 규모를 늘렸고 역할을 강화 일변도로 바꾸어 놓았다.

포디즘* 이후 더는 규모에 의미가 없다는 것을 정부의 입장에서 유리하게 해석해 규모는 상관하지 않아도 된다며 규모를 늘리는 일을 다반사로 했다.[6] 하지만 현재 세계 어느 나라 정부가 비대해져가고 있단 말인가?

(2) 양적 비대만이 아니라 역할을 강화한 예로 홍보정책을 들 수 있다. 그러나 이러한 정책이 정부를 언론사처럼 만들어버리고 말았다. 언론사는 비판이 곧 생명이지만, 정부의 생명이자 존재 이유는 국민을 편하게 해주는 것이다. 정부는 언론사인 양 사회의 구성요소들을 질타하라고 있는 것이 아니다.

(3) 공부를 잘하는 학생이 존중받는 것은 학교라는 사회에서 모범이 되는 가치(성적, 실력 등)를 지니기 때문이다. 그러나 그 학생이 성적만 좋을 뿐 다른 행동(봉사활동, 희생정신)에서 비도덕적이라면 존중도 존경도 받지 못한다. 더욱이 그 학생이 "나는 공부를 잘해"라고 떠들거나 으스대고 다닌다면 누가 우러러보기는커녕 더 꼴불견이 되고 만다.

정부도 마찬가지다. 일 잘하는 정부는 가만히 있어도 국민에게 인정받는다. 그럴 듯한 홍보로 인정받는 것이 아니다. "아, 그 부처, 그 정책, 매우 시의 적절하고 환영받을 일이야"라고 탄성을 자아내게 할 정도로 정부는 일만 잘하면 된다. 홍보가 실제의 이미지를 뒤바꾸어 국민이 가경假景에 현혹되면 국민만 손해를 본다. 요즘 정부부처나 대통령 자문위원회는 실경과 가경을 구분하지 못하고 있다.

'이미지는 깊은 사실성의 반영이다.

이미지는 깊은 사실성을 감추고 변질시킨다.

이미지는 깊은 사실성의 부재를 감춘다.

이미지는 그것이 무엇이건 간에 어떠한 사실성과도 무관

205

하다.

이미지는 자기 자신의 순수한 시뮬라크르*이다.' [7]

실재와 이미지는 어떤 관계를 맺고 있는 것일까? 정부혁신의 실재가 있다고 치고 이를 홍보해 여러 사람에게 알리려고 노력한다면, 그 과정에서 정부혁신의 실재는 어떤 이미지로 변할까? 그리고 그 이미지는 국민들에게 어떻게 받아들여질까? 긍정적일까, 부정적일까? 문제는 기호들이 실재보다 더 실재적일 수 있고 또는 덜 실재적이어서 허상이 될 수 있다는 것이다.

우리는 형이상학을 규명하기 위해 노력하다가 그것이 힘에 부치니까 표면에 나타나는 것만 측정하고 설명하면 된다고 안이하게 생각해버린 적이 있었다. 그러나 이제는 메타피직스metaphysics, 형이상학만이 아니라 파라피직스paraphysics, 형이상상학에도 관심을 기울이지 않으면 안 된다. 시뮬라시옹*은 형이상상학*으로서 실체와 주체는 와해되고 무기력해진 상태에서 허무감이 중심에 들어선 것을 받아들여야 할지도 모르게 된 것이다.

만일 실재가 사라졌다면 소크라테스의 이성, 플라톤의 이데아, 데카르트의 사유주체의 논리, 헤겔의 절대인식 등 서양철학의 근원에 잠재한 이원적 대립구조를 무너뜨려온 탈근대사유들의 연장선상에 있다고 할 것이다. 그러나 문제는 과연 실재가 사라졌느냐 하는 것이다. 정부의 혁신이 그대로 있느냐, 아니면 사라졌느냐다. [8]

국가의 미래

이념적으로는 지배계급을 바꾸어 놓겠다며 포스트모더니즘을 추구하는 듯한 노무현 정부가 정부혁신의 실재가 사라진 것을 모르고 홍보를 강화한다. 정책홍보담당관 자리를 늘렸다. 국민은 과연 이들의 홍보로 정부혁신의 실재를 제대로 이해했을까? 아니면 왜곡된 이미지로 정부에 대한 신뢰를 쌓았을지도 모르지만 그 진실은 알 길이 없다. 아니면 오히려 그 홍보의 노력에도 불구하고 대통령의 실언으로 공든 탑이 무너져 내렸을지도 모른다.

역대 정권마다 '쇄신', '개혁', '혁신'을 강조했지만 예산과 시간만 낭비하고 제 자리로 돌아오기를 수없이 반복했다. '주체'를 스스로 와해해 버리고도 그것도 모르는 채 주체, 가경假景을 세우려고 안간힘을 다하고 있다.

노무현 정부 최대의 약점이자 모순은 '이미지(혁신정부)'만 강조하다 실재와 주체는 사라지고 무기력과 허무감만 남았지만, 그런 사실조차 모르고 있다는 점이다. 그러니까 정부는 마지 더 커져서야 하며, 공무원 수는 늘리고, 빚시번서노 분배에 치중해야 한다는 형이상상학에 빠져있다.

이들의 원죄는 사물과 이에 대한 올바른 인식조차 없이 국민을 책임지겠다고 착각한 데 있는 것이 아닐까?

러셀의 역설치고는 해도 너무 한다는 것을 정부 스스로 모르고 있다. 이러한 면에서 보면 노무현 정부가 진정한 정부인지 의문이 갈 때가 한두 번이 아니다("조용히 해", "낙서하지마", "지배계급을 바꾸기 위해 수도 서울을 이전을" 같은 언술은 이미 자신이 스스로 규칙을 깨고 있다는 사실을 망각한 것으로 자기모순의 극치를 이루고 있다).

정부가 공공부문의 지출이 적다고 강변하고 있는 것은 '규모의 환상'에 젖어 있는 것과 같다. 정부는 말을 할 때마다 정부의 규모나 공무원의 수(GDP 대비 공공지출)가 OECD 기준 28.0% 수준에 머물고 있다고 말한다. 그리고 이를 비판하는 사람들을 "국가질서 무너뜨리기를 위조지폐범에 방불해 이에 준하는 엄벌을…" 어쩌고 하는 언사를 함부로 쓰면서 매도한 적이 있다(2006. 4).

국가 규모를 마음대로 늘리고 줄이며 국민에게 거짓 통계를 남발하는 당사자들이야말로 위폐범보다 더 한 악덕 공무원인데 스스로 반성하는 빛은 추호도 보이지 않는다. 위폐범 운운하던 고위공직자는 그 후 특정인 때문에 국고를 함부로 지원하도록 한 죄로 세간에 큰 물의를 일으켰다.

정부의 규모로 말하면 노무현 정부는 실제로 국민생활의 온갖 단면을 간섭하고 공기업을 비롯한 공공부문의 거의 모든 기능, 특히 인사에 개입해 정부가 공공부문을 장악하고 있는 대단히 '큰 정부'인데도 스스로는 그렇지 않다고 주장한다.

노무현 정부의 인식상 오류는 대개 다음과 같이 정리할 수 있다. 즉, 정부의 규모에 대한 오류, 정부의 본질에 관한 오류, 정부의 능력에 대한 오류, 정부의 정책적 기능에 대한 오류, 정부의 미래 인식에 대한 오류 등이 그것이다. 하나씩 기술하기로 한다.

이 정부는 크지 않다

공공지출의 크기에 관한 논쟁

공공지출의 크기와 공무원의 수에 관한 이야기다. 정부는
2006년 4월, 〈중앙일보〉와 큰 논쟁을 벌였다. OECD에서 보
고한 대로 국민총생산^{GDP} 대비 정부의 공공지출은 28%에 불
과하고 이는 이들 국가 중 평균치에 해당하는 것이라고 했다.
〈표 3-1〉은 OECD 통계치다.

〈중앙일보〉는 자문교수단과 더불어 수많은 공사와 공단

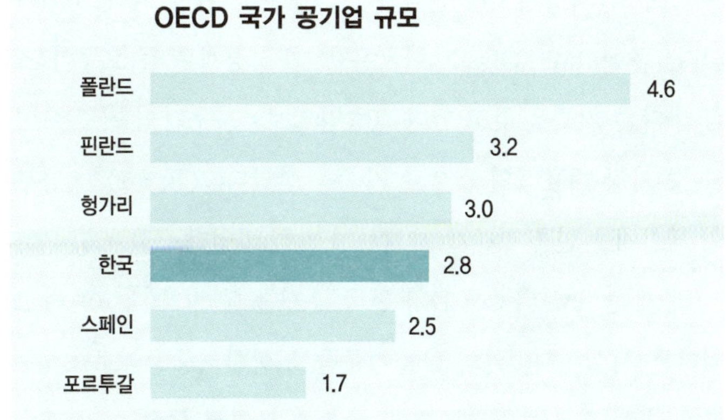

〈표 3-1〉 OECD 통계치 (단위: 지수)

※ 숫자가 높을수록 규모가 큰 것. 모든 국민이 벌어들인 국내총생산(GDP)에 비해 민영화가 얼
마나 됐는지, 국가 경제 중 공기업이 차지하는 비중은 얼마인지, 공기업의 진출 영역은 어디
인지 등을 종합적으로 고려해 규모를 산출하고 지수화한 것.

출처: 〈중앙일보〉, 2007. 4. 5.

중 적어도 67개는 공공기관으로서 정부에 포함되어야 한다고
주장했다. 그렇게 되면 정부의 공공지출은 28%가 아닌 34%에
이른다. 이를 비판하는 언론과 일군의 학자(자문교수단 : 논자를
포함한 '정연들 - 정부를 연구하는 사람들')를 지칭해 국가 기본
질서를 문란시켜 "위조지폐범에 준하는 (처벌)…" 이라는 언사
를 한 바 있다.

그러나 〈중앙일보〉가 발표한 자료는 정부의 공공지출에
대한 기본계산상 오류를 지적하면서 몇 개 공기업을 공공기
관에 포함시켜야 한다는 논지를 폈다. 이를테면 한국방송공
사 같은 기관이 어떻게 공공지출에 포함되지 않느냐는 주장
이다.[9]

정부의 재정지출을 산출하는 기준은 기관에 따라 차이가
있다. 유엔, IMF, OECD, 한국은행, 재정경제부 등 모두가 조
금씩 다른 기준을 갖고 있다. 〈중앙일보〉 자문단의 기준은 이
들 중 가장 대표적인 것으로 기준을 삼았다. 〈표 3-2〉는 정부
의 재정지출 산출 기준을 자세하게 밝히고 있다.

문제는 'IMF나 OECD가 한국 통계를 불신(2004. 10)' 하고
있다는 사실이다. 위의 산출기준을 포함한 〈중앙일보〉의 주
장에 대해 정부는 "통계 불신, 국가 기본질서 훼손" 이라고 응
답한다. 이에 대해 재정전략실장(이창호)이 정부 홈페이지에
글을 올려 '〈중앙일보〉는 억지 논리를 접고 건전 언론으로 거
듭나라' 등의 감정적 표현으로 비방을 계속했다. 보도 취지를
흐리는 악의적 해석도 이어졌다.

〈표 3-2〉 정부재정(일반정부) 산출기준 비교

유엔	국민소득계정(SNA, 1993) ➡	중앙정부	+	지방정부	+	비영리 공공기관
IMF	정부재정통계(GFS, 2001) SNA 1993 채택 ➡	중앙정부	+	지방정부	+	산하기관 (정부 성격 공기업 포함)
OECD	원칙적 SNA 1993 채택 ➡	미국·유럽연합 등 회원국 별로 독자적 통계기준 혼용				
한국은행	SNA 1993 방식 ➡	중앙정부	+	지방정부	+	건강보험공단 등 80여개 비영리 공공기관
재정경제부	GFS 1986 ➡	중앙정부				
중앙일보 자문단	GFS 2001 ➡	중앙정부	+	지방정부	+	315개 산하기관(61개 공사·공단 포함)

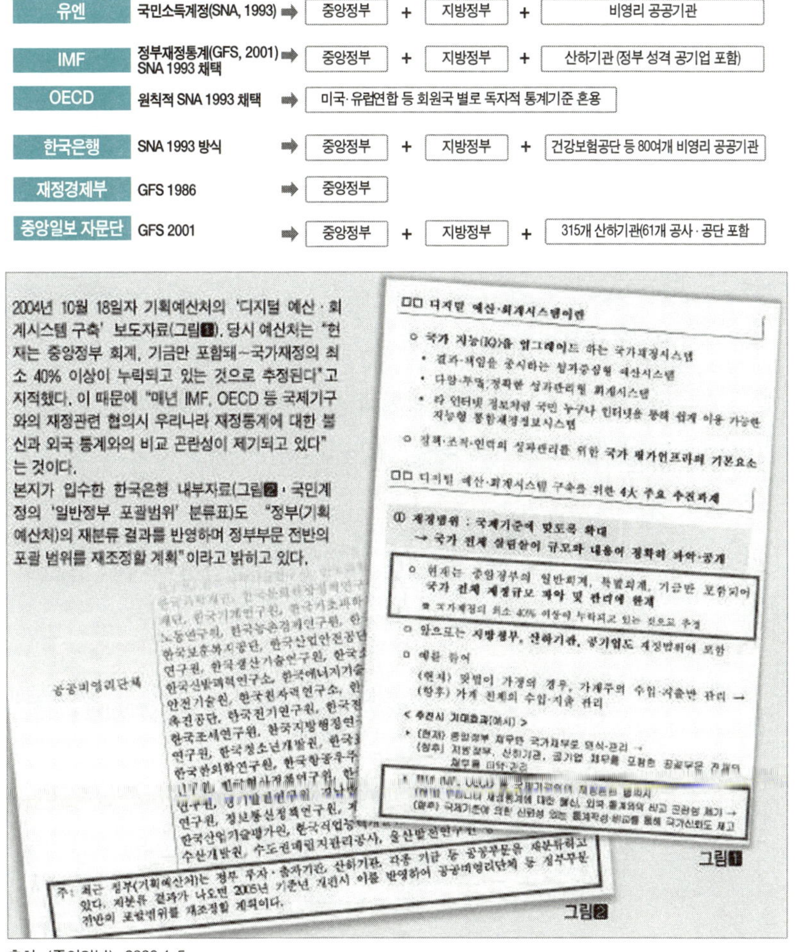

출처: 〈중앙일보〉, 2006. 4. 5.

산출기준을 다시 밝히면, 먼저 IMF '일반정부' 산정 기준과 OECD 기준은 거의 차이가 없다. 국제통화기금(IMF)의 2004 연감에 GFS(재정통계기준, 2001년)는 국제 비교를 위해 1993년 유엔의 국민계정체계[SNA]에 따라 '일반정부'의 재정

자료를 낼 것을 강조한다고 돼 있다. 이에 따라 자문단은 IMF 방식대로 우리의 일반정부 규모만을 산출한 것이다.

일반정부란 유엔의 SNA 방식에 따른 '중앙정부 + 지방정부 + 산하기관'을 뜻한다. IMF는 일반정부에 공기업을 더해 공공 부문을 정의하고 있다. 그러나 〈중앙일보〉 취재팀과 자문단이 제시한 건 공공부문 전체가 아니라 일반정부에 국한한 것이었다. 경제협력개발기구OECD도 유엔 방식을 따르고 있다. OECD나 IMF나 일반정부를 산출할 때는 거의 같은 기준을 갖고 있다. 따라서 기획예산처 장관이 "(관련 기사에) 서로 다른 기준(IMF와 OECD)을 적용했다"며 '기준 조작'을 주장한 것은 사실과 다르다고 볼 수 있다.

"IMF 기준대로 하는 나라는 없다"고 말한 것도 사실과는 다르다. IMF가 정한 GFS 2001의 구체적 내용을 살펴보면, GFS는 기관 명의로 자산을 소유하며, 기관 자체가 부채를 부담하고, 정부 통제 가능성이 있으며, 공공성이 강하고, 시장성이 작으면 일반정부에 포함한다.

이 기준을 〈중앙일보〉 자문단과 취재팀은 우리 실정에 맞게 적용해 일반정부로 볼 수 있는 기관을 선정했다. 정부의 기관장 임명권, 파산 시 정부책임 여부, 공공성, 자산 70억 원 이상, 지출 100억 원 이상 등이 선정 기준이다.

또한 주요 선진국은 이미 GFS 2001에 맞추고 있다. 미국, 영국, 캐나다 등은 GFS 2001에 따라 정부 통제 가능성, 중요성, 시장성 등의 기준으로 일반정부에 포함할 기관을 분류하고 있다. 이는 기획예산처 산하 디지털 예산회계 기획단 자료에 적시돼 있다. 예컨대 영국의 기준은 정부 통제 가능성, 시장성, 중요성(고정자산이 순장부가격으로 1억 유로 이상 등)이다.

선진국도 공공지출을 산출할 때 공기업을 포함하는 사례가 있다. 선진국의 사례를 따를 경우 2007년 현재 우리나라의 공기업 중에 일반정부에 포함돼야 할 것들이 있다. 이런 공기업만을 가려내 일반정부 부문으로 재분류한 것이다.

기획예산처 장관은 "어느 나라도 공기업을 정부 재정활동에 포함하지 않는다"고 말한 바 있다. 외국에서 우리가 '공기업'으로 보는 기관이 일반정부로 분류된 구체적 사례는 다음과 같다. 영국에서는 BBC, 왕립병원, 크로스레, 캐나다의 예금보험공사, 국립아트센터공사, 방송공사(CBC)가 있고 호주에서는 조폐공사, 국영방송(ABC), 주택공사 등이 일반정부로 분류된다.

참고로 어떤 공기업을 국가공무원에 준하느냐에 대한 사항이 특정범죄가중처벌법 시행령에 나와 있다. 여기에 열거된 공기업의 직원은 공무원에 준해 가중처벌을 받게 되어 있으니 역으로 말하면 국가부분의 범역에 들어간다는 뜻이다. 여기에 열거된 기관을 기준으로 공공범역에 관한 것을 별도로 계산해 낼수 있다.

이상 논의의 초점은 우리 정부가 공공부문을 어떻게 관리하고 있느냐를 밝히고자 하는 데 있다. 그러나 기획예산처가 이

점을 무시하고 있다. 현행 기준대로 하면 일반정부에 들어가야 할 기관이 많이 빠진다는 것이다. 기획예산처는 2004년 10월 18일 '매년 IMF, OECD 등과의 재정 관련 협의를 할 때 우리나라 재정 통계에 대한 불신, 외국 통계와의 비교 곤란성 제기, 향후 국제기준에 의한 신뢰성 있는 통계작성 비교를 통해 국가신뢰도 제고' 라는 내용의 보도자료까지 내놓은 바 있다.

한편 이 보도로 〈중앙일보〉의 강민석, 김은하, 강승민 등 세 명의 기자는 2006년 10월 한국기자협회와 한국언론재단이 수여하는 이달의 기자상을 받았다.

공무원 수에 관한 논쟁

정부는 아직도 이 나라 공무원 수가 적다고 말한다. OECD 기준으로 인구 1,000명당 24.1명으로 30~40명에 달하는 선진국에 크게 미치지 못한다는 것을 근거로 들고 있다. 그러나 이것조차도 공공부문의 범역을 어떻게 잡느냐에 따라 크게 달라진다. 다시 말해 다른 선진국이 정의한 범역을 기준으로 산출한 공무원 수와 우리의 기준이 크게 다르기 때문이다.

정부(중앙정부와 지방정부)에서 일하는 공무원의 수는 〈표 3-3〉과 같다. 2006년 국가 공무원 총수는 93만 158명이다. 지방공무원은 34만 5,989명이다. 국가공무원의 경우 2003년부터 특히 증가해 90만 명대로 올라섰다. 파킨슨의 법칙을 철저히 따르고 있는 것이다. 파킨슨의 법칙이란 일감은 줄어드는데 공무원 수는 매년 증가하는 것을 이른다.[10] 2007년 9월 공무원 수가 98만 명을 넘었다.

노무현 정부는 세계적 추세인 '일 잘하는 작은 정부'를 철저히 외면했다. 차기 정부는 무엇보다 정부 늘리기에 앞장서는 행자부와 담당 직원을 냉엄하게 평가하고 심판해 퇴출시키고, 정부 규모를 상당 수준으로 줄이는 일부터 해야할 것이다.

〈표 3-3〉 행정부 공무원 연도별 정원 통계 (단위: 명)

| 구분 | 계 | 국 가 공 무 원 | | | | | | | |
연도		소계	정무직	별정직	계약직	특정직	일반직	기능직	고용직
1999	857,616	547,563	93	2,430	38	385,139	90,454	67,666	1,743
2000	851,684	545,690	98	2,360	50	387,567	90,456	63,610	1,549
2001	850,032	548,003	103	2,347	61	389,936	90,610	63,556	1,390
2002	871,066	562,373	106	2,361	61	403,014	92,399	63,759	673
2003	896,579	579,448	115	2,358	58	417,358	93,870	65,600	89
2004	916,265	589,148	119	2,364	58	424,518	95,868	66,221	
2005	910,452	571,982	131	2,346	58	433,094	92,118	44,235	
2006	936,158	590,169	136	2,026	80	445,288	98,254	44,362	

| 구분 | 지 방 공 무 원 | | | | | | |
연도	소계	정무직	별정직	계약직	특정직	일반직	기능직	고용직
1999	310,053	1	6,242	32	23,643	190,513	86,710	2,912
2000	305,994	1	5,583	-	24,219	190,082	83,580	2,529
2001	302,029	1	5,187	-	25,228	188,649	80,714	2,250
2002	308,693	1	4,355	-	26,299	194,125	81,663	2,250
2003	317,131	1	4,302	-	27,616	200,940	82,032	2,240
2004	327,117	1	4,285	-	28,640	210,127	83,910	154
2005	338,470	1	4,207	-	30,165	220,108	83,723	-
2006	345,989	4	4,308	1	31,320	226,469	83,625	-

출처: 행정자치부 정부조직관리정보시스템

정부가 강한 시대는 지났다. 국가가 아닌 정부는 더 이상 강할 수 없다. 시장과 더불어 민간부문이 함께 강한 국가를 건설해야 할 것이다.

노무현 정부는 국가공무원 총정원령에 정한 정원의 최고한도를 무시하고 민생과 복지에 관련된 공무원의 숫자는 늘려도 괜찮다는 논리를 근거로 지금까지 6만 1,000명의 공무원을 늘렸다. 국무회의는 2007년 8월 초까지 7주 내내 기구와 공무원 수를 늘리는 데 몰두했다. 민생복지와 관련 없는 외교부는 재외공관을 10개나 늘리고 3개의 국을 신설했으며 197명의 외무공무원을 늘렸다. 국세청은 1,998명을 늘렸다.

그러나 이렇게 기구와 공무원이 늘어나면 돈이 든다. 2006년 한 해만 조직과 인력을 확충하는데 217억 원을 끌어다 썼다. 19개 부처는 470억 원의 인건비 부족 사태를 빚었다. 정부는 매년 이런 식으로 2,255억 원을 썼다. 인건비가 15.2조 원(2002년)에서 20.4조 원(2006년)으로 증가했다. KDI가 7급 공무원에게 드는 생애예산을 계산했더니 자그마치 21억 원이나 되었다.

이뿐만이 아니다. 소방방제청, 방위사업청, 대통령 자문위원회 등 기구가 늘어난 것은 물론이고, 장·차관 정무직도 28%나 늘었다. 2002년에 106명이었던 정무직은 135명이 되었다. 업무추진비 등을 포함해 장관 한 사람이 한 해 쓰는 예산이 어림 잡아 6~7억 원 정도다. 물론 부처의 크기에 따라 다르지만 거기에 따르는 비서, 기사 등 직원이 있으니 여기에 보통 1.5배를 곱해 총비용을 계산한다. 만약에 7억 원이라고 해도 29명이면 200억 원의 예산이 더 늘어났다는 이야기다.

돈이 넉넉해 사람을 늘리고 올리고 한 것이 아니다. 노무현 정부가 지난 4년 동안 진 국가채무는 150조 원이다. 이는 정부 수립 후 54년 동안의 국가채무 134조 원을 능가하는 수치다. 다른 나라를 보면 GDP 대비 국가채무비율이 영국은 3.7%, 이 탈리아 13.7%, 캐나다가 좀 높아 31.4%인데 우리나라는 33.4%다.

그래도 일을 잘했다면 모르겠으나, 정부에 대한 국민의 지지와 성원(국정운영지지도)은 국내조사에서 따르면 30%도 못 되는 형편이다. 세계기구의 평가는 더욱 냉혹하다. 세계은행이나 IMD 등은 국가경쟁력 순위를 각각 29위와 38위로 매겼다. 정부효율성 부문은 세계은행 발표 기준 1.01에서 1.05로 약간 높아졌을 뿐이다.

그러나 미국 여론조사 전문기관인 퓨^{Pew}의 발표에 따르면 한국이 '정부가 국가에 좋은 영향을 준다' 라는 항목에 대해 긍정적인 반응을 보인 비율이 2006년 41%에서 32%로 줄었다. 일본의 경우 22%에서 50%로 늘었다. 같은 기관의 조사에서 우리나라 국민이 느끼는 정부의 경제 만족도는 9%로 팔레스타인, 레바논, 불가리아, 우크라이나와 비슷한 수준에 불과하다.

같은 시기에 외국 정부는 어떻게 하고 있을까? 영국의 경우고든 브라운 총리가 정부에서 갖고 있는 권한을 의회와 국민에게 넘겨 영국의 민주주의 발전에 기여하고자 한다고 천명했다. 주요 공직자 임명권, 판사 임명권, 공공서비스 감독권 등 12개 분야에 걸쳐 총리와 행정부가 갖고 있는 권한을 축소하겠다는 것이다.

프랑스의 사르코지 대통령은 '작은 복지, 작은 정부'로 사회 체질을 바꿔 놓겠다는 5개년 개혁안을 발표하면서 퇴직공무원의 반을 충원하지 않는 방식으로 공무원 숫자를 감축하겠다고 했다.

그런데 우리는 왜 이러한 상황이 되었으며, 이제 어떻게 해야 할 것인가? 이렇게 정부가 거대해진 이유는 정부를 모르는 정치권력과 일부 기회주의 공직자 때문이다. 공직의 메커

〈표 3-4〉 특수직 공무원 변화 추이

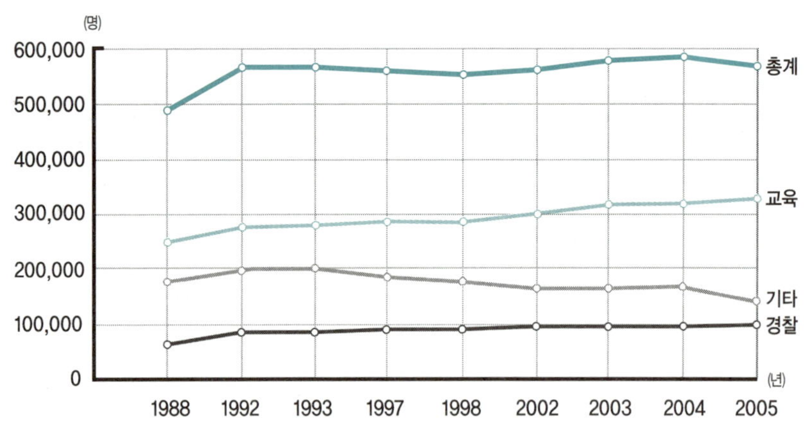

니즘과 원리를 잘 모르고 부처끼리 얽혀있는 맥락을 잘 모르는 정치권력의 지금이다 싶은 원초적 심리가 작용하면서 자리 늘리기, 승진하기, 좋은 자리(보직) 가기에 급급한 공무원들에게 당해내지 못한 결과다. 송영길의 표현대로 '오만, 독선, 아집의 리더십' 도 한몫을 했을 것이다.

차기 정부는 정부 늘리기에만 급급했던 부처와 공직자를 정리하고 총액예산제를 제대로 시행해 각 부처로 하여금 직제(조직)와 인원을 자체에서 조정하는 개혁방안을 마련해야 할 것이다. 〈표 3-4〉는 교육, 경찰 등 특수직 공무원의 연도별 변화를 보여 준다.

정부기구 수(부처 수)에 관한 논쟁 – 미국, 일본과 비교

노무현 정부의 입장은 큰 정부, 작은 정부에 관한 논쟁은 의미가 없고 할 일을 하는 정부면 된다는 논리다. 할 일을 하는 정부를 '좋은 정부' 라고까지 지칭한다.

그러니 지금은 할 일과 할 필요가 없는 일을 구분해서 정부의 역할을 줄여가는 추세다. 하지만 왜 규모의 논쟁을 할 필요가 없는가? 기구와 인력이 늘어 국민의 세금이 포함된 예산이 소요되는데 왜 논쟁의 대상이 될 수 없다는 것인지 알다가도 모를 일이다.

각국의 인구를 고려하면 우리나라 정부기구의 규모가 얼마나 큰 것인가 한 눈에 알 수 있다. 참고로 근 3억 인구로 우리의 6배인 미국의 부성 수는 15개, 1억 2,600만의 인구로 우리의 두

배 반인 일본은 12개에 불과하다. 우리나라는 앞에서 밝힌 대로 실제로 공공부문의 크기가 너무 커 외부에서 보기에는 한국에는 공공부문만 있는 것 같은 착각에 빠질 수도 있다.

정부는 커도 좋다

정말 정부는 커야할까? 노무현 정부가 들어선 후 늘어난 기관수, 승격된 직제 수, 대통령 자문위원회 수와 예산, 공무원 수, 그리고 국가채무 등 여러 통계 자료를 보면 기가 막힌다. 정부가 이토록 비대해져도 되는가, 그리고 과연 늘어난 몸집만큼 성과를 올리고 국민을 편안하게 해주었나 의문이 든다.

여기서 모든 자료를 다 살펴보지는 않겠지만 국가 빚이 늘어난 것만은 밝혀야겠다. 국민의 인권, 특히 경제적 인권은 한없이 무시되고 있는 상황에서 모두 국민의 부담으로 돌아올 국채만 늘어가니 무슨 영문인지 모르겠다.

이렇게 빚을 지는 정부인데도 정부규모는 계속 늘리고만 있다. 노무현 정부 들어 나라 빚이 엄청나게 불어났다. 임기 3년간 늘어난 빚이 과거의 배에 육박한다.

〈표 3-5〉를 보면 2002년에 133.6조이던 국가부채가 2005년에 248조가 된 것을 알 수 있다. 그러고도 노무현 정부는 국가채무가 OECD 기준으로 보아 1/3 수준이라고 한다. 평균이 76.3%인데, 한국은 26.1%, 일본은 156.3%, 미국은 64.0%, 영국은 44.2%, 그리고 독일은 67.9%라는 것이다.

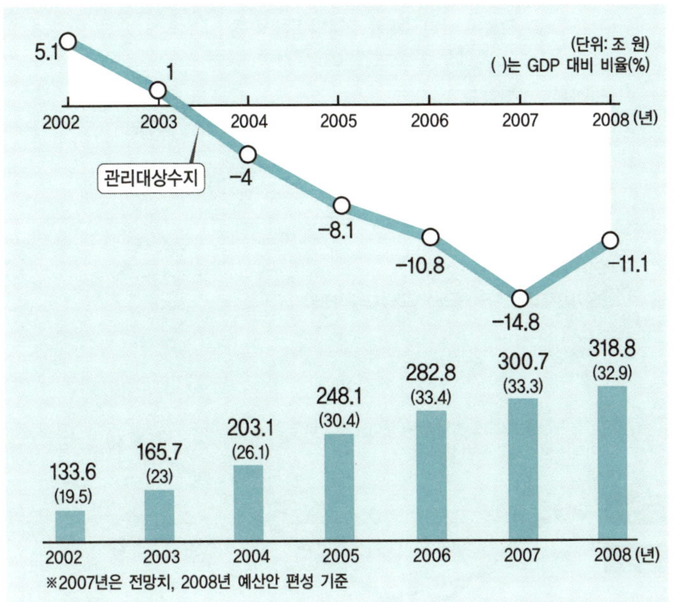

출처: 재정경제부

국가의 빚이 급격히 늘어나 2006년 국가채무액이 250조 원에 육박하며 처음으로 국내총생산^{GDP}의 30% 수준을 넘어섰다. 우리 국민 1인당 부담해야 하는 나랏빚도 처음으로 500만 원대로 불어났다.

재정경제부는 2006년 8월 발표한 '2005회계연도 정부결산'에서 '우리나라 국가채무가 248조 원으로 1년 전보다 44조 9,000억 원(22.1%) 늘었다'고 밝혔다. 이는 2006년 GDP(806조 원)의 30.7%에 달하는 금액이다.

국가채무는 2002년 133조 6,000억 원으로 GDP의 19.5% 수준이었으나, 노무현 정부 출범 이후 3년간 114조 4,000억 원

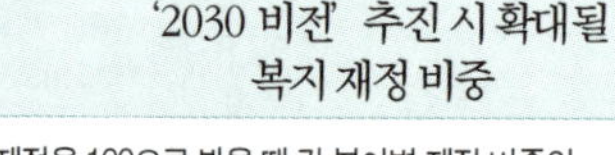

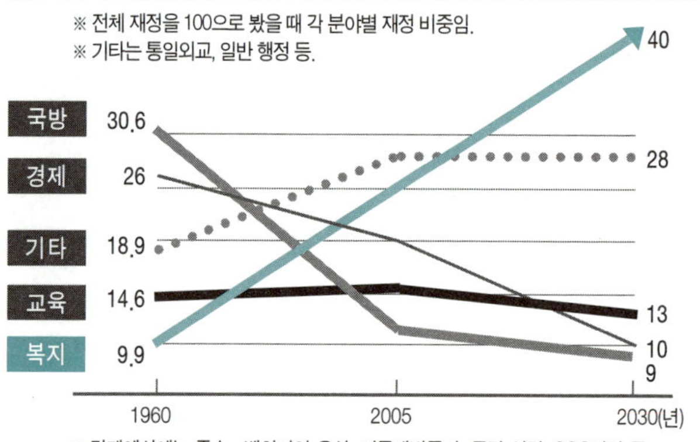

※ 경제예산에는 중소·벤처기업 육성, 연구개발투자, 공단 설립, SOC건설 등 주로 성장과 관련된 예산이 많다.

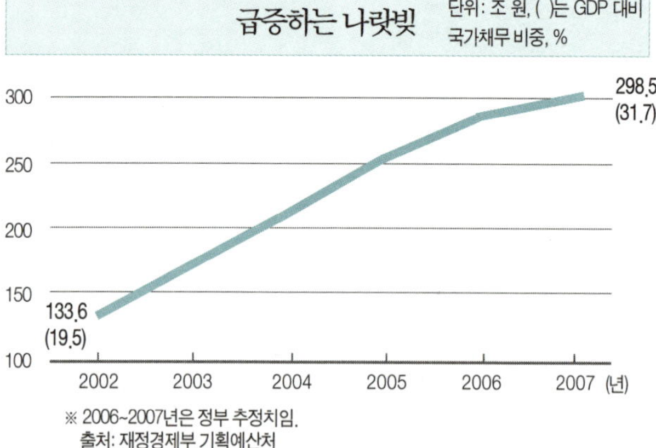

※ 2006~2007년은 정부 추정치임.
　출처: 재정경제부 기획예산처

국가의 미래

(85.6%)이 급증했다. 1인당 국가채무는 2004년 422만 원에서 2005년 513만 원으로 1년 만에 91만 원(21.6%) 증가했다.

2006년 국가채무가 급격히 증가한 이유는 환율 방어를 위해 15조 8,000억 원의 국채를 발행한 데다, 경기침체 등으로 인한 세수^{稅收}부족을 메우기 위해 9조 원대의 빚(적자국채)을 졌기 때문이다. 또 외환위기 이후 투입했던 공적 자금 및 이자 13조 원이 국채로 전환돼 국가채무에 포함됐다.

한편 정부가 2006년 10월에 발표한 '비전 2030[*]'을 보면 앞으로 국가부채는 한없이 늘어나게 되어 있다. 정부는 2006년 국가채무는 국내총생산^{GDP}의 32.3% 수준으로 경제협력개발기구^{OECD} 회원국 평균인 76.4%보다 낮은 편이다라고 주장한다.

한 신문은 정부가 국가채무 논란이 벌어질 때마다 이런 수치를 근거로 한국은 재정 건전성이 매우 높은 국가라며 '앞으로도 30% 안팎을 유지할 것'이라고 주장해왔다고 비판했다.

그러나 정부는 '비전 2030' 계획을 내놓으면서 2030년 국가채무가 GDP의 73.4%에 이를 것으로 전망했다. 이 계획에 따르면 '국가채무를 GDP 대비 30% 수준에서 유지하겠다'는 정부의 기존 방침은 사실상 폐기된 셈이다.

'비전 2030' 추진을 위해선 최대 1,600조 원에 이르는 예산 중 상당 부분을 빚으로 조달해야 하기 때문에 국가채무비율이 높아질 수밖에 없다. 정부는 239조 원 규모의 2007년 예산을 짜면서 국가채무비율을 35% 수준으로 높일 방침인 것으로 알려졌다.

이 부담은 20~40대가 2030년까지 고스란히 떠안게 된다. 지금의 연령층 50대는 '비전 2030'에 따른 재정 투입이 본격화되는 2010년 이후 서서히 현업에서 물러나기 때문에 결국 지금의 청장년층의 부담이 될 수밖에 없다.

국민 1인당 나랏빚은 2002년 말 280만 원에서 2007년 말 577만 원으로 2배 이상 늘어난다. 2008년에는 국가채무가 306조 원 안팎으로 늘어나면서 1인당 부담도 629만 원 규모로 증가할 전망이다. 4인 가구 기준으로 따지면 2002년 말 1,120만 원에서 2008년 말 2,512만 원이 되는 것이다.

나랏빚 증가와 비례해 국민의 세금 부담도 늘어났다. GDP 규모에서 조세총액이 차지하는 조세부담률은 2006년 19.6% 였다. 이는 미국(15.8%), 일본(18.7%)보다 높은 수준이다. 국민 1인당 세금 부담은 2005년 330만 원에서 2006년 356만 원으로 늘어난다. 여기에 국민연금, 건강보험 등 사회보장기여금 109만 원을 합하면 1인당 국민부담액(세금 + 각종 사회부담금)은 465만 원에 이르게 된다.

2007년 11월 〈중앙일보〉는 정부와 국회의원의 자료를 이용해 공무원 수, 인건비, 대통령직속 위원회 예산 등의 증가를 일목요연하게 보여주고 있다.[11]

공무원 수는 1987년 말(제5공화국) 69만 9,195명이던 것이

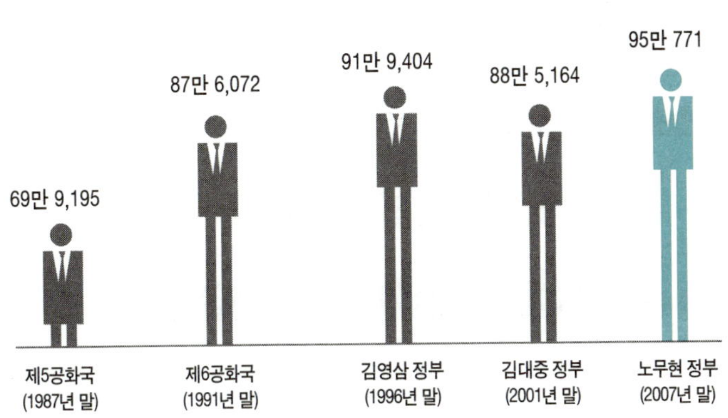

출처: 행정자치부

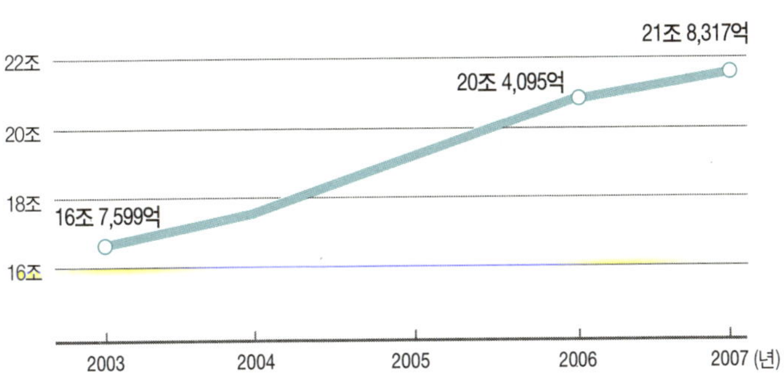

※ 철도공사로 전환된 철도청 인건비와 지방교부금을 통합한 교원 인건비를 제외한 금액.
　출처: 기획예산처

2007년 9월(노무현 정부) 95만 771명이 되었다. 20년 새 26만 명이 늘어난 것이다. 공무원 인건비는 2003년에 16조 7,599원이었던 것이 2007년에는 21조 8,317억 원이 된다. 5년 새 근 5조 원이 늘었다. 이는 철도공사로 전환된 철도청 인건비와 지방교

※ 자문위원회 24개, 행정위원회 7개.
　출처: 〈중앙일보〉, 2007.11.5.

부금을 통합한 교원 인건비를 제외한 금액인데도 이렇게 많다. 대통령 직속 위원회 예산도 4배가 늘었다. 2003년에 605억 원이었던 예산이 2007년에는 2,366억 원이 된다. 자문위원회 24개, 행정위원회 7개의 예산이다.

정부는 우수한 기관이고 경쟁력이 있다

노무현 정부에 대한 세계의 평가, 즉 외부에서 본 한국과 정부는 어떠한지 궁금하다. 자체 내의 여러 평가도 있지만 해외의 평가가 보다 객관적이기 때문이다. 해외 몇 개 기관의 객관적 평가를 보면 한국의 경쟁력은 한마디로 수준 이하다.

경제적 위상은 그렇지 않은데 그 밖의 부문들, 특히 정부부

국가의 미래

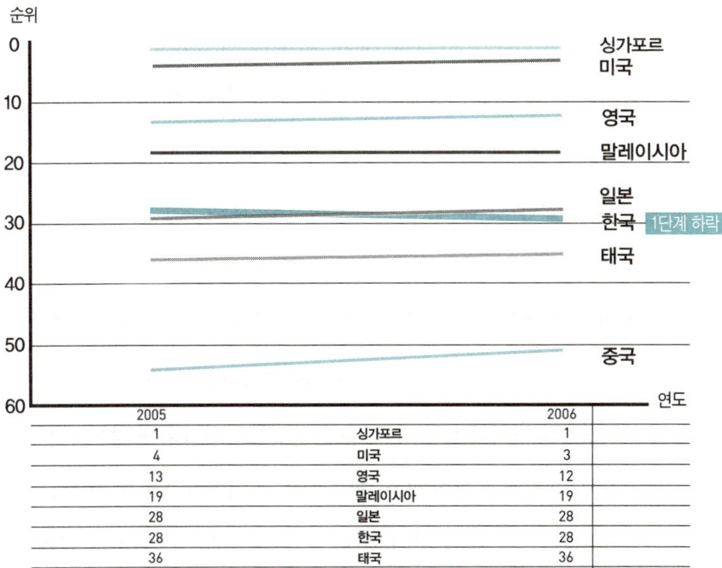

2005		2006
1	싱가포르	1
4	미국	3
13	영국	12
19	말레이시아	19
28	일본	28
28	한국	28
36	태국	36
64	중국	61

출처: 포린 폴리시

문의 경쟁력은 한참 부족하다. 그렇게 혁신에 혁신을 거듭해도 오히려 그 순위는 더 떨어지고 있는 것이다. 정부는 반성하고 혁신전략을 바꾸어야 하지 않을까?

포린 폴리시, 국제경영개발원, 세계경제포럼, 그리고 세계은행 자료를 통해 한국의 경쟁력을 알아보자.

포린 폴리시Foreign Policy 세계화 지수

2006년 한국의 세계화 지수Globalization Index 순위는 29위다.[12] 전체 62개 국가 중에서 중간 순위에 해당된다. 2003년 32위에서 약간 상회했다고 할 수 있다. 우리가 세계 무역국으로

10위를 오르내리는 것에 비하면 세계화의 수준엔 크게 미치지 못했다고 할 수 있다. 이 부분에서 싱가포르는 부동의 1위이고 말레이시아도 우리나라보다 훨씬 우위에 있다. 세계화 지수의 측정 방식은 다음과 같다.

(1) 경제적 통합(무역, 외국자본직접투자[FDI], 포트폴리오 자본 유동성, 투자소득지출과 수입)

(2) 개인접촉[Personal Contact](세계여행과 관광, 국제전화 소통, 해외 송금, 개인, 개인 대 개인 양도, 비정부기관 양도 등)

(3) 기술 연계(국제기구 회원, 유엔 안전보장이사회에 대한 인적, 재정적 기여, 다국적 조약의 비준, 정부 양도성 지출과 수용의 양 등)

이러한 평가 사정은 비단 이런 지수에서뿐만 아니라 세계 은행, IMD, WEF 등 세계기관들이 발표하는 수치에서도 엿볼 수 있다.

IMD 평가

스위스의 국제경영개발원[IMD.International Institute for Management Development]이 2006년 5월에 발표한 세계 국가경쟁력 조사에 따르면 한국의 순위가 조사 대상 61개국 중 가장 많이 하락해 9단계가 내려간 38위였다.[13] 정부와 기업의 효율성이 떨어졌다는 것이 하락 이유다. 중국은 12단계를 뛰어 19위가 되었다.

2006년 순위는 2000년 이후 가장 낮은 것으로 2004년과 2005년 순위는 각각 35, 29위였다. 한국은 1인당 국내총생산

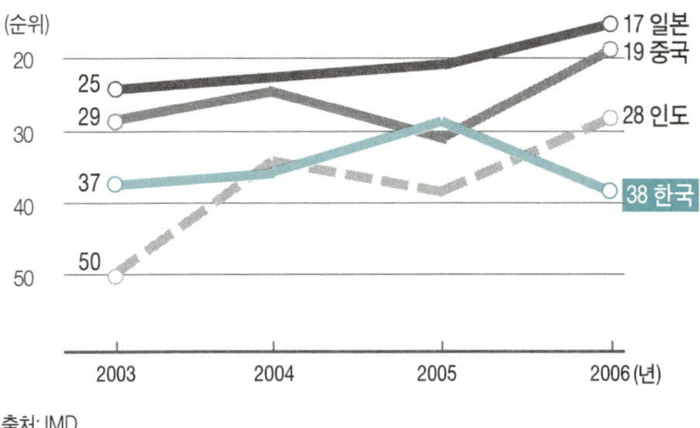

출처: IMD

GDP이 1만 달러 이상인 36개국만 놓고 따진 경쟁력 순위에선 바닥권인 30위에 그쳤다. 이는 지난해에 비해 6단계 하락한 것이다.

한국의 순위가 떨어진 이유는 조사 분야 4개 중 3개의 순위가 하락했기 때문이다. 특히 순위를 큰 폭으로 끌어내린 것은 정부 행정과 기업 경영의 효율성이다.

정부 행정 효율성은 47위(2006년 31위)까지 추락, 하위 20%에 드는 불명예를 기록했다. 그중에서도 기업 관련법, 공공재정 운용 등이 경쟁력을 크게 상실한 것으로 조사됐다. 기업 관련법 분야의 경쟁력 순위는 2006년에 비해 17단계 추락한 51위를 기록, 최하위권에 머물렀다.

기업 경영의 효율성도 15단계 떨어진 45위에 그쳤다. 기업 경영 형태(48위), 노동시장(43위) 등이 낮은 평가를 받았다. 두 부문은 지난해에 비해 각각 22, 17단계나 하락했다. 이에 비해

분 야	2006년 → 2007년
정부 행정 효율성	31 → 47위
기업 경영 효율성	30 → 45위
경제 운영 성과	43 → 41위
발전 인프라	23 → 24위

출처: IMD

〈표 3-13〉 정부 행정 효율성 분야의 약점과 강점 요인

강점 요인	약점 요인
정부보조금 (4 → 4위)	외국 노동자의 취업금지 관련법률 (53 → 59위)
총외환보유고 (4 → 4위)	성 · 인종 등 사회적 차별 (54 → 58위)
소비세율 (5 → 6위)	가격통제가 제품가격결정에 영향을 미치는 정도 (51 → 57위)
실질단기이자율 (25 → 9위)	환율안정성 (2 → 55위)
중앙정부의 국내부채 (15 → 12위) (%, GDP 비중)	보호주의가 사업에 영향을 미치는 정도 (35 → 55위)

출처: 국무조정실 2006. 5. 10.

발전 인프라 분야는 지난해와 비슷한 24위를 차지했으며, 경제 운영 성과 분야는 2단계 오른 41위였다. 〈표 3-13〉은 정부 행정의 효율성 분야에 대한 평가에 관한 것이므로 참고해보길 바란다.

〈표 3-14〉에서는 주요 국가들의 세계경쟁력 순위를 살펴보겠다. 3년 동안 한국은 중국과 인도에 추월당했다. 그리고 신흥 공업국들의 약진이 두드려졌다는 것을 알 수 있다. 특히 중국과 인도의 순위가 크게 올랐다. 중국은 조사 대상 중 가장

큰 상승폭을 기록했다. 인도도 10단계나 순위를 높여 29위로 올라섰다. 아시아에서는 한국, 대만, 태국 등의 순위가 하락한 반면 말레이시아 등은 상승세를 탔다. 일본도 2002년(27위) 이후 꾸준히 순위가 올랐다.

1~3위 국가는 2005년과 마찬가지로 미국, 홍콩, 싱가포르 등으로 조사됐다. 미국은 17년 연속 1위를 지켰다. 한편 베네수엘라는 2005년에 이어 2006년도 최하위(61위)에 머물렀다.

IMD는 한국에 대해 공공재정 관리를 엄격히 하고 경제 상황 변화에 적절한 정책 대응을 해야 한다고 지적했다. 또한 외국인 투자자들에 대한 인센티브 제공도 강화해야 한다고 제시했다. 기업에 대해서는 회계 및 감사의 투명성 향상이 가장 중요한 과제로 꼽혔다. 이 밖에 중소기업의 효율성 제고와 노사관계 안정도 해결해야 할 숙제에 포함됐다.

〈표 3-14〉 주요 국가들의 세계경쟁력 순위

국가	2004년	2005년	2006년	전년대비증감
미국	1	1	1	0
홍콩	6	2	2	0
싱가포르	2	3	3	0
일본	23	21	17	+4
대만	12	11	18	-7
중국	24	31	19	+12
말레이시아	16	28	23	+5
인도	34	39	29	+10
태국	29	27	32	-5
한국	35	29	38	-9

출처: IMD

반면 한국의 낮은 실업률과 적극적인 해외 투자, 대규모 주식시장 등은 장점으로 꼽혔다. 대외 부채가 적고 첨단 제품의 수출이 많은 것도 경쟁력의 바탕이 되는 것으로 평가됐다.

한국의 경쟁력이 크게 후퇴한 이유에 대해 산업연구원과 정부 관계자는 기업인 설문조사 결과가 나쁘게 나왔기 때문이라고 분석했다. '이번 조사 결과는 국가경쟁력을 구성하는 하드웨어 부분은 양호하지만 그에 대한 기업인들의 인식이 다소 나빠졌다는 의미로 봐야 한다' 며 '우리나라의 국가경쟁력 수준이 절대적으로 낮아졌다고 해석하는 것은 옳지 않다' 고 했다.[14]

세계경제포럼 WEF ^{World Economy Forum 15} 평가

우리나라 국가경쟁력이 지난해 19위에서 올해 24위로, 다섯 계단 하락했다. 세계경제포럼^{WEF}은 한국을 포함한 125개국의 국가 경쟁력 순위를 발표하며 정부의 비효율성을 지적했다.

〈표 3-15〉 주요 국가별 경쟁력 순위

순위	국가	순위	국가
1	스위스 (+3)	9	네덜란드 (+2)
2	핀란드 (0)	10	영국 (-1)
3	스웨덴 (+4)	11	홍콩 (+3)
4	덴마크 (-1)	24	한국 (-5)
5	싱가포르 (0)	43	인도 (+2)
6	미국 (-5)	54	중국 (-6)
7	일본 (+3)	62	러시아 (-9)
8	독일 (-2)	66	브라질 (-9)

※ ( )은 순위 증감, 2005년 기준.
출처: WEF

기본 요인	24→14위
정부 규제·기업책임 등 제도	42→26위
도로·항만 등 인프라	23→16위
정부 재정	22→34위
국가 저축률	16→29위
말라리아 발병률	69→74위

효율성증진	21→12위
노동시장 효율성	47→24위
고등교육 및 직장 훈련	21→6위
창업 시 행정절차	85→95위
기업의 신기술 습득능력	11→13위
이동전화 가입자	36→42위

기업혁신 및 성숙도	17→7위
기업 혁신	14→8위
기업 활동의 성숙도	23→9위

출처: 〈조선일보〉, 2007. 11. 1.

WEF는 '정부의 비효율성과 기업지배구조의 취약성 등이 한국의 경쟁력을 떨어뜨렸다' 고 밝혔다. 또 WEF는 한국의 취약 부문으로 높은 농업정책 비용, 지나치게 관료적인 창업 절차, 비협조적인 노사 관계 등을 들었다. 한국은 거시 경제 관리, 각급 학교 취학률, 신기술과 과학기술 혁신 등에서 세계적 수준에 도달했으나, 공공 및 민간 부문의 제도적인 취약성이 국가경쟁력의 발목을 잡고 있다고 WEF는 진단했다.

국가경쟁력 1위는 지난해 4위였던 스위스가 차지했다. 미국은 재정적자와 무역적자가 겹쳐 지난해 1위에서 6위로 밀려났다. 스위스에 이어 핀란드, 스웨덴, 덴마크, 싱가포르가 2~5위에 올랐다. 일본, 독일, 네덜란드, 영국도 10위권 안에 들었다. 아시아에서 일본은 7위, 홍콩은 11위, 대만은 13위를 기록했다. 신흥국가 인도의 국가경쟁력은 43위, 중국은 54위로 나타났다.

한편 WEF는 최근 통계를 다시 발표했다. 표에 따르면, 우리나라는 국가경쟁력이 23위(〈표 13-15〉에서는 24위라고 했지만)에서 11위로 훌쩍 뛰었다.

내용별로 보면, 기본요인은 24위에서 14위로, 기업혁신 및 성숙도는 17위에서 7위로, 효율성 증진은 21위에서 12위로 올라갔다. 그러나 정부재정은 22위에서 34위로 역행하고 있다. 기업 경쟁력은 크게 향상되었지만 정부분야는 부문별로 엇갈리고 있다는 것을 알 수 있다.

이 조사는 조사항목의 2/3가 국내 700개 기업 CEO들의 설문조사로 이루어지는데, 조사 당시 정치, 경제 환경 등에 따라 설문 응답이 크게 영향을 받는다는 약점이 있다. 전반적인 추세로 보면 한국의 국가경쟁력이 향상되고 있다는 것을 알 수 있으나 해마다 급등락을 거듭하면 그만큼 예측가능성은 떨어진다고 봐야 할 것이다.[16]

세계은행 World Bank 평가

세계은행의 평가는 여섯 분야에서 이루어진다. 2002년과 2006년 사이에 이루어진 평가를 분야별로 살펴보면 다음과 같다. 다음의 표들을 참고하기 바란다.

〈표 3-17〉은 국가별 주장과 책임성의 수준을 보여준다. 한국은 2002년 이후 지난 4년간 67.7%에서 68.1%로 약간 상승했다. 국가별 정치적 안정성을 비교한 표를 보면 한국은 2002년 이후 63.2%에서 60.8%로 약간 하강했다.

〈표 3-19〉는 국가별 정부의 효과성을 비교한 것이다. 한

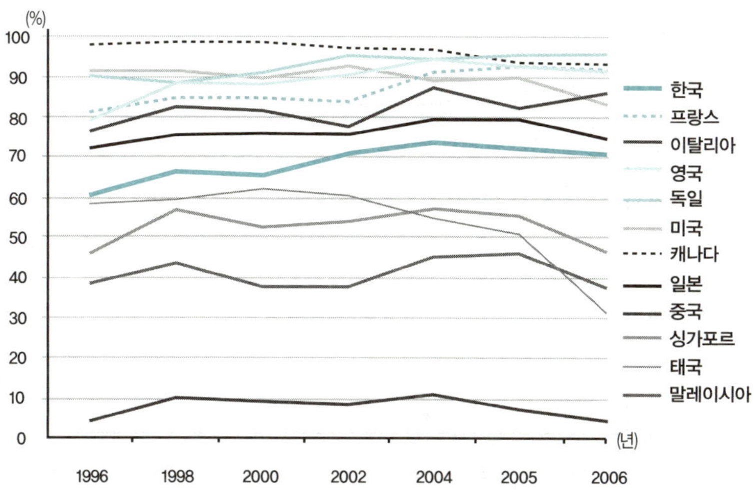

〈표 3-17〉 국가별 주장과 책임성 비교 (Voice and Accountability)

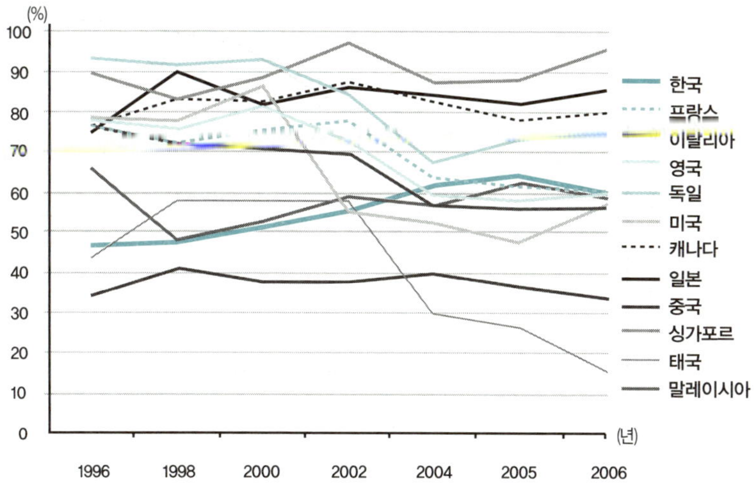

〈표 3-18〉 국가별 정치적 안정성 비교 (Political Stability)

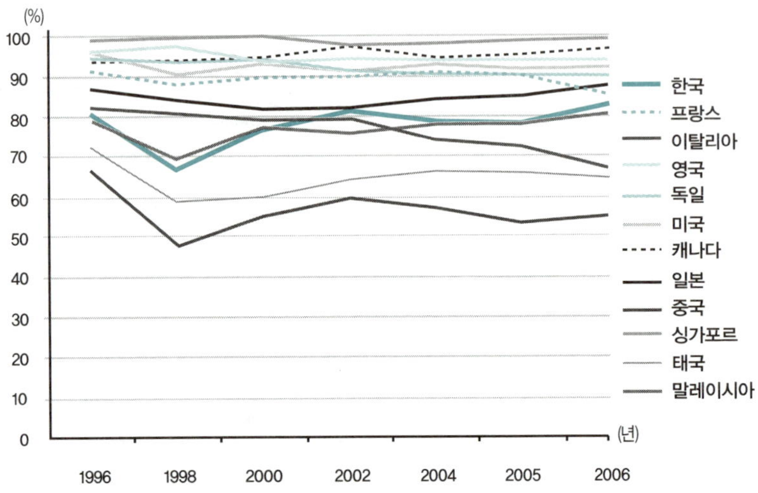

〈표 3-19〉 국가별 정부의 효과성 비교 (Government Effectiveness)

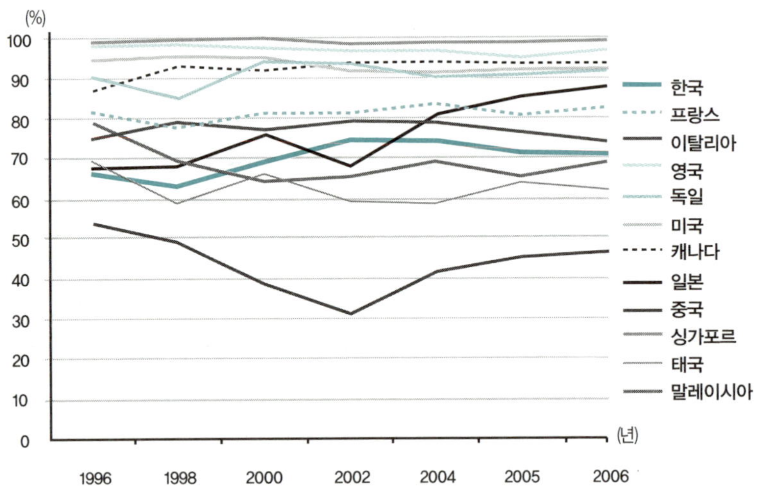

〈표 3-20〉 국가별 규제의 질 비교 (Regulatory Quality)

국가의 미래

〈표 3-21〉 국가별 법의 지배 비교 (Rule of Law)

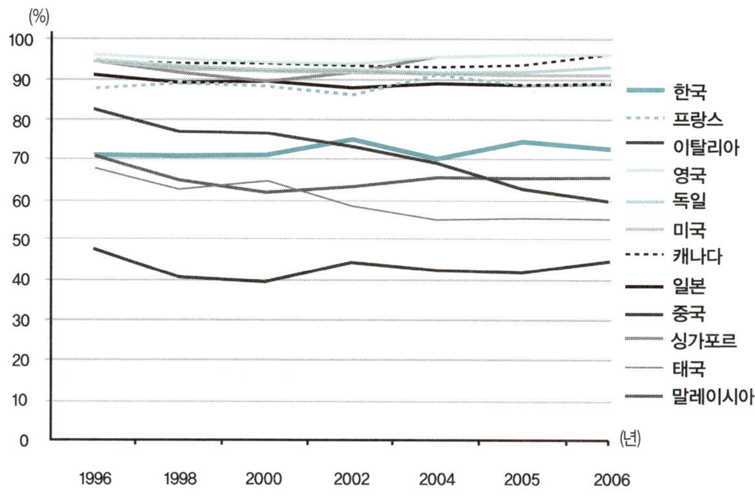

〈표 3-22〉 국가별 부패의 통제 비교 (Control of Corruption)

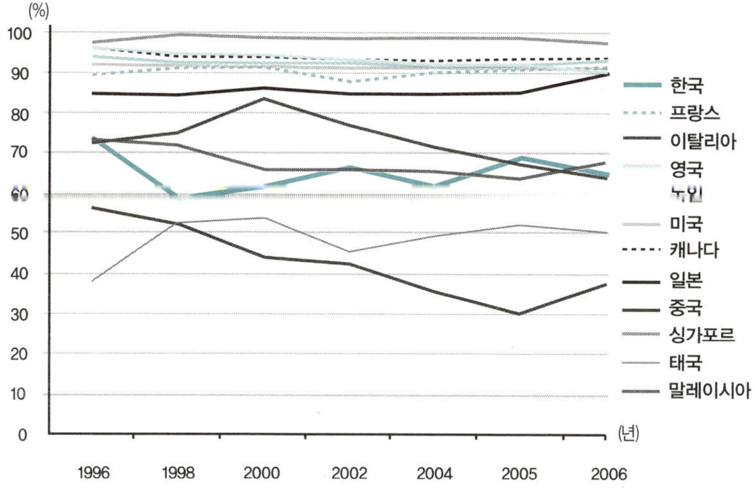

국은 2002년 이후 지난 4년간 81.1%에서 78.9%로 약간 내려 앉았다. 다음으로 국가별 규제의 질을 비교해 보면 지난 4년 간 75.5%에서 71.8%로 나빠졌다. 그리고 국가별 법의 지배 정도를 비교하는 〈표 3-21〉에서는 한국은 지난 4년간 76.5% 에서 72.5%로 하강했다. 반면 국가별 부패의 통제수준은 지 난 4년간 66.8%에서 69.0%로 나아졌다.

주장과 책임, 그리고 부패의 통제를 빼고 정치적 안정성, 정부의 효과성, 규제의 질, 법의 지배 등 지표들이 모두 하강한 셈이다. 정부혁신과 국가경쟁력 제고를 외치고 있는 정부로서 할 말이 없을 듯 싶다.

정부는 정책으로 사회를 디자인해도 좋다

정부는 아직도 정책으로 국가와 사회를 설계해 나갈 수 있 다고 생각한다. '정부 중심적'이었던 시대가 아직도 지속되고 있다고 착각하기 때문에 가능한 일이다. 그러나 시민사회와 시장이 괄목할 만한 성장을 한 후 정부의 역할은 축소될 수밖 에 없다. 이젠 기업과 시민단체가 정책을 입안해 정부로 하여 금 채택하도록 하는 시대에 접어든지 오래다.

따라서 정부의 정책으로 사회를 바꾸어 나가겠다는 생각은 이제 고쳐야 한다. 사회는 정부가 디자인하는 대로 절대 바뀌 지 않는다.

앞서 세포가 유전자를 바꾸는 것이 아니라 세포군이 유전자를 바꾸는 것이라고 말했다. 이때 세포군의 막은 안과 밖에 각기 친수성과 배수성이 있어 다른 성격을 띤다. 이처럼 정책 상호 간에도 논리적 모순이 있다. 때문에 정책 매트릭스^{policy} ^{matrix}* 라는 개념으로 정부 정책을 고쳐가야 한다고 제의한 지 오래다.

*정책 매트릭스
정책을 하나하나 분리해 보지 말고 관련되는 것을 함께 보자는 용어.

정부는 미래를 준비하고 있다?

진정 정부는 미래를 준비하고 있는가? 그렇지 않다. 앞에서도 소개했지만 '미래 비전 2030'은 과학기술의 변화 내지 패러다임의 변화를 고려하지 않은 희망적인 생각에 불과하다. 따라서 그 내용도 국가 이미지를 5위로 끌어 올리겠다고 하는 등 비현실적인 것이 포함돼 있다. 과학기술이 국가와 사회를 어떻게 바꿀 것인가에 대해서는 다음 장에서 논의해 보고자 한다.

239

미래 정부론

미래 정부를 위한 기본구상

정부부처도 학문의 변화 추이에 따라 융합·통섭으로 가야 한다.[17] 분과학문들이 새로운 패러다임으로 합치듯이 정부의 각 기관도 새로운 원리에 따라 융합해 대부처, 대국주의로 갈 수밖에 없다. 인력 또한 대폭 줄여야 한다. 정책의 복잡성 문제도 수용해 정책군으로의 재편성하는 처방이 바람직하다.

그리고 종적으로 나뉘어 벽을 쌓고, 횡적으로도 나뉘어 소통조차 어려운 정부 부처의 경우 정책은 열(부처별)과 행(정책별)에서 주축을 찾아 정책 매트릭스로 문제를 풀어가야 할 것이다. 한마디로 정부구조와 정책운영이 맞아 떨어지지 않기 때문이다. 이것이 현대 정부의 최대 약점이자 한계다. 이를 풀기 위해서는 정부부처가 융합하고 정책을 매트릭스화(정책군)

해야 한다.

이제부터는 미래의 정부를 구상하기 위해 정부가 갖추어야 할 기본 입장과 미래 변화에 관해 이야기해 보기로 하자. 먼저 정부에 대한 이해를 바로 잡는 일이 앞서야 할 것이다. 복잡계 과학의 시대로 접어들면서 패러다임이 크게 변해 정부도 이에 따라 변하지 않으면 안 된다.

미래 정부의 조건에는 다음의 것들이 있다.

(1) 국민에게 부담을 주지 않는 정부
(2) 국민에게 이래라 저래라 가르치거나 디자인하지 않는
    정부
(3) 국민의 어려움을 덜어주는 정부
(4) 국민의 삶을 풍요롭게 해주는 정부
(5) 국민의 생명과 재산을 보호하는 정부
(6) 사회의 질서를 유지하는 정부
(7) 국민의 삶에 의미와 보람을 주는 정부
(8) 국민에게 용기와 힘, 그리고 희망을 주는 정부
(9) 국가의 내일을 준비하는 정부

미래의 정부 규모와 역할

미래의 정부가 작아야 한다는 명제에 이의를 달 사람은 없을 것이다. 사회가 역할을 나누어 분담해가는 추세기 때문이다. 정부가 꼭대기에 앉아 모든 것을 명령하고 국민은 이에 따

라가는 형국은 더 이상 적절하지 않다. 한마디로 관은 지체가 높고 민은 천박한 관존민비官尊民卑 같은 관념은 이제 사라져야 할 것이다.

규모가 크고 그 역할에서 압도적일 수록 정부는 더욱 크게만 느껴진다. 간섭하고 규제하고 계도하려고 들면 관의 힘에 끌려가기 마련이다. 관이 항상 모범적이고 정답을 갖고 있다면 모르겠으나 그렇지 않으면 국민생활은 여간 불편한 것이 아니다. 따라서 정부의 역할을 줄여야 마땅하다.

기존에 미래의 모습을 그리는 책들이 많이 나와 있다. 이들 책들이 정부의 모습을 구체적으로 그리고 있진 않지만, 그동안 조직이 어찌 변해 왔는가에 대한 이야기부터 시작해 미래의 정부 모습을 어림해 볼까 한다.

미래의 조직 모습

미래의 조직은 과거에 있었던 조직의 성격이 변해 콜라주가 되었다고 표현한다.[18] 콜라주란 추상미술의 한 표현형태로 여러 가지 종이와 헝겊을 뜯어 붙이는 등 다양성을 담고 있다. 이처럼 앞으로의 조직은 사람부터 규격화된 천편일률적인 모습이 아니라는 것이다. 생각과 행동이 다양한 신축적인 조직이 된다는 것이다.

과거의 조직은 기계적이었다. 그런 조직이 유기체로 바뀌고, 다음엔 문화적 실체로 파악하더니 콜라주까지 되었다. 과거의 조직에서는 개인의 목표와 조직의 목표를 놓고 어떤 것이 먼저인지 논쟁하던 때가 있었다. 그리고 보통 개인은 조직에 함몰되는 것이 정답이었다. 그러다가 점차 개인주의를 인정해 가기 시작하더니 급기야 오늘과 내일의 조직은 조직 전체보다는 개인위주로 흐르는 경향이 두드러졌다. 그러나 일단 2인 이상이 모인 조직에서는 내 의지와 의견만이 지고한 것이 아니어서 남의 의지와 의견과 조화를 이루는 쪽으로 갈 수밖에 없게 되어 있다. 일종의 타협이기도 하지만 조직, 즉 부분을 넘은 전체의 뜻이 따로 있다면 그것이 우선돼야 한다는 것은 거역할 수 없는 명제다.[19]

미래의 조직이 수평, 네트워크가 된다는 것은 이미 널리 알려진 사실이다. 노무현 정부도 행정자치부부터 시작해서 팀제로 조직을 재편해 운영하고 있다. 팀으로 운영하면서 기존의 국과 계급을 없애려고 했던 것이다. 그 결과 과연 계급이 없어졌는가는 여기서 논외로 하더라도 기존의 계급조직에서 한걸음 더 나아가려고 노력하고 있는 것은 사실이나.

저자는 피라미드 같은 조직보다는 평등·수평조직 그래서 관계와 연결을 중시하는 네트워크조직으로 운영하는 것이 미래지향형이라는 생각이다.

히딩크가 한국축구팀을 세계적 수준으로 끌어올리면서 강조한 것이 선수들 간의 대등관계였다. 선수들끼리 아래 위를 구분하지 말고 이름을 부르게 했다. 수평조직으로 변화시키려한 것이다. 장원재는 리누스 미헬스 축구감독을 자기가 맡는

포지션이나 역할을 넘어 수비수든 공격수든 그 이상의 역할을 하라는 '토털 사커'의 창시자로 소개한다. 리누스 미헬스 축구감독은 바로 수평조직, 네트워크조직의 전형이다.

《미래의 조직 *The Organization of the Future*》을 쓴 피터 드러커는 '우리의 조직이 다원화, 그리고 다원주의 조직관으로 옮겨가고 있다'고 한다.[20] 옛날 조직은 군대에서처럼 보병은 걷고, 기병은 말을 달리고, 대포는 끌려가는 식으로 서로 다른 작업이 어떻게 수행되는가 하는 것에 따라 정의된다.

그러나 오늘에 이르면 완전히 다른 접근방식이 등장한다. 외부, 즉 시장에 성과를 제공하는 것으로서, 이제는 기계가 아니고 그 이상이라고 생각한다. 동시에 조직은 경제적인 것 이상으로, 오히려 사회적이라고 생각한다.[21]

미래 정부를 이해하기 위한 기본 틀

미래 정부를 이해하기 위한 기본 틀 몇 가지를 새삼 확인해본다. 중요한 것은 이들 주체, 분야, 기능 들 중 앞으로 많은 것들이 분립해야 하고, 정부와 쌍방향으로 정립해야 한다는 것이다.

정부가 먼저 염두에 두어야 할 주체들이 있다. 자국민, 타국, 우주, 자연환경, 그리고 문화다. 그리고 정부는 기능적으로 어느 정도 분화되어야 한다. 경제, 사회, 안보, 과학기술 등이 그것이다. 정부와 관련된 유관기관들이 사회에 존재하고 있고 정부는 이 존재들을 무시할 수 없는 상황이다. 그러나 지

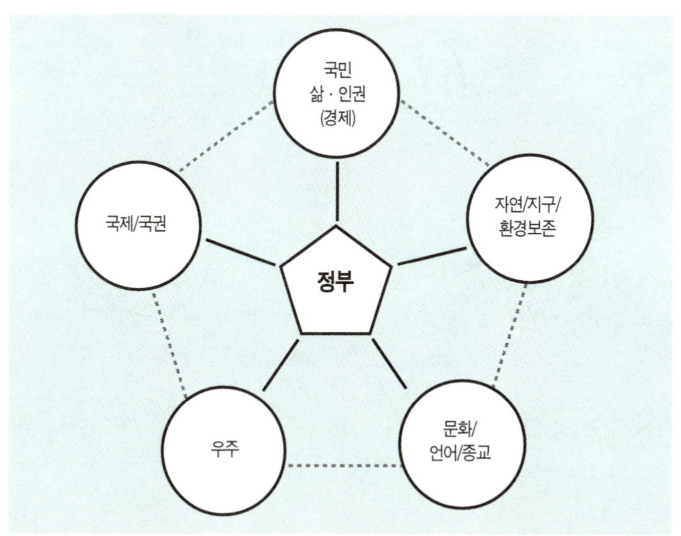

245

금까지 정부는 이들 위에 군림해 왔다. 이제부터 정부는 이들과 병존해 있다여기고 이들과 네트워크하고 쌍방향으로 소통해야 한다.

〈표 3-23〉은 정부를 둘러싸고 있는 기본 주체를 그려본 것이다. 국민, 자연, 문화, 우주, 국제 등을 상정해 보았다. 〈표 3-24〉는 정부의 기본 기능들을 나열한 것이다. 경제 / 산업을 위시해서 과학기술, 외교 / 안보, 일반 행정, 문화 / 사회 / 복지 / 보건 / 보훈 / 노동 / 교육, 금융 / 재정 등이 기본 기능이라고 할 수 있겠다.

다음으로는 정부와 관련된 사회 분야에는 어떤 것들이 있는지 살펴 보겠다. 〈표 3-25〉를 보면, 문화 / 엔터테인먼트, 대

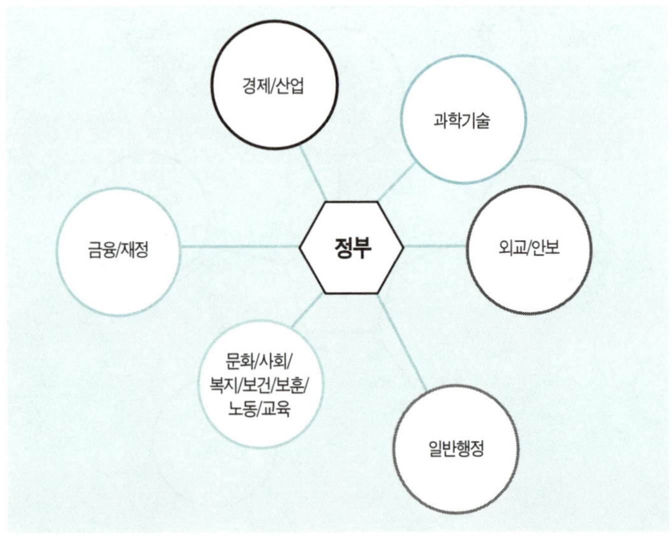

학, 기업, 노조, 시민단체, 종교단체, 병원, 언론 등의 정부 관련 분야가 있음을 알 수 있다.

그러면 정부가 기본적으로 꼭 갖추어야 할 기구는 뭘까? 또한 기능은 뭘까? 정부보다 시장이 더 잘 할 수 있는 것이 있다면 그것은 당연히 시장의 몫이라고 보아야 한다. 정부기구로 남아 있을 이유가 없다. 정부기구도 흩어져 중복돼 있어 비능률적이라고 판단된다면 합치는 것이 옳다. 앞에서 공공범역의 크기를 따진 것도 이런 이유에서였다.

다만 오히려 합쳐서 거대부처가 되어 비능률을 초래할 수도 있다. 만약 합치게 된다면, 내부 규모를 대폭 줄여야 할 것이다. 그러면 정부의 미래 모습은 어찌해야 좋을까? 부처별로

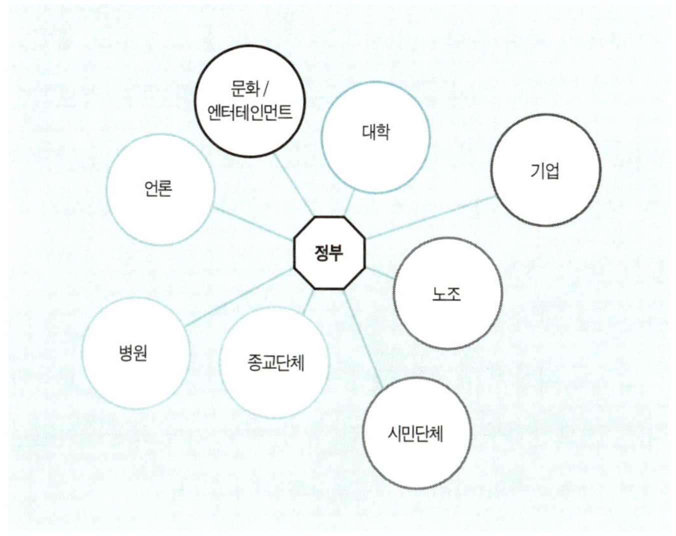

하나씩 존폐여부부터 가려볼 필요가 있다. 예시적이다.

국가의 기본을 유지하기 위해 필요한 정부의 몫이 있다. 규모는 줄고 기능도 축소해 민영화해야 하겠으나 정부로서 기본적으로도 존속해야 할 부처가 있다. 재정경제부, 법무부, 국방부, 문화부(관광은 관광공사로, 체육도 분화), 환경부, 기획예산처, 법제처, 국가보훈처 등이다.

또한 기본적 기능으로 정부에 남아야겠으나 재조정 혹은 통폐합해야 할 부처를 논의해 보자. 새로 탄생해야 할 부처로는 통일부를 들 수 있다. 통일부는 북한을 대상으로 하는 정부의 기능이지만 이젠 성격이 다분히 국제적인 것이어서 외교부와의 통합을 고려해야 한다.

교육이 과학과 합쳐야 한다는 주장은 오래 전부터 제기되고 있다. 교육자치를 완성한다는 의미가 포함된다. 정보기술과 산업기술의 통합이 필요해서 정보산업부의 탄생이 시급하다. 보건, 노동, 여성, 가족 등도 복지의 차원에서 분리시킬 이유가 없다. 농림, 수산, 해양 에너지 등을 모두 묶는 자원부의 탄생이 21세기 행정의 전형이다.

2부처 이상이 통폐합 해야 할 부처로 외교통일부, 교육과학부, 정보산업부, 복지부(보건, 복지, 여성, 가족, 노동), 산업부(정보, 기술, 산업), 자원부(농림수산해양)가 있다.

정부운영에서 조직과 인사는 분리될 수 없다. 그리고 지방자치가 본격화된 지 오래인데 행정자치부가 거대기구로 중앙부처에 남을 이유가 없다. 자치를 제외한 행정자치부의 일부 기능을 중앙인사위원회에 통합해 중앙조직인사위원회를 새로 구성할 필요가 있다.

여성가족부가 복지의 차원에서 타 부처와 합병되어야 한다는 것은 앞에서 지적했다. 정부에 하나의 기구로 남을 이유가 없는 조달청 등 청 단위 기관의 개편도 시급하다. 여기에 폐지해야 할 부처를 예시하면 행정자치부(조직 등 기능의 일부는 중앙인사위원회로, 그리고 자치업무는 대부분 지방자치단체로 이관), 여성가족부, 국정홍보처, 조달청 등이 된다.

정부가 하루빨리 신설해야 할 부처도 있다. 국제테러며 위협이 날로 증가해 감에 따라 국가의 존위가 위태롭지 않기 위해 안전에 주력해야 한다. 국가안전부의 출범은 세계적 추세다. 건설교통부는 구시대적 부처에 해당된다. 정부가 맡아야 할 기능은 공공주택 정도이고 굳이 정부에 있어야 한다면 건설청으로 족하다.

통계, 산림, 농진 기능 등은 유지되어야 한다. 그리고 우주시대를 맞아 우주청의 신설이 요망된다. 무한 불루 스페이스의 개척이 시급하기 때문이다. 또한 새로 탄생해야 할 부처로 국토안전부(경찰청, 재난방재청, 교통청), 공공주택부(건설청), 우주청 등이 있으나 통폐합되어야 할 부처와 중복되는 면이 약간 있다.

그 이외에 대부분의 청 단위 기관과 독립규제위원회, 그리고 행정위원회 등은 존속한다.

<표 3-26>은 새 정부, 미래의 정부를 그려 본 것이다. 그러나 융합성과 복잡성 패러다임을 적극적으로 수용한 제안은 아니다. 현재 상황에서 개편이 가능한 대안일 뿐이다. 만일 더 적극적으로 미래 정부를 위한 구조적 개혁론을 편다면, 예컨대 교육, 과학, 문화는 하나의 부처가 되어야 한다. 기능별로도 방송과 통신의 융합은 기본 중의 기본이다.

앨빈 토플러는 아직 개척되지 않은 부의 신세계로 우주를 꼽는다.[22] 앞으로 수십만 개의 인공위성이 하늘을 날아다닐 것

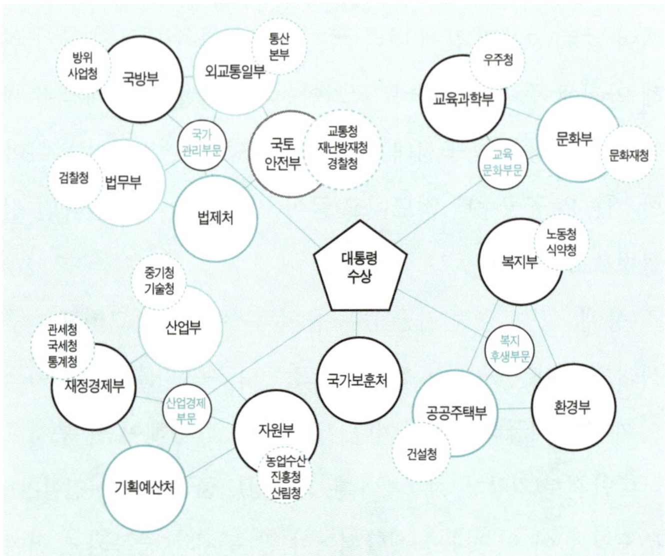

출처: 정책 분야별 단위 기능 현황, 《총무처 정부기능총람》, 1994.

이다. 이미 100파운드 정도 무게의 마이크로 위성을 사서 띄우는 나라들이 등장하고 있다. 이를 공급하는 영국의 서리 새틀라이트 테크놀로지Surrey Satellite Technology의 마틴 스위팅은 10년 내에 신용카드 만한 크기의 위성을 발사하게 될 것이라고 주장한다.

오늘날 50개국 이상이 우주 프로그램에 관심을 쏟고 있다. 정부만이 아니라 민간도 우주 관광사업 개발을 서두르고 있다. 마이크로소프트의 공동 창립자 폴 앨런은 우주 관광사업에 2,000만 달러의 자금을 지원했다. 지구가 아닌 다른 공간으로 도약하는 것만으로도 부의 창출 면에서 혁명적인 전환이

국가의 미래

이루어지고 있는 것이다. 경제 활동을 밑받침 해주는 심층기 반인 시간과 부의 관계, 공간과 부의 관계를 동시에 바꾸어가고 있는 것이 오늘과 미래의 세계다. 우주부나 우주청의 등장은 그래서 너무나 자연스럽다.

미래 정부를 구상하는 것이 어쩌면 너무 이른 일인지도 모른다. 이에 관해서는 좀 더 깊은 연구가 선행돼야 할 것이다. 미래 정부에 관한 연구는 행정자치부 단독으로서가 아니라 과학기술부와 함께 추진해야 할 것이다. 동시에 기왕 정부에 이에 관련된 위원회가 있으니 노무현 정부의 지난 5년을 정리하면서 미래도 준비하는 혜안을 가져야 할 것이다.

앞으로 정부는 미래설계를 임의로 재단하지 말 것, 정부를 작고 효능 있게 운영할 것, 우물 안 개구리처럼 공공자료를 임의로 유리하게 조작하지 말 것, 홍보 위주의 이미지 조작에 급급하지 말 것, 그리고 국제적 감각을 갖고 국제 기준에 맞게 국가운영이 틀을 잡아 비껴이 갈 짓 둥을 깊이 유념했으면 한다.

참고자료

1. 매트 리들리지, 브록만 엮음, '정부는 위험한 장난감이다', 《위험한 생각들》, 2007, 갤리온.

2. 김훈, '해를 품는 수련, 절정에도 고요가⋯ 풍경의 안쪽 - 광릉 숲속 연못에서', 《자전거 여행에세이》, 2004, p12.

3. 김상일, 《러셀역설과 과학혁명 구조》, 1997, 솔.

4. Ibid.

5. Ibid.

6. 이에 관해서는 저자가 2002년 11월에 논문을 발표하며 포스트포디즘 시대에서 규모 논쟁은 의미가 없다고 설파하고 필요에 따라 복수차관제도 고려할 수 있다고 했으나 그렇다고 규모를 늘려도 된다는 뜻은 아니었다.
김광웅, '새 시대 새 정부조직론에 관한 논의', 서울대학교 행정대학원 국가정책세미나, 2002. 11. 14.

7. 장 브드리야르, 하태환 옮김, 《시뮬라시옹》, 2001, 민음사.

8. 여기서 한걸음 더 나아가면 우리 전통적 사유인 무無와 공空과 연결된다. 무와 공을 이야기 하지만, 실은 있음은 없음에서 생겨난다. 그러니까 무나 공이라고 해서 그 자체가 아니라 이들은 기와 통하고, 그래서 유有이며 도道이기도 하다.
김성희 교수가 2006. 5. 29 - 6. 12에 서울대학교 미술대학에서 '시뮬라시옹 - 실경 혹은 가경' 이라는 제목으로 한 전시회의 설명 중에서.

9. 당시 기획예산처 장관(변양균)이 '공기업은 정부 재정에서 배제해야 한다' 고 주장한 것과 달리 기획예산처가 정부 산하 94개 공사, 공단 중 67개는 공기업이 아닌 정부기관으로 재분류한 사실이 드러났다. 이들 67개 기관은 이번 기사가 정부재정에 포함시킨 산하기관들과 거의 중복된다. 기획예산처도 '무늬만 공기업일지라도 정부 시책을 추진하는 기관' 은 산하기관으로 본 것이다.
'공공기관 지배구조 혁신방안(2005년 11월 30일)' 에 따르면 기획예산처는 대한무역자진흥공사. 농업기반공사. 도로교통안전공단 등 53개를 정부 시책을 집행하는 '위탁집행형 준정부기관' 으로 분류하고, 자산공사, 신용보증기금 등 14개 기관은 '기금관리형 준정부기관' 으로 묶었다. 예산처는 또 이들 67개 기관은 준정부기관관리법으로 묶어 정부 통제 아래 둬야 한다는 지배구조 혁신안을 냈다. 이 같은 예산처 분류를 따를 경우 적어도 67개 준정부기관은 일반 정부 재정통계에 넣을 수 있는 것이다.

예산처는 보고서에서 우리나라 현행 공기업들은 '정부 재정지원 등으로 도산 위험 없어 이윤추구 동기 제약', '시장경쟁 결여, 궁극적 주주인 국민 이익보다 주무 부처·기관의 이익 우선할 소지' 등의 문제점이 있다고 지적했다. 따라서 정부는 공기업 혁신 방안으로 기획예산처 장관이 위원장이 되는 공기업운영위원회가 기관장을 임면하고, 공공기관의 방만한 경영을 견제하는 등 사실상 공기업을 단일한 정부 통제 아래 두는 방안도 내놨다.

사실 우리 공기업은 국제기구의 지배구조 가이드라인에도 못 미친다. 경제협력개발기구OECD의 '공기업 지배구조 가이드라인'에는 '정부가 공기업을 상법에 기초해 설립해야 민간 경쟁자와의 공정한 경쟁이 가능하다'고 돼 있다. 하지만 우리나라 공기업의 대부분은 기관마다 설립 근거법에 의해 운영된다. 서울대병원은 '서울대학교병원설치법', 마사회는 '한국마사회법', 도로공사는 '한국도로 공사법' 등에 의해 설립되고 근거 법률은 개별 기관의 운영 등 영업에 관한 사항까지도 자세하게 규정하고 있다.

자문단은 '현행 우리나라 공기업들은 대부분 국제기준과 달리 특별법에 의해 설립됐다'며 '공기업 채무에 대해 국가가 보증하지 않을 것이라고 생각하는 사람은 아무도 없다'고 지적했다. 자문단은 '정부의 암묵적 채무보증이 있는 기관이 영업활동에서 수입을 많이 올렸다 해서, 이 기관을 시장성 있는 공기업으로 하자는 것은 일반 정부 분야를 줄이기 위한 수단일 뿐'이라고 덧붙였다.

자문단 = '정부를 연구하는 사람들(김광웅 서울대 행정대학원 교수, 박충수 원광대 행정학과 교수, 강성남 방송통신대 행정학과 교수, 신희영 경주대 행정학과 교수, 임동욱 충주대 행정학과 교수, 문지은 서울대 행정대학원 박사과정)', 옥동석 인천대 무역학과 교수, 이원희 한경대 행정학과 교수.

10. 노스코트 파킨슨, 김광웅 옮김,《파킨슨 법칙》, 2003, 21세기 북스.

11. 〈중앙일보〉, 2007. 11. 5.

12. 참고로 세계화 지수 순위 1위는 싱가폴, 2위는 스위스, 3위는 미국, 4위는 아일랜드, 5위는 덴마크이다. 한국보다 나은 아세아 국가로는 싱가폴, 말레이시아(19위), 일본(28위) 등이 있다. 〈포린 폴리시 *Foreign Policy*〉, 2006.

13. 〈중앙일보〉, 2006. 5. 11.

14. 조원동 재정경제원 경제정책국장. 국제경영개발원IMD. International Institute

for Management Development = 세계경제포럼이 운영하는 특수경영대학원. 1957년 설립됐으며 스위스 로잔에 있다. 매년 선진국을 포함한 60여 개국을 대상으로 국가경쟁력을 조사해 보고서를 내고 있다. 이 보고서는 각국이 발표한 경제통계와 지도층 인사들의 설문을 토대로 만들어진다.

15. WEF는 스위스 제네바에 본부를 둔 국제 민간 기구로, 매년 '다보스 포럼'을 개최한다.

16. 〈조선일보〉, 2007. 11. 1.

17. 김광웅, '미래의 학문, 대학의 미래', 서울대학교 개교 60주년 기념 학술심포지엄 발표 논문, 2006. 10. 13.

18. Mary Jo Hatch, 《*Organization Theory: Modern, Symbolic, and Postmodern Perspectives*》, 1997, Oxford University Press.

19. Margret Whitley, 《*Leadership and The New Science*》, 1999, Berrett-Koehler.

20. 피터 드러커 외, 이재규 · 서재현 옮김, 《미래의 조직》, 1998, 한국경제신문사, p20.

21. Ibid., pp19~20.

22. 앨빈 토플러 · 하이디 토플러, 《부의 미래》, 2006, 청림출판, pp147~149.

미래의 국가
소강국가론

지금 우리나라는
어떤 나라인가?

우리의 미래는 편했으면 좋겠다. 개인, 가정, 직장, 사회, 국가 모두 다 아름다웠으면 좋겠다. 그렇게 되도록 모두가 노력해야 할 것이다. 개인 중에도 나쁜 사람이 있고, 사회조직에도 바람직하지 않은 집단이 있지만 국가는 하나뿐이다. 그렇기 때문에 개인이나 사회도 소중하지만 국가인 한국이 내용에서나 형식에서 더욱 아름다워야 한다. 이를 위해 소강국가론을 펴고자 한다.

2003년 우리나라의 국민총생산은 6,053억 달러로 세계 11위였다. 미국이 10조 8,816억 달러로 1위, 일본이 그 뒤를 이어 4조 3,264억 달러로 2위, 독일이 2조 4,006억 달러로 3위, 영국이 1조 7,948억 달러로 4위, 프랑스가 1조 7,479억 달러로 5위, 중국이 1조 4,098억 달러로 7위를 기록했다. 한국 다음으로는 호주, 네델란드, 스위스 등의 국가가 뒤를 따랐다. 하지만 2007년 한국은 13위로 순위가 내려갔다.

나라의 위상이나 힘을 판단할 때 기준이 되는 여러 지수들이 있지만 일반적으로 국민총생산이 얼마인가로 가늠한다. 그러나 범죄나 환경파괴 같은 비용이 모두 다 계산되는 국민총생산보다는 '진정진보계수GPI.Genuine Progress Index*' 를 써서 계산해야 한다는 주장이 있다. 미국을 GPI로 계산해 보면 GDP로 한 것보다 상승 커브가 훨씬 밑으로 쳐진다.

국가가 어디로 어떻게 가야 하는가에 대한 정답을 찾기는 쉽지 않다. 그러나 분명한 것은 환경과 인성이 다 파괴되어 피릭 대왕의 승리(기원전 280년 로마군단을 물리쳤으나 사랑하는 부하를 다 잃고 피루스 왕만 남은 꼴)처럼 되어서는 곤란하다. 얻는 것은 크게, 잃는 것은 최소화시키는 발전이 필요하다.

오늘날 우리가 처한 상황은 말만 글로벌라이제이션globalization이지 실제 세계적 변화추이와는 너무 거리가 멀다는 것을 수긍해야 한다. 이유는 이렇다.

첫째, 1990년대부터 세계화를 표방해 오고 한미 FTA를 눈앞에 두고 있지만 실제로는 세계와 너무 동떨어져 있다. 세계은행, IMD, WEF 등 세계 유수 기구의 평가가 말해주듯 우리의 국가경쟁력, 정부효율성, 부패지수, 규제 수준, 법 집행 등의 지표들은 48위, 56위, 78위 등으로 중간국가 수준에도 미치지 못하고 있다.

257

둘째, 국내 공산품이나 수입물품의 가격(자동차, 석유 등)의 국내외 격차가 너무 크다. 예를 들어 보자. 2007년 5월 미국의 자동차 값은 한국의 63%에 불과하고 쇠고기는 20%에도 미치지 못한다. 보스^{Boss}라는 메이커의 정장이 파리에서는 93만 원인데 서울에서는 168만 원이다. 골프, 그린피, 식사비 모두 합쳐 파리는 10만 원 이내, 방콕은 6만 원, LA는 최고 코스로 뽑힌 웨스트레이크 빌리지 골프장에서 2만 8,000원(물론 미국에도 20만 원 드는 골프장은 있다), 동경은 18만 원 정도인데 비해 한국은 용인의 한 골프장에서 주말에 드는 비용이 29만 원에 달한다.

골프 세금은 라운드 당 7만 6,120원이다. 특별소비세, 교육세, 농특세, 부가가치세, 국민체육진흥기금에다 골프장이 내야 하는 보유세, 법인세, 사업소득세 등이 포함된 액수다.

음악 관람료는 어떤가? 빈필 관람료가 홍콩은 21만 원, 일본은 25만 원인데, 서울에서는 40만 원을 받는다. 저자가 2007년에 5월 예술의 전당에서 본 '장영주와 오르페우스 체임버'의 입장료는 16만 원이었는데, 미국 뉴저지에서는 7만 원이었고, 미국 시카고에서는 8만 3,000원이었다.

2007년 6월 기준 자동차 1대당 휘발유 소비량은 10년 전에 비해 29%가 줄어들고, 정유사의 수익도 10년 새 매출이 2배나 늘었지만 영업이익은 크게 감소했다. 정부의 경유세는 5년 만에 2배, 6년 동안 세수 10조 원으로 폭등했다.

이런 국내외의 차이를 두고 뭐라고 설명할 수 있을까? 지구화, 국제화, 세계화가 아직 멀었다는 증표가 아닐 수 없다.

그렇다고 거둔 세금을 제대로 쓰고 있느냐 하는 것도 생각해봐야 한다. 엉뚱한 데 쓰는 예가 한두 가지가 아니다. 예산이 줄줄 새나간다. 정부 실세의 말 한마디에 예산이 더 가고 덜 가는 환경에서 하루빨리 벗어나야 선진국이 되고 세계화된다.

예산낭비와 관련해 저자의 가설이 하나있다. 정부예산은 주인이 없으니(사실 주인은 국민이지만) 마구 쓴다는 말도 있지만, 저자는 돈을 벌어봐야 절약해 알뜰하게 쓰는데 돈을 벌어보지 않고 규정이나 제도만 바꾸면 돈(세금)이 들어오니 아까운 줄 모르고 쓴다고 생각한다.

21세기 초 한국의 위상

21세기 초 한국의 현실과 위상은 매우 애매하다. 단적으로 말해 경제, 무역, 인구 등 인구경제사회학적 지표가 세계적 수준(11~15위)에 이르렀는데도 국가나 정부의 경쟁력 순위는 한참 쳐진다.[1] 더욱이 국제경제나 국제정치질서 면에서 한국의 위상은 주류의 대열에서 크게 벗어나 있다.

어느 정신분석학자는 좌담에서 우리나라의 위상을 유럽의 베네룩스 3국 중 하나 정도로 치부하고 있다.[2] 이것이 오늘날 한국의 국제적 위상이다.

노무현 행정부가 집권한 이후 국가의 위상이 흔들리고 있다. 반미성향이 강해지고 친북세력의 국정참여가 한국의 이미지를 바꾸어 놓았기 때문이다. 물론 정책에 진보성향이 없을 수는 없다. 정책의 선회는 어쩌면 시대의 흐름과 궤적을 같이 하는 것인지도 모른다.

국가의 미래

시대는 항상 변화한다. 지금이 반드시 변화의 시기라고 단정하기는 어렵지만 해체주의와 포스트모더니즘을 표방하기에 적절한 시기인지도 모른다. 그동안 지나치게 기능적이고, 도구주의적인 인식에 몰두하다 보니 정작 귀한 가치들을 간과한 적이 많다. 더욱이 기존의 권위와 질서가 과연 존중해야 할 만한 가치가 있는가를 포폄襃貶해야 할 때가 되었는지도 모른다. 그런 의미에서 노무현 행정부의 정책전환이 어느 면에서는 역사적 전환기에 맞는 시도인지도 모른다.

그러나 분명한 것은 지난 1년 여 동안 특히 경제사정이 나빠지고 계층은 양극화되었다. 또한 안보에 관한 국민의 인식과 의식이 첨예하게 대립하고 사상적 갈등으로까지 비화되고 있다. 그리고 정치적 이데올로기는 사회민주주의 국가에서 신자유주의 국가로까지 다양한 스펙트럼을 제시하며 문제를 야기하고 있다.

과연 국가의 운명과 앞길이 한 두 정권에 의해 좌지우지 될 수 있는 것이며, 또 되어야 하는 것일까? 시대의 변화와 패러다임의 변화에 맞추어 국가의 진로를 다시 한 번 확인하는 작업이 필요하다.

이러한 작업을 하기 위해서는 기본적으로 국가를 작게 볼 것인가, 아니면 크게 볼 것인가의 문제부터 해결해야 한다. 즉, 소국주의 또는 대국주의를 결정해야 한다.

미래는 전자공화국이 될 것이라고 한다.[3] 컴퓨터의 발달로 가상공간을 통해 많은 요소들이 거미줄처럼 얽히게 될 것이라는 예언이다.

국가를 이대로 변해가도록 만들 것인지, 아니면 진로를 새로 모색해 생산양식부터 바꾸어 보는 것이 어떤지 고민해야 한다. 여러 주장을 감안해 소국론도 대국론도 의논해 보아야 한다. 물론 내용과 성격에서 비롯되는 것이지만 우선 국가의 규모와 그에 대한 기본적 인식을 논하고 그렇게 만들어 가는 발전전략을 의논하는 것이 순서일 것이기 때문이다.

미래 한국은 어떤 모습일까? 지금보다는 나아지겠지만 본질까지 달라질까? 경제 면에서야 세계 13위로 당당한 국가임에는 틀림이 없겠으나 그런 수준만큼 다른 나라들이 한국을 인정할지는 의심스럽다. 국제정치의 한 복판에 서 있는 것도 아니고 과학한국의 위상이 그리 높은 것도 아니다.

반기문 유엔사무총장의 영향으로 조금은 세계 중심에 선 것 같은 느낌은 든다. 하지만 아직은 국내적으로 안고 있는 멍에들이 너무 많다. 아직도 구태의연한 것이 너무 많다는 뜻이다. 판을 다시 짜야 선진국으로 간다는 말이 실감 난다. 그러나 일인당 국민소득이 3만 달러, 4만 달러가 된다고 해서 나라가 '선진국' 이 되는 것은 절대로 아니다. 나라의 내용도 같이 달라져야 한다.

우리의 상황이 지금과 같다면 선진국이 되기는 먼 듯하다. 경제가 어느 정도의 수준을 유지하고 있고, 교육과 과학에 대한 투자도 점차 늘어난다고는 하지만 문제는 이 분야에만 국한되지 않는다. 노동현장에서 근로자들이 아무리 땀 흘려 일해도 사회 곳곳에서 부당한 권력이 행사되면 사람들은 좌절하고 박탈감을 느낄 수밖에 없다.

아직도 개인 편의에 따라 바뀌는 원리와 그릇된 관행이 사회 곳곳에서 판을 치고 있다. 가장 절제하고 정직해야 할 지식사회와 권력기관이 사익 챙기기에 급급하고 도덕은 땅에 떨어졌다. 또 예산만 늘린다고 될 일은 아니다. 기본인식과 운영방식이 바뀌어야 한다. 자본주의 국가의 치부가 너무나 적나라하게 드러나고 있는 것이다.

호양정신이 숨쉬고
있는 국가인가?

선진국이란 대개 서양적 사고가 기준이다. 소크라테스의 이성, 데카르트의 논리, 기독교의 희생정신, 계몽주의, 로마법전, 합리주의와 개인주의적 특성 등이 있고, 그러한 토대 위에 근검절약하며 소명召命 의식에 기초한 자본주의 정신이 뿌리 내려야 비로소 선진국이 된다. 그렇다고 서양의 것이 선진의 유일한 기준은 아니다.

일찍이 새뮤엘 헌팅턴*은 서양은 서양일 뿐 보편적일 수는 없다고 했다. 그러나 중요한 것은 정신적 지주를 가지고 자신을 절제하며, 바르고 넉넉한 의식으로 상대방을 존중하는 것이다. 내가 갖추지 못한 것을 남을 통해 메우는 호양 정신이 숨쉬어야 한다.

꼭 닮아야 하는 것은 아니지만 유감스럽게도 우리에게는 서양적 선진 요소가 희박하다. 우선 논리에 맞지 않는 일이 너

*** 새뮤엘 헌팅턴**
군사정치학과 비교정치학 분야에서 이론정치와 현실정치를 두루 체험한 정치학자로 평가받고 있다. 저서로 《제3의 물결-20세기 후반의 민주화》, 《미국정치론》, 《문명의 충돌》 등이 있다..

무 많다. ‘공무원은 정직하거나 사악한 인간이다. 공무원은 사악하지 않다. 그러므로 공무원은 정직하다’ 와 같은 ‘선언지 긍정의 오류’ 를 범하는 경우가 흔하다. 정책논리 이전에 정권논리를 미리 정해 놓기 때문에 더욱 그러하다.

한 두 사례에 불과한 것을 마치 전체인 양 보편적인 논리라고 우긴다. 진리는 그 진리체계 안에서만 진리인데도 보편적 타당성이 있다고 믿는 사람들이 너무 많다.

희생정신이나 소명의식도 한탕주의에 가려 빛을 보지 못한다. 정권 주변에서 때를 놓치면 안 된다고 하는 군상들이 나라를 더욱 어지럽게 만들고 있다. 근검절약도 사라지고 있으며 상대방을 존중하기는커녕 아직도 일방적이다. 그리고 남성 중심적이다. 어떻게 해서든지 줄을 대려고 한다.

몇 가지만 예를 들어보자. 아직도 지속적 발전을 외치며 개발만이 능사라고 마구 땅을 파헤치는 난개발, 공직을 사유물인 양 후배나 고향사람에게 넘겨주는 일, 공권력을 빌미로 온갖 일에 간섭해 공직윤리를 땅에 떨어뜨리는 일, 범법자가 공직에 진출하는 일, 권력기관의 비호로 정부의 이권을 따내는 일, 대학이나 공기업 평가 시 허상인 수치만 잔뜩 나열해 놓고 합리적이며 공정하다고 우기는 일, 제자나 친인척이기 때문에, 아니면 학력을 위조해도 청탁이 있으면 대학교수가 되는 일, 국내소비자를 박대하는 이중가격 구조, 골프나 항공기 예약 같은 일에 권력이 부탁하면 통하는 일, 공직자가 규정대로 하면 되는 일을 청탁이 있어야 겨우 움직이는 일 등 진정한 합리주의와는 너무 거리가 먼 전근대적 사고가 판을 주도하고 있다. 이런 나라는 선진국은커녕 삼류 국가도 되기 어렵다.

우선 국가부문에서 공직의 공공성과 공덕^{公德}을 높이는 일이 시급하다. 일찍이 헤겔은 국가권력이나 내가 앉은 자리는 내 것이 아니라고 했다. 자연인의 것이 아니라는 뜻이다.

그런데 공직에 앉자마자 하는 말이 임기동안 '내 소신껏 하겠다'고 한다. 공직에 소신이 들어가면 안 된다. 공직에 사적인 감정이 들어가면 큰 일 난다. 그러나 고위공직자가 되면 막강한 권력에 눈이 어두워지고 귀가 얇아진다. 자신의 직분을 지켜야 하는 분수를 모른다. 즉 지분^{知分}을 잃는다.

권력이란 있는 그대로 100%를 쓰면 오만해 보인다. 120%를 쓰면 그건 물론 남용이다. 내가 아무리 막강한 권력을 가졌어도 70~80% 정도만 행사해야 남들이 존중하고 순응한다. 이런 권력을 내 것이라고 착각해 한 없이 휘둘렀으니 결과는 참담해질 수밖에 없다.

시민사회가 더 이상 용납하지 않을 것이다. 권력을 가진 자들과 그 주변 인물들부터 참회하며 선진국으로 가기 위한 기틀을 마련해야 할 것이다.

과학과 함께 가는 창조국가 얼개

한국의 미래를 준비하고 설계하려면 어떤 성격의 국가로 남아야 하고, 그 위상이 어떠하여야 하는가를 생각해야 한다. 물론 남는다는 것이 발전한다는 것을 배제하는 것은 아니다. 이런 생각은 현재 한국의 국가성이 과거로부터 내려오는 자본주의 국가관과는 다른 궤적을 그리는 듯해서다. 물론 나라의 한 편향이 국가의 본질 자체를 바꿀 수는 없지만 분명한 것은 과거와는 다른 논의들이 분분하다는 사실이다.

과연 국가발전의 진로를 바꿀 수 있는 것인가? 그렇다면 어떻게 바꿀 수 있는가? 선진자본주의 국가로 갈 수밖에 없는가? 이를 지향해야 하는가? 안보국가, 지식국가로 가야 하는가, 아니면 친환경적 중간수준의 국가로 가야하는가?

그런데 피터 에반스가 말한 중간국가였던 인도와 브라질도 결국은 선진 대열에 들려고 노력하고 있고 또 그렇게 변하고 있는 사실은 어떻게 받아들여야 할까?

국가의 성격에 대한 인식은 다를 수 있다. 어떤 성격의 국가, 어떤 이미지를 갖는 나라인가는 그 나라의 역사, 문화, 전통, 국토, 인구, 경제력, 정치력, 리더십, 지정학적 위치 등으로 가려질 것이다. 우리나라가 '괜찮은 나라', '보고 배울 것이 많은 나라', '가보고 싶은 나라', '더불어 협력할 만한 나라' 등 자랑스러운 나라로 비쳤으면 한다.

그러기 위해서는 외양만이 아니라 나라의 속을 바꾸는 일도 수반되어야 한다. 물론 어려운 일이다. 특히 공권력이 사용화되어 공직윤리와 기강이 무너지면 국가이성도 덩달아 흐려지는데 이를 어떻게 만회할 수 있을까? 한 나라의 법과 제도, 정책과 프로그램, 방침과 지침 등은 국민을 보호하기 위해 존재하는 것이지만, 때로는 사회와 국민을 얽어매 놓고 있는 거미줄 같이 느껴지기도 한다.

이를 하루아침에 거둘 수 있을까? 국민을 옥죄고 있는 망을 거두어내고 나아가 생산양식을 바꾼다는 것은 결코 쉬운 일이 아니다. 우리나라에는 현재 사회와 국민을 옥죄고 있는 위헌에 해당하는 법과 시행령이 근 100여 개에 이르고 있다. 철저한 통제국가, 행정국가인 것이다.

허둥대며 뭔가를 쫓지 않고 여유를 가지면 안 될까? '웬만큼만 여유 있고, 편안한 나라' 는 어떨까? 여유만이 아니라 '반듯한 국가' 였으면 한다. '여유' 나 '반듯' 은 서기^{西技} 쪽의 의

미보다는 동도^{東道} 쪽에 가깝다. 비유가 적절할지 모르겠지만
행정수도를 옮기면서 마치 다리 놓고 도로 닦는 건설프로젝트
하듯 하는 것은 서기에 가깝지 동도 쪽은 아니다.

즉 과학적인 것과는 거리가 멀다. 이를테면, 행정수도를 옮
기겠다고 지정한 곳의 10~30년 기간의 평균 기온, 강수량과
같은 수치를 정부가 밝힌 적이 있는가? 여유를 갖는다는 것은
물론 물질적으로 어느 정도 충족이 된 후의 이야기일 것이다.
그리고 남을 배려하고 존중하는 마음이 따라가야 한다. 이런
나라를 소강국가^{小康國家}라고 하면 어떨까?

그러려면 국가에 대한 기본 인식을 바꾸어야 한다. 먼저 시
대의 변화에 맞게 패러다임의 변화를 제대로 인식해야 한다.
그래야 국가의 진로에 대한 바른 전략이 선다. 여기서 새로운
시대의 새로운 패러다임이라 함은 이분법의 극복, 부분과 전
체를 함께 보는 것, 공간개념에 대한 인식의 전환, 소유가 아닌
접속에 대한 인식, 융합의 시대에 대한 인식 등을 의미한다.

이분법의 지양은 오늘날과 같은 양자 패러다임의 시대에서
는 이것은 되고 저것은 안 된다가 아니라, 이것과 저것을 합쳐
하나를 만들어 보려는 노력이다. 다시 말해 안보국가는 안 되고
환경 문화국가는 된다가 아니라 국가의 안전도 보장하면서 친
환경문화국가는 어떻게 건설하겠냐를 동시에 고민하며 머리를
맞대야 한다는 것이다.

이런 논의는 어느 경우에나 타당해야 하다. 이를 테면 미국

은 안 되고 중국은 된다와 같은 발상은 전 근대적인 것이다. 산업화는 안 되고 환경화는 된다라는 언술도 조심스럽게 해야 한다. 인권은 되고 안보는 안 된다도 마찬가지다. 노무현 행정부의 인식은 정부의 입장과 여러 정책에서 해체주의와 포스트모더니즘 같은 반응을 보이지만 이것 역시 부정적인 인식 같다는 오해를 살 염려가 있는 동시에 이분법에서도 벗어나지 못하고 있다.

부분과 전체를 함께 볼 줄 알아야 한다. 과거의 패러다임에서는 부분 따로 전체 따로라고 보았다. 하지만 이제는 전체를 부분의 합이라고 보지 않을 뿐만 아니라 전체를 보는 중요성을 더 강조하고 있다. 물론 그렇다고 부분이 소중하지 않다는 것은 아니다. 영종도를 중심에 두면서도 상하이를 보고 칸사이를 보고 나아가 더 크게는 북동아시아의 질서까지 볼 수 있어야 한다는 뜻이다.

한 분야에 대한 인식으로 그치는 것이 아니라 앞으로는 다른 분야에 대한 인식을 종합적으로 고려해야 살아남을 수 있을 것이다. 이제는 다양·다원 지방주의로 간다.

공간개념에 대한 인식도 바꿔야 한다. 허브나 노드 같은 물리적 공간을 무시할 수는 없지만 오늘날의 공간개념에서 중요한 것은 '흐름의 공간'이지 '장소의 공간'이 아니다. 따라서 북동아시아의 중요성이나 영종도의 중요성을 강조하더라도 그것의 유동성과 역동성을 더 중시하고 인식할 줄 알아야 한

다. 어느 한 곳에 고착하는 상태와 인식은 과거의 생각과 다를
바가 없다.

접속의 시대에 대한 인식을 가져야 한다. 소유의 시대가 가
고 접속의 시대가 도래했다. 이젠 소유가 아니라 접속이고 활
용이다. 내 장기에서 나온 특수 단백질이 내 것이 아니고 이를
발견해 낸 대학의 연구소 것이 되는 시대이다. 우리 것이 아니
라 남의 것이라도 활용만 할 수 있으면 힘은 거기에서 나온다.
이 때 가장 중요한 것은 시산時産*이지 물질적 재산이 아니다.
용미用美*나 용중用中* 그리고 용일用日* 등을 주장하는 것이
이런 시각일 것이다.

융합의 시대로 접어들었다는 것을 알아야 한다. 기능 간의
경계를 뛰어 넘는 크로스오버여야 한다. 한 분야에 집착해선
안 된다. 네트워크가 당연시되고 전략적 제휴, 가상조직 등이
중요시 된다. 그리고 수평 커뮤니케이션이 가능한 평면적 위
계질서를 선호하게 된다. 나아가 과학도 자연, 인문, 사회 등
기능적 분업의 시대는 끝났다고 생각해야 한다.

정부는 인지과학으로 통합되어가는 과학의 세계에 대한 이
해가 부족하다. 인문사회과학의 도움 없이는 자연과학과 공학
이 날개를 펼 수 없다. 아직도 관계를 생각하지 않고 이분법으
로만 생각하고 있는 것이다. 재료공학과 패션의류직물이 만난
다. 전기 전자학, 물리학 그리고 의학이 만난다. 과거에는 생
각하지도 못했던 분야가 함께 만나 일을 하는 것이다.

*시산
시간이 곧 돈과 같은
재산이라는 용어.

*용미, 용중, 용일
미국, 중국, 일본을 적대
시하지 말고 활용하자는
용어.

271

과거에는 옆에서 같은 것을 하고 있어도 횡적 소통이 되지 않아 모르던 것을 극복하기 시작했다. 나아가 이제는 사이보 그를 생각해야 할 때다. 칩을 머리에 심으면 정신질환의 고통이 가실 때가 곧 올 것이다. 심장을 대체하고 다리를 만들어 몸에 장착하면 된다. 화학반응을 전기신호로 바꾸어 전달하던 것을 신호가 직접 작동해 병을 고친다. 화학반응을 이야기하는 것은 인체가 생화학 물질chemico-physiology이라는 것을 전제로 한 것이었는데 반드시 그렇지만은 않다는 것을 알게 된다.

20년 전에 미국에서 발생했던 의사와 간호사가 파업을 한 후 오히려 그 병원의 사망률이 줄어들었다는 사실은 과거의 의학 이론이 모두 도전을 받는 계기가 되었다.

그러나 본질이 쉽게 바뀔 수 있을까? 역사는 반복된다는데 어떤 전략으로 나라의 진로를 바꿀 수 있을까?

방법은 역시 사람부터 바꾸어 가야 한다. 즉, 사람의 생각부터 바꾸는 것이다. 그러려면 교육과 훈련을 해야 한다.

이미 인식이 고착된 사람은 배제하고, 새롭게 자라나는 사람에게 희망을 걸고 교육시킬 수밖에 없다. 그들에게 가르쳐줄 방법은 하나밖에 없다. 지금까지와는 전혀 다른 교육을 시키는 것이다. 구조도 바꾸면서 새로운 패러다임에 관해 인식시키는 것이다. '아름다움'과 '비움'을 가르쳐야 한다. 사람이 제대로 숨쉬고 법이 서는 그런 나라를 만들자는 것이다. 그러면서 과거와 현재의 교집합의 영역을 넓혀가야 한다. 반드시 제3의 영역에서 할 일이 생길 것이다.

국가의 변화와 발전의 목표는 좀 더 물질적으로 잘 사는 것 뿐만 아니라 인간답게 살 수 있었으면 하는 것이다. '인간답게'는 한 쪽으로 몰리고 쫓기며 사는 것이 아니라 여유를 갖고 아름다움을 즐길 수 있으면 되는 것이다. 최대한의 만족이 아니고 '어느 정도'의 채움이다. 그 밖엔 반드시 비움이 있어야 한다. 비움이 더 아름답기 때문이다. 이는 유명한 건축가 칸의 철학이다.

소강국가론을 펴고자 하는 이유가 여기에 있다. 덩샤오핑鄧小平은 소강사회를 연상한 듯싶다. '웬만큼만 여유가 있는 사회', '그런대로 편안한 사회'면 된다고 했다. 그리고 2007년 6월에 후진타오胡錦濤는 중앙 당교에서 사상 해방, 개혁과 개방, 전면적인 샤오캉小康:비교적 넉넉한 의식 수준 구현과 함께 과학 발전관을 강조했는데 같은 맥락의 이야기다.

많은 사람들이 '작지만 단단한 나라, 민족의 존엄과 민중의 권익이 민주적으로 지켜지는 나라'를 만들 것을 강조했다. 이러한 주장은 해방 후 백범 김구가 바랐던 국가의 상, 즉 '우리의 경제력은 우리의 생활을 풍족히 할 만하고 우리의 힘은 남의 침략을 막을 만하면 족하다'고 했던 생각과도 통한다.

정당한 법질서를 지키고 남을 존중할 줄 아는 사회여야 할 것이다. 지난 근대화 과정에서 환경만 파괴된 것은 아니다. 인성도 파괴되었다. 물질적인 충족은 어느 정도까지만 해 놓고 '웬만큼 여유 있는 국가'가 되면 어떨까? 그리고 좀 '반듯한 나라'면 더 좋지 않을까?

완벽한 선진자본주의 국가(그 실체가 존재할지는 의문스럽지만)가 되기보다는 이것이 종국적인 단계면 어떨까? 아니면 전략적인 개념일 수도 있지만 이런 입장이 환경친화적 문화국가를 구현하는 첩경일지도 모르겠다.

원래 선진자본주의 국가발전관이라는 것은 서구의 시각에서 비롯된 것이다. 그러나 이것은 에드워드 사이드의 '오리엔탈리즘의 모순구조*'로 볼 때 다시 한 번 생각해봐야 할 것이다.[4] 즉 세련된 서구의 시각으로 아프리카를 보면서 무질서하다는 등의 폄하는 하지 말라는 뜻이다.

나아가 새뮤엘 헌팅턴의 말처럼 서구는 유니크할 뿐 유니버설(보편적)하지 않다는 것을 알아야 한다. 우리가 반드시 서구의 성장 패턴과 속도를 따라갈 이유가 없는 것이다.[5]

안보국가, 지식국가, 친환경적 중간국가, 거점경제국가 등 여러 의견이 제시된다. 이를 토대로 논의하면서 어떤 국가상을 그려 볼 지 생각해 보자.

앞에서 말한 패러다임의 전환은 21세기와 22세기를 준비하면서 기본 입장의 변화를 촉구하는 것이다. 그 다음엔 어떤 방식으로 변화를 추구해야 하는 것이냐가 숙제로 남는다. 문제는 전략이다.

국가의 미래

과학국가로 가야 한다면 그 전략을 어떻게 세우느냐가 중요하다. 과학기술만 육성해서 될 일이 아니다. 과학기술의 발달을 극대화하면서도 관계기술에 힘입어 인간과 사회로 제대로 연결시켜 소강국가로 가야 한다는 뜻이다.

먼저 유전자를 조작해서 체세포를 바꿀 수 있는가를 생각해야 한다. 즉, 국가와 정부가 변화와 발전을 위한 정책을 잘 펴면 그 분야의 문제가 해결될 것인가 고민해봐야 한다는 것이다. 정책을 잘 만들어 잘 집행 하면 문제가 풀린다고 생각하는 것이 정설이다. 그러나 그것은 단견에 불과하다. 왜냐하면 국가의 정책들은 서로 논리가 다르기 때문에 항상 부딪친다.

산업정책의 논리와 환경정책의 논리가 정반대이고, 안보정책의 논리와 인권정책의 논리가 평행선을 긋는다. 통일부와 국방부의 논리는 항상 부딪힌다. 과학과 교육의 정책이 노동정책과 항상 일치하지는 않는다.

재정과 금융의 정책논리가 항상 수렴되지 않는다. 소득 2만 달러 시대의 달성을 주창하면서 분배와 평등을 강조하고 있다. 정책논리가 이런데, 하나의 정책이 성공하면 다른 데서 문제가 불거지는 경우가 허다하다는 사실을 인정해야 한다.

즉 유전자를 조작한다고 체세포를 바꿀 수 있는 것이 아니다. 세포군을 조작해 집단을 바꾸어야 한다. 그러나 바로 거기에 문제가 있다. 세포군은 그 막 자체가 이중성을 지니고 있기 때문이다. 즉 친수성과 배수성을 동시에 갖고 있기 때문에 하나의 성격으로 간주해 접근하면 항상 실패한다. 정책은 모두가 이중성 내지는 다중성을 갖고 있다. 그리고 정부나 논자들은 단기·중기·장기 정책이 별개의 것이라고 인식하고 있는 듯한데 그것은 별개가 아니다.

정책의 본질이 그러니 정책을 통해 국가의 비전을 구현한다는 것이 결코 쉬운 일이 아니다. 그러나 현실은 정부가 법과 제도를 만들고 정책을 펴야 하며, 또 이를 위해 예산을 배정하고 집행해야 한다. 국민으로부터 거둔 세금을 써야 한다. 이것이 현실이고 그 현실은 예부터 고착된 생각과 방식에 의해 이루어진다.

더욱이 권력네트워크에서 줄줄이 새 나가는 예산을 막지도 못하고 있는 것이 현실이다. 새로운 패러다임은 입으로 말할 뿐 노무현 정부의 어느 정책에서도 체현된 것을 아직 보지 못했다. 그러니 단선적으로 공약하는 것을 보면 제17대 대통령도 나라를 바꾸기는 요원한 듯 하다.

국가에 관한
여러 생각과 입장들

국가가 어떤 성격과 방향으로 가야하는가에 관해서는 많은 이론가들이 자신들의 주장을 설파했다. 역사학자, 경제학자, 정치학자 할 것 없이 각 분야에서 논의가 이루어졌다.

지금부터는 최근 발전국가론에 관해 생각을 달리하는 몇몇 학자들의 입장을 중심으로 이야기할 것이다. 안보국가, 지식국가, 환경친화적 중간국가, 강중국가론* 등이다.[6]

이런 국가의 규모와 방향을 논하는 계기가 있다. 이런 논의가 필요하다고 늘 생각했던 것은 사회와 학문을 지배하는 여러 인식들이 서양의 논리실증주의에 아직도 머물러 있고, 칼테지안 - 뉴터니안 패러다임이 지배적이어서 답답하다는 생각을 떨쳐버릴 수 없기 때문이다. 그리고 하나 더 있다.

벌써 10년 전 일이다. 21세기를 맞기 위해 준비하면서 한국의 미래를 그려보는 시도를 한 바 있었다. 당시에 지적했던 것

*강중국가론

임현진 교수가 주장하는 강하되 중간규모의 국가.

이 미래 예측들이 통시적이거나 통사적이지 못하고, 너무 안
이하며 패러다임의 변화에 기초한 논의가 드물다는 것이었다.
또한 변할 것과 변하지 않을 것을 구분하지 않고, 역사의 반복
성과 세계사의 흐름과 함께 가고 있는 사정 등을 외면하고 있
다는 점을 지적했다.[7]

저자가 펴고자 하는 생각은 한마디로 '소강국가론^{小康國家}
^論＊'[8] 이다. '웬만큼 여유 있는 국가', '그런대로 편안한 사
회'[9] 면 되지 않을까 하는 생각이다. 비중을 '웬만큼' 과 '그런
대로' 에 두고 싶다. 물질적으로 어느 정도 충족하고 남을 배려
하며 정당한 법질서를 지키려는 나라를 이른다.

물론 여유가 있으려면 우선 물질적으로 충족해야 한다. 완
벽한 충족을 기대하는 것은 아니다. 그러한 상태는 가능하지
않을 뿐만 아니라 이룬다 해도 불행이 더 클 수도 있다.

국민소득이 2만 달러인지, 3만 달러인지보다 정신적인 안
정이 더 필요하다는 말이다. 나아가 '여유' 만이 아니라 '반
듯한 국가' 였으면 한다. 소득 1만 달러만 넘으면 3차 나라의
주관적 웰빙은 비슷하다는 잉글하트의 주장에 귀 기울여야
한다.

그리고 분명히 해야 할 것은 국가의 장래를 헤아리면서 국
제질서 속에서의 한국의 위상을 가려보려면 동전의 양면이지
만 대외적으로 비치는 이미지나 성격만이 아니라 내면적 속성
도 가려봐야 한다는 점이다.

국가의 미래

다시 말해 지식국가나 환경국가, 문화국가 등도 논의의 여지는 있지만 그 속에서 가려야 할 것 중의 하나가 국가 안의 여러 속성들(법, 제도, 정책 등)이 과연 그런 국가를 지향하기에 거침이 없는가 또는 이들을 바꿀 가능성이 있는가 등도 가려보아야 한다는 것이다. 많은 논자들이 국가가 안고 있는 여러 제도적, 비제도적 속성 등에 관해서는 구체적인 언급을 하지 않은 채 주장을 펴고 있기 때문이다.

소국주의, 대국주의

국가의 앞날을 보기 위해서는 현재의 국가를 어떻게 볼 것인가가 중요하다. 어떤 나라라고 생각할 것인가가 이야기의 출발이다. 한국은 어떤 성격의 나라인가? 큰 나라인가, 작은 나라인가? 강한 나라인가, 약한 나라인가? 작지만 강한 나라인가, 크지만 약한 나라인가? 국제적으로 인정받는 나라인가, 보잘것없는 나라인가? 문화유산이 넉넉해 많은 외국사람들이 오고 싶어 하는 나라인가, 아니면 그 반대인가?

한 나라에 대한 인식은 보는 각도에 따라 크게 다를 수가 있다. 동시에 생각해야 할 것은 과연 우리가 무엇을 갖고 있는가 하는 것이다. 아름다운 금수강산? 세계 어느 나라에도 아름다운 자연은 있다. 인재와 아이디어, 근면은 어떨까? 이런 것들도 우리의 자원임에는 틀림 없다.

한 나라에 대한 인식에서 스스로 작은 나라, 약한 나라로 인식하는 것을 소국주의라고 하고, 자신감을 갖고 적극적으로 나가려고 하는 것을 대국주의라고 한다. 후자는 경제성장이 뒷받침되고 북한에 대한 우월감이 생겨났던 1990년대 들어 나타나기 시작한 현상이다. 역사적으로는 대개 소국주의를 인정하고 이를 극복하고자 노력했던 흔적이 역력하다.

박명규는 여러 논자들의 주장을 인용해 두 입장을 소개하고 이들을 뛰어 넘으려고 노력한다.[10] 먼저 소국주의는 미국의 강력한 지원 없이는 한반도의 평화나 사회 안정이 불가능하리라는 파병론자들의 인식으로 기본적으로 스스로를 작은 나라, 약한 나라로 파악하는 관점에 기초[11]하는 국가관이다. 그러나 OECD 국가에 속하고 세계 11위의 교역량을 자랑하며 엄청난 규모의 군사력을 보유한 오늘의 한국을 과연 소국이라고 할 수 있을 지 의문이다.

하지만 약육강식의 논리가 압도하는 국제상황에서 소국으로서의 자의식은 '열등감과 우월감의, 그리고 현상용인심리와 현상변경심리의 복합관계의 어딘가에 위치' 하게 된다.

따라서 소국의식으로부터 두 가지 상이한 정치적 태도가 나타날 수 있는데, 하나는 소국으로서의 자의식을 수용하면서 대응전략을 모색하는 경우와 다른 하나는 소국으로서의 지위를 거부하고 강대국으로 변신하려는 지향이다.

전자를 소국주의, 후자를 대국주의라 부를 수 있는데 물론 그 구체적인 모습은 시대와 사회에 따라 다를 수 있다. 소국의식이 정치화하는 계기는 민족주의가 부상할 때다.[12] 소국과 대국의 구분은 아니지만 약한 국가와 강한 국가에 관한 구분도 있다. 중국도 대장정과 문화혁명 시기에는 강한 국가로 구분되지 않는다.

잠재적인 지향성만으로 본다면 자강의 구상은 대국주의적 성격을, 사대의 구상은 소국주의적 성격을 지닌다고 할 수 있다. 또한 소국주의라고 해서 정치적 나약함이나 사대주의를 강화시켰던 것은 아니다. 오히려 소국의식을 약소민족의 정치적 자주권과 독립을 정당화하는 적극적 원리로 수용한 민족주의자들도 있었기 때문이다.

안중근은 스스로 약함을 부정하지 않았지만 열등감으로 빠지지 않고 오히려 새로운 공존의 논리, 평화의 질서를 구성하려는 적극적 사유양식을 보였다.[13]

소국주의라고 해서 항상 부정적인 것만이 아닌 것을 잘 보여준 사람노 있다. 함석헌은 부국강병적 발선주의를 거부하는 노자의 평화사상에 근거해 소국의식을 건강한 자의식으로 삼으려고 노력했다. 소강국가론과 같은 맥락이다.

한편 민족경제론의 주창자인 박현채는 대외의존적인 '종속형 경제'를 비판하고 '국민경제의 자립적 구조'의 창출을 강조하였는데 이는 소국의식의 국가적 전유에 대하여 근본적인 문제제기를 한 것이라고 할 수 있다. 권위주의에 대항한 민주화투쟁은 민중과 민주의 이름으로 국가권력의 일방적인 근

대화 지향성에 도전했다고 보면 된다.[14]

그러면 각 정부의 입장은 어떠했을까? 이승만 정권은 분단 상황을 이데올로기적으로 활용해 강력한 반공반북의 논리를 민족주의적인 정서와 연결해 대미종속과 내부의 권위주의를 결합하는 효과를 낳았다.[15] 박정희 정권은 소국의식을 근대화 기획과 결합시켰다.

이는 경제성장과 자주국방을 핵심목표로 내세운 전형적인 부국강병론이라 할 수 있는데 강대국에 대한 선망과 근대화라는 목표가 서로 떼려야 뗄 수 없게 결부되어 있었다. 이것을 '종속적 발전전략'이라 부르기도 하는데 강대국으로의 성장을 바라는 '발전'과 소국의식의 부정적 특징인 '종속'이 똑같이 중시되던 시기의 특징을 잘 드러낸다.[16]

1990년대가 되면서 한국에 대국주의 경향이 나타나기 시작한다. 새로운 경향이 나타나게 된 데는 대외로 나가는 일에 자신이 생기고,[17] 고도경제 성장으로 인한 물량적 성취가 있어[18] 북한에 대한 승공의식이 강해졌기 때문이다.[19]

대국주의에는 대체 표현들이 뒤따랐다. 신부국강병론이나 신민족주의론 등이다. '한국 대자본의 성장과 해외진출에 관련되어 있으며 대자본의 이해를 정확하게 반영'하고 있는 것으로 '한국이 현 세계체제의 반주변부 혹은 반중심부의 단계를 넘어서고 있는 현상과 무관하지 않다'고 파악한다.[20]

IMF때 '국난극복', '경제위기로부터의 탈출'이라는 단순 논리가 늘 앞섰던 것은 심리적 충격의 강도 때문이었기도 했다. 안팎의 위기가 대국주의의 한계를 현저히 깨닫게 해주었음에도 불구하고 실상 그 충격은 경제위기에 한정되었고, 대국주의에 대한 발본적 성찰, 문화적 혁신으로 이어지는 작업은 이루어지지 않았다.

이것은 경제회복만을 앞세운 정부의 정책실패 못지 않게, 문제의 성격을 발전전략 자체에서 찾지 못하고 대국주의와 소국주의 사이를 오갔던 사고의 한계에도 큰 원인이 있다고 박명규는 이해한다.[21]

그렇다면 소국주의와 대국주의를 넘는 길은 있는가? 이런 견해가 있다. 즉, 대국주의도 곤란하지만 소국주의도 '아름답지만 공상적'이라는 한계를 벗어나지 못했다고 비판하면서 '대국주의와 소국주의의 긴장'을 강조했다.[22] 박명규는 이런 긴장을 통해 '작지만 단단한 나라, 민족의 존엄과 민중의 권익이 민주적으로 지켜지는 나라'를 만들 것을 강조했다.

이 주장은 해방 후 김구가 바랐던 국가상, 즉 '우리의 경제력은 우리의 생활을 풍족하게 할 만하고 우리의 힘은 남의 침략을 막을 만하면 족하다'고 했던 생각과도 통한다.[23]

안보국가론, 지식국가론 *

1976년에 앞으로 200년(2176년)을 조감하는 책이 허드슨 연구소의 허만 칸^{Herman Khan}에 의해 발간되었다. 이 저서에는 전형적인 물질문명론으로 기술의 발달과 경제성장이 인간에

*지식국가론
지식이 곧 힘이다고 믿는 전형적 선진자본주의 국가론.

게 재앙을 가져다주기 보다는 희망과 평화를 보장한다는 내용이 담겨 있다.

풍요와 삶의 질의 향상이 인간의 미래를 보장한다는 지극히 낙관적인 전망을 펼쳐 당시 유신과 긴급조치에 신음하던 지식인 사회가 묘하고 엇갈린 감정을 느꼈었다. 인구, 에너지, 광물자원, 식량, 환경 등의 문제를 분석하면서 미래에 대한 긍정적 전략을 폈다. 분명히 산업사회와 후기산업사회에 차이가 있을 텐데 후기산업사회는 넉넉함과 이룸이 나타날 것이라고 전망했다. [24]

그들의 예언은 4반세기가 지난 현재 과히 틀리지 않았다. 아마도 인류문명은 부담이 크긴 하지만 물질을 외면하지 못하고 과학기술의 발달에 힘입어 어느 정도의 물질적 부를 경험하며 미래를 향해 진보할 것이다.

국가의 진로를 바꾸기는 쉽지 않다. 경로의존성의 원리*에 따라서만이 아니라 자본주의 국가를 사회주의 국가로 바꾸기는 쉽지 않은 것이다. 법과 제도, 그리고 정책과 프로그램, 방침과 지침 등 수없이 많은 거미줄이 사회를 얽어 놓고 있다. 국민을 보호하려고 하는 것이지만, 역으로 국민을 옥죄고 있다고도 할 수 있다.

상황이 어떻든 이러한 거미줄을 쉽게 거두어 버릴 수 있을까? 혁명이 일어나 나라의 양태를 바꿀 수는 있겠지만 법과 제도를 비롯해서 생산양식을 하루아침에 바꾼다면 큰 혼란이 올

국가의 미래

것이다. 그런 뜻에서 하영선의 주장들은 다분히 기존의 지속가능한 성장의 연장선상에서 국가의 발전을 염두에 두고 있는 듯하다.[25]

21세기 신세계에서는 주인공들이 바뀌기 시작한다고 한다.[26] 유럽연합, 세계무역기구 그리고 인터넷 같은 그물망 조직의 등장을 말하는 것이다. 주인공뿐만 아니라 무대도 새로 꾸며진다. 부국과 강병의 단출한 무대가 안보, 번영, 지식, 문화, 환경의 복합무대로 바뀌어가고 있다. 복합적 상황이 전개된다는 이야기다.

무대는 하나의 국가가 아닌 지구이다. 이에 대해서는 세계화론자와 반세계화론자들의 생각이 상반된다. 전자는 지구라고 하고, 후자는 지구인 듯하지만 여전히 국가와 계급이라고 본다.

그럼에도 불구하고 이들 이분법을 넘어 '21세기 한반도가 스스로 주인이 되기 위해서는 '친외세 종속' 이나 '반외세 자주' 의 냉전적 사고를 넘어 외세 활용의 새로운 길을 찾아야 한다는 주장이 있다. 이를 위해서 우선 한반도 자주외교의 역사적 교훈을 다시 한 번 되새길 필요가 있다고 한다.[27]

이러한 주장은 이미 이분법론을 지향하고 있는 초 뉴터니안 내지는 양자 패러다임*의 입장이라고 할 수 있겠다. 진보와 보수의 이분법에서 하루빨리 벗어나 '자주적 세계화' 라는 이름 하에 하나로 뭉쳐야 한다고 주장하기 때문이다.[28]

285

*양자 패러다임
고전물리학이 아닌 양자 물리학에 기초한 생물학적 지각론의 세계관. 부분이 곧 전체이고 일원론을 존중한다.

또한 하영선 교수는 지구적 표준과 한국적 현실을 조화시
킬 수 있는 제대로 된 제도화를 통해 새로운 문명표준을 만들
자고 하면서, 21세기 해법을 찾기 위한 방안을 잘 제시하고 있
다.[29]

이들 생각에 대한 한 총평이 재미있다.[30]

지식 내지 정보가 힘의 원천이라는 것을 강조하면서 이를
당연시하고 있는 한 입장에 대해 또 다른 입장은, 우선 지식의
생산자와 소비자 간의 권력 창출 능력은 전혀 다르다고 지적
한다. 동시에 힘의 원천인 정보의 처리, 선택, 판단 등은 컴퓨
터가 아니라 인간만이 할 수 있다고 한다.[31]

그런 가운데 네트워크 국가(김상배)는 종래의 국가 중심의
'부국강병' 보다 더욱 높은 수준의 주체성과 지적 능력을 요구
하는 것이 아닌가 생각하기도 한다. 그것은 거미의 특성과 행
태를 보면 알 수 있다고 한다.

데카르트 이후 지식의 발달이 오늘의 디지털 사회를 예고
했다고 믿는 사람이 있다.[32] 왜냐하면 데카르트의 지식이 다른
사람에게 전달하기 위해 코드화된 지식이었기 때문에 이른바
디지털화된 지식과 같은 성격이라고 말한다.

오늘날 귀중하게 생각하는 지식 그리고 권력의 구조는 이
미 예전에도 있었던 것이고 따라서 앞으로도 같은 구조가 지
속될 가능성이 있다는 것을 암시한다.

다시 말해서, 근대 과학적 지식이란 데카르트로부터 코드
화된 지식이며 최근 이른바 '디지털화' 란 지식의 구조는 전혀

새로운 것이 아니라는 것이다.[33] 그러니까 가상현실이나 사이버스페이스 등도 데카르트가 창시한 현실주의 반복에 다름 아니다.[34] 바로 최정운의 생각이 근대에 이르러 본질적으로 달라진 것이 없다는 것이다.

진정 새로운 '힘'이 되기 위해서는 컴퓨터나 인터넷을 발달시키기보다 지식 자체에 구조적인 변화가 있어야 한다는 것이다. 분과학문을 융합학문으로 탈바꿈해야 한다는 논지와 상통한다.

19세기 우리가 문명표준을 따라가지 못한 것은 당시 우리 사회에 존재하던 엄청난 구조적인 문제들이 문명표준을 따라가지 못하도록 막았기 때문이다.

지금도 우리나라에 최신 테크놀로지를 들여온다 해도 충분히 활용할만한 높은 수준의 데이터가 만들어지지 못한다는 것은 현재 우리 사회에 지적인 발달을 가로막고 있는 구조가 상존하기 때문이다. 이 구조를 타파하지 못하고서는 문명표준을 따라갈 수 없다. 반지성주의의 구조를 타파하는 것이 시급하다.[35] 여기서 말하는 구조에는 언어, 법, 제도, 정책 등이 포함된다고 생각한다.

끝으로 지식국가의 문제는 바로 헤게모니의 문제라고 단정짓는다.[36] 푸코를 따르지 않더라도 연성 권력의 문제라는데 동의할만 하다. 이 권력은 전 세계에 걸쳐 우리의 몸을 통과하며 걸려있는 자기장과 같은 구조에서 발현되는 힘이다. 국가들 간의 계급사회에서의 쁘띠 부르지아의 생존과 전략의 문제라는 것이다(피에르 부르디유).

진정 우리가 현재의 위치라도 유지할 수 있는가, 그리고 신분이 상승하여 선진국이 될 수 있을까? 유감스럽게도 열심히 일해 모범생이 된다고 해도 답답함과 관견 때문에 부작용이 많을 것이라는 것이 최정운 교수가 염려하는 미래국가상이다.

환경친화적 중간국가론* – 생산양식을 바꾸어 볼 것인가?

생명지속 발전론도 발전국가론에서 한 획을 긋는다.[37] 백낙청은 '무엇을 지속시킬 것인가'에 초점을 맞추는 쎈의 접근법에 특별한 매력을 느꼈고, '지속가능한 발전이라는 환경관리주의적 이념이나 반대로 경제적·기술적 발전 자체를 적대시하는 생태근본주의적 노선 대신에 생명지속적 발전'을 제의했다. 이는 '어디까지나 생명을 지속하는 일을 기본으로 삼되 여기에 합당한 발전의 가능성을 찾자는 것'임을 주장하는 것이다.[38, 39]

근대의 전체상을 외면하고 근대와 근대성도 혼동하면서 세계화가 무작정 지속될 수 없고 '전지구적 근대'가 아마도 근대의 마지막 단계일 것이라는 가설에 설득력을 더해주는 현실은 다름 아닌 생태계의 위기라는 것이 백낙청이 주장하는 내용의 요체이다. 생산수단으로부터 소외된 다수의 사람이 있어야 작동하는 자본주의 경제체제는 균등하게 절제된 삶을 계획하여 환경을 보호하는 사회를 허용하기 어렵다.

국가의 미래

동시에 마음 놓고 착취할 자연의 영역이 절대적으로 줄어 드는 시기가 올수록 가진 자들의 기득권 유지를 위해서 환경 보호라는 공공의 대의를 더욱더 내놓고 외면하게 된다는 것이 다.[40] 유엔 에스캅[UN ESCAP]의 정권래도 환경개선 캠페인을 벌 이고 있다. 채집에서 경작으로 에너지 정책을 바꾸어야 한다 는 주장과 같은 맥락의 이야기다.

이런 주장에 대해 한 가지 염려가 되는 것은 반드시 같은 개념은 아닐지 모르지만 피터 에반스[Peter Evans]가 주장하던 중 간국가인 인도와 브라질이 현재 예전의 한국과 대만처럼 산업 화 내지는 후기 산업화의 과정을 밟아가며 선진대열에 진입하 려고 한다는 점이다.[41]

중간국가가 그대로 남아 있을 수 있을지 의문이 생기는 이 유가 여기 있다. 물론 백낙청의 주장이 중간국가가 그렇게 선 진대열로 진입하면 안 된다는 의미라는 것은 알고 있다.

소강강중국론 小康强中國論 [42]

임현진은 한국의 향후 발전 방향을 이렇게 주장하고 있다. '우리에게 중요한 것은 향후 몇 년 안에 일인당 국민소득 3만 불을 이루거나 G - 10[*]이 되겠다는 가시적 목표가 아니라, 한 국의 국내외 여건에 걸맞는 새로운 발전모델을 만들어 내는 것 이다.

자유, 평등, 성장, 분배, 자주, 참여, 복지, 환경, 안전 등 다

*G - 10

10개국 재무장관회의나 G - 10으로 통칭된다. 국제통화기금(IMF)에 가맹하고 있는 주요선진 10개국의 재무장관으로 구성된 회의다. 가입국 가로 미국, 영국, 독일, 프랑스, 이탈리아, 일본, 캐나다, 네덜란드, 벨기 에, 스웨덴이 있다.

양한 발전가치를 국민적 합의 아래 우리의 미래발전 모델에 담아내는 노력을 통해 성장이냐 분배냐, 개발이냐 보전이냐, 종속이냐 자립이냐 등 이분법적 한계를 넘어 우리 상황에 걸맞는 실현가능한 발전모델을 재정립하여야 할 것이다' 라고 했다. 그러면서 우리나라의 기존 발전 연구가 대부분 우상숭배 같은 것이라고 비판한다. 이른바 구미 교리 참신도쯤 된다는 것이다.[43]

임현진 교수는 한국 근대성의 본질을 '유사 근대성' 이라고 하면서, 자아정체성이 부족한 뒤틀린 근대성을 낳았다고 말한다. 미성숙한 시민사회, 반독점적 시장경제, 종속적 자본주의, 파괴된 생태환경, 정체성이 약화된 민족문화 등이 이를 입증하고 있다는 것이다. 그는 민주주의조차도 미숙해 '얼어붙은 민주주의' 라고 칭한다.[44]

거점경제국가론

앞의 발전국가론과 같은 맥락이고 할 수는 없지만 좀 더 구체적으로 한국이 가야 할 길을 제시한 다른 주장이 있다.[45]

경제가 도약하기 위한 기반이 '경제특별구역' 이다. 국민경제는 일종의 질병예방지대를 형성하여, 분리된 채 있는 상태가 최상이라서 두 세계가 섞이면 안 된다고 생각했다. 종종 억압적이고 보호무역주의적인 국내사회와, 자유세계경제의 다른 어떤 곳보다도 더 자유방임적이고 분방한 특별구역들이

국가의 미래

그것이다.[46] 중국과 홍콩의 관계가 그러하고 개성과 북한의 관계가 그렇다. 오늘날 새로운 유행은 '거점경제 hub economy' 라는 것이 우정은의 소론이다. 동북아시아가 제조업 중심에서 서비스 중심 경제로 옮겨가고 자본과 상품 시장이 충분히 자유화됨에 따라, 공간조직의 주도적 양식으로서 '특별경제구역' 대신 '거점' 이라는 개념이 들어섰다.

이에 따라 우리나라에도 홍콩, 싱가포르, 중국, 타이완, 일본처럼 금융, 운송, 물류 거점들의 성단星團, clusters이 생겨날 수 있다. 이들 거점이 관문 구실을 할 것이다.

그런데 문제는 이러한 거점경제 모델이 홍콩, 싱가포르, 상하이 등 고도의 국제도시에서는 통했지만 서울 주변 지역에서도 과연 통할까 하는 것이다.

물류기반은 그럭저럭 갖추게 될지 모르겠지만, 30년 한 세대 안에서 극복하기 어려운 것은 대규모 기관투자가의 존재와 세계수준의 주식시장이라는 금융자원의 상대적 결여, 다른 거점경제들에 비해 법률, 회계, 예측 분야의 최고급 인재의 상대적 부족, 세계주도문화의 부재 등 때문이라고 할 수 있겠다.[47]

그러나 이들 어려움이 극복된다는 전제하에 생각해 보자. 한국의 위상은 중국이 앞으로 어떤 변화를 맞고 이에 따라 중국의 동문이 어떻게 형성될 것이냐에 달려있다. 여기서 말하는 동문은 바로 북동아시아의 지형과 그 변화를 이른다.

거점경제를 받아들이기 위한 참된 공개토론이 필요한 이유는, 거점경제란 다름 아닌 대규모 사회공학을 함축한 해당 나

30년 한 세대 안에서 극복하기 어려운 것은 대규모 기관투자가의 존재와 세계수준의 주식시장이라는 금융자원의 상대적 결여, 다른 거점경제들에 비해 법률, 회계, 예측 분야의 최고급 인재의 상대적 부족, 세계주도문화의 부재 등 때문이라고 할 수 있겠다.

라의 경제적·문화적 지형에 심대한 변화를 초래할 의향까지
포함하는 것이기 때문이다.

홍콩, 상하이, 싱가포르는 각각 역사적 배경과 특성이 다른
도시이자 국가인데, 이들은 근본적으로 중국의 목에 보석처럼
걸려있는, 우리가 한 때 매판도시라고 일컫던 도시들이다.

한국이 하나의 분단국가로서 비교적 폐쇄적인 국내경제를
배경으로 제조업 기반의 산업화에 착수하는 것과, 금융자본과
다국적 화물의 통과지점이라는 미래를 기획하는 것은 전혀 별
개의 문제다.[48]

분단국가가 세계를 향해 손을 뻗을 수 있지만, 세계가 분단
국가를 향해 손을 내밀 가능성은 적으며, 특히 긴장과 위험으
로 가득한 분단일 경우에는 더욱 그렇다. 민족분단이 산업화
의 광포한 질주를 방해하지는 않는다. 오히려 냉전 상황에서
는 나라의 대규모 경제적 동원을 조장하기까지 했을 것이다.
하지만 이제 민족분단은 21세기 한국의 미래를 만들어가는 데
주된 장애물이 되고 있다.[49]

이러한 생각을 토대로 한국의 미래를 비추는 세 개의 거울
이 거론된다.[50] 하나는 전지구적 논리인 국제적 정체성, 다른
하나는 중화세계질서의 논리인 지역적 정체성, 세번 째는 민
족적 논리인 한반도 정체성이다.

우선 국제적 정체성은 보통 거점이라고 하면 금융, 운송,
물류 등 세 개의 바퀴살을 일컫는데, 한국이 금융의 세계적 중
심이 되려면 도시부터가 전지구적이어야 한다. 그러기 위해서

는 그 도시민은 우아하고, 명민하며, 세계주의적이고, 부유해야 한다. 컨테이너항과 공항터미널이 아무리 많다고해도 그것만으로 전지구적이 되는 것은 아니다.

혁신도시가 아무리 생겨나도 이것은 어디까지나 국내용이다. 혁신도시 자체가 바람직한 개혁의 방향도 아니다. 유감스럽게도 서울이 중국과 동남아의 다른 도시들과 사정이 다른 것은 안정된 안보환경이 뒷받침 되지 못하고 있기 때문이다. 한국이 한반도 정체성을 얻을 수 없다면 국제적 정체성도 얻지 못한다.[51]

지역적 정체성은 경제 혹은 금융 거점보다 훨씬 더 실현가능한 운송거점이야기다. 인천 영종도는 인구 100만 이상의 도시 43곳이 비행거리 2시간 이내에 있는 곳이다. 공항과 항만이 제대로 갖추어지면 운송의 중심이 되면서 다국적기업이 집중될 것이다.

이점에서 영종도는 푸둥 국제공항과 와이까오챠오 자유무역지역, 양샨의 수심 깊은 항만을 결합함으로써 상하이 불류거점이 이미 이룩한 모습을 조금 작은 규모로 재현할 수 있을 것이다. 한반도 정체성은 한국의 거점경제체제가 가능한 남북한이 하나의 경제 질서를 유지하게 될 때를 말한다. 적어도 개성공단의 물자가 인천항이나 영종공항을 통해 세계로 수출될 때다. 더 나아가 한반도종단철도가 시베리아횡단철도와 연결될 때다. 남북 간의 육상물류는 현실화되어 가고 있다. 여기에 동북아개발은행[NEADB]의 설립 제안은 큰 의미를 지닌다. 이

것은 말할 것도 없이 북동아시아지역의 경제적 통합을 촉진한
다(참고로 1965년 일본과 한국의 관계정상화와 그에 따른 5억 달러
차관은 마닐라의 아시아개발은행 설립과 동시에 이루어졌다. 동북
아개발은행의 설립을 일본과 미국이 반대하고 있으나 이는 일본의
대북한 배상과 연결시킬 수 있을 것이다).[52]

위에서 주장한 내용의 단순한 전제는 장기적인 사회계획은
언제나 그 민족의 자기 정체성 및 그 민족이 향후 몇 년을 어떻
게 상상하기를 원하는가에 근거해야만 한다는 것이다.

'두 개의 한국과 시베리아를 통한 육상수송에 초점을 맞추
고 보면, 미래에 대해 전혀 다른 거울이 나타난다. 그것은 동
아시아에서 가장 떠들썩하고 생동하는 민주적 문화 중 하나를
가진 나라에서 자랄 수 있는 미래이며, 또한 민족통일에 대한
강한 열망과 맺어진 미래이다. 미래의 세 개의 거울에 비친 상
들은 상호배타적인 것이 아니다. 한국이 통일되면 이 각각의
상들이 합쳐져 일관된 하나의 전체상을 형성하게 될 것이다'
라고 우정은 교수는 결론을 맺는다. 그는 또한 중립화된 한국
도 생각해 볼 수 있다고 한다.

이렇게 되면 한국은 운송거점과 국제기구에게 완벽한 무대
가 된다. 중립적 한국은 철저하게 파괴적인 20세기 역사라는
사지死地로부터 평화롭고 번영하는 새로운 한국, 남북 간의 평
화로운 공존이 한참 지속된 후에 마침내 통일된 한반도를 건
져낼 것이라고 한다.[53] 거점은 중심일 수도 있고 아닐 수도 있
다. 거점은 중계일 수도 있다.

여유 있고 반듯한 나라
– 소강국가론

지금까지 우리는 소국주의로 갈 것인가, 아니면 대국주의로 갈 것인가부터 시작해 구체적으로는 한국이 운송 중심의 거점경제로 북동아시아의 중심역할을 담당하자는 안이나, 지식국가, 아니면 환경친화적 중간수준 국가를 지향하자는 주장까지 매우 다양한 스펙트럼을 찾아보았다.

이러한 스펙트럼의 공통된 전제는 미래가 정보사회에 머무를 것이라는 점이다. 과학기술이 엄청나게 발달해 인간과 사회가 지금과 같지 않을 것이라는 전제는 없어 보인다.

국가를 개방하고 세계화의 물결을 탄다는 것을 당연한 전제로 생각하는데 그렇게 해서 과연 살아남을 것인가도 의문이다. 그렇다면 어떤 국가를 지향하고 이를 어떻게 성취할 것인가? 세계화는 약육강식의 시장승리 원리를 따라야 하기 때문에 역기능도 만만찮다.[54] 현재의 지역질서에서는 중국과의 관계가 불가분이라는 사실도 인정하지 않으면 안 된다.

그런데 의문 중의 하나는 지금 같은 세계화가 지속되면 지구환경이 감당할 수 있을까 하는 것이다. 이것은 대개 도구주의적 합리주의의 입장에서 염려하는 근대화 내지는 현대화와 맥락을 같이 한다. 백낙청도 이를 걱정하고 있다. 지구환경만이 아니다. 우리가 잃어버리는 것 중의 하나가 인성이라면 이 문제는 또 어떻게 볼 것인가? 과학국가론이 배격하려고 하는 것이 바로 이것이다.

박남규의 견해처럼 나라의 위상을 바꾸기 위해서 고려할 것 중의 하나로 발전개념부터 다시 생각해야 하지 않을까? 그는 종속적 안보와 경제의 틀 속에 고착되어 있던 발전가치체계를 재구성하는 일부터 해야 한다고 한다.

경제성장을 발전의 핵심으로, 세계 몇 위에 해당하는 국가의 위세강화를 발전의 시금석으로 삼는 것 말고, 평화를 만드는 능력, 분쟁을 해결하는 능력, 이질적인 것을 수용하고 공존해가는 능력, 문화를 존중하는 노력, 환경을 보존하고 유지시킬 수 있는 능력 등을 발전의 핵심적 내용으로 재구성해야 하는 것 등을 깊이 있게 고려해야 한다.[55] 여기에 생물학적 그리고 비생물학적 존재인 인간사회가 어떻게 변할 것인가를 예지하는 능력도 더해야 할 것이다.

한마디로 발전지상주의, 강자중심주의, 승자독식주의가 점차 강해지는 오늘날의 문화는 분명 21세기의 대안이 될 수 있을지 다시 생각해야 한다. 대국주의와 소국주의의 긴장감을 견지하면서 양자택일의 논리가 아닌, 양자의 한계를 모두 넘어설 대안적 패러다임과 전략을 모색하는 작업을 해야 한다는 것이다.

앞의 논자들 중에는 미국을 비롯한 선진국이 해 오던 발전방식이 아닌 새로운 패러다임으로 환경친화적 발전을 구상하면서 달리 가야 한다고 주장한다. 지금까지의 발전에서 치른 대가가 만만찮기 때문에 이런 주장을 하는 것인데 틀린 말도 아니다. 피릭 대왕의 승리* 같아서는 안 된다.

그러면 이러한 입장에서는 안보국가나 지식국가는 포기하자는 것인가? 거점경제국가론은 또 어느 쪽의 입장인가? 그러나 문제는 지금까지 해 오던 발전방식을 쉽게 바꿀 수 있느냐이다. 국가와 사회가 온통 그 방식과 그 산물에 물들어 있기 때문이다. 동시에 우리나라가 안고 있는 큰 멍에로 반드시 극복해야 할 과제는 분단 상황이다. 이들 모두가 벅찬 민족의 과제인데 이 매듭을 풀 가능성이 없어 보이는 것이 문제다.

물론 발전의 과정이 자주적이고 민주적이며 세계적이어야 한다는 것을 부인하지는 못한다. 이에 대해 김석철은 새로운 공간을 모색하면서 구조설계를 새로 해야 한다고 주장한다.[56]

앞으로 나아갈 전략으로 논자들의 공통된 인식은 새로운 안목, 우수인재의 양성, 개혁세력의 형성, 공화주의적 민주주의의 시각 등이 있다.[57]

지식국가, 안보국가, 환경국가, 문화국가, 중간국가 등 모두 근거 있는 주장들이지만 어떤 가능성이 있는가는 한 나라의 역사, 문화, 규범, 국민성, 법과 제도와 정책 그리고 대외정치경제환경 등과 함수관계를 갖는다. 이를 무시하고, 역사의 반복성도 외면하면서 막연한 미래의 변화만을 감지하는 주장을 펼 수는 없다.

지금 우리의 현실에서 간과하지 말아야 할 것이 환경과 인성의 파괴 그리고 사회적 불신의 문제다. 사람이 사람을, 사람이 기관을, 기관이 기관을 믿지 않는다. 국민이 정부를 믿지 못하고 정부가 시장을 믿지 못한다. 시장이 정부를 믿지 못하

〈표 4-1〉 한국, 그리고 공적 기관의 신뢰도 비교

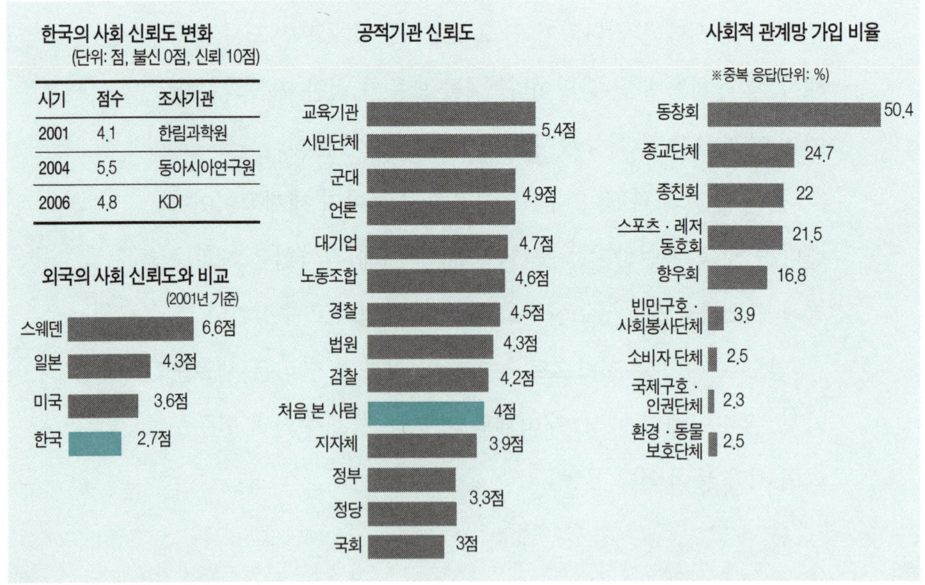

국가의 미래

는 것은 물론이다. 국가발전, 대국주의 등을 논하기에 앞서 이런 사회적 신뢰부터 높여야 하지 않을까? 〈표 4-1〉을 통해 한국과 사회기관의 신뢰도가 어느 수준인지를 가려 볼 수 있다.

한국의 미래설계는 좀 더 냉정하게 현실을 직시하고 가능한 처방을 내 보는 것이 바람직하다. 구조부터 바꾸는 등 규범적 주문들이 다 옳다는 전제 하에 우선 새로운 생각으로 새로운 패러다임을 찾는 것이 급선무다. 새 패러다임 속에서 인재도 창조적으로 기르고, 대학도 융합학문 체제로 바꾸고, 정부도 소융정부로 바꿔야 한다.

새로운 패러다임은 양자패러다임을 이른다. 시대와 사회가 바뀌고 사람들의 인식이 바뀌어 가는데 나라의 앞날을 생각하는 사람들이 새 패러다임에 적응하지 못한다면 문제가 있다.

어떤 지도자와
어디로 어떻게 갈까?

우리나라는 앞으로 어떤 길을 가게 될까? 어디를 향해 어떻게 나아갈까? 현재의 상태가 지속되면서 좀 더 나은 나라가 될지, 아니면 전혀 예상 밖의 상황이 전개될지 아무도 모른다.

우선 지금이 어떤 시대고 앞으로 어떤 시대가 전개될 것인가에 대해 합의해야 한다. 노무현 정부가 시작되면서 경제를 비롯해 이념적으로 양극화되어 사회가 불안해졌다. 그리고 과학기술이 괄목할만하게 발전하면서 세상이 크게 바뀌어 갈 것이니 나라의 역량과 국격國格*을 지키면서 새로운 세상에 대한 대비를 할 때가 되었다. 어림잡아 일인당 국민소득 2만 달러, 수출 3,000억 달러의 이른바 경제대국인 우리나라가 국제적으로 인정받는 국가인지 아닌지는 확신이 서지 않는다.

국민이 제대로 대접을 받는 나라인가, 환경파괴를 언제까지 묵인할 것인가, 인성이 파괴되지 않고 제대로 보호받고 있

*국격

인격처럼 나라가 갖추었으면 하는 기본적 풍격으로 외양보다는 숭고한 내면적 가치를 상징한다.

국가의 미래

는지 생각해봐야 한다. 선진화도 물론 중요하지만 환경친화적 중간국가면 어떤가, 강소국強小國이 좋은가, 소강국가小康國家는 어떤가? 우리 모두 고민해야 할 때다.

지도자의 국가관이 궁금하고 중요한 이유가 여기에 있다. 과연 어떤 비전을 갖고 나라를 어떻게 만들어 가겠다는 것이며, 이를 위해 5년 동안 나라의 살림을 어떻게 꾸리겠다는 것인지 성장과 분배의 문제에 대해 함께 해결해 나가야 한다.

지도자의 덕목에서 중요한 것중 하나가 비전의 제시다. 지도자는 나라의 미래를 준비해야 하기 때문이다. 그러기 위해서는 미래에 어떤 국가가 될 것인가를 보여 줄 수 있어야 한다. 막연히 경제지표 등으로 국민을 이해시키기에는 국민의 지적수준이 너무 높아졌다. 미래의 그림을 보여줄 수 있어야 한다. 그러려면 과학기술의 발달이 국가와 국민에게 어떤 영향을 줄 것인가를 충분히 이해한 가운데 미래 비전과 이를 구현하는 정책을 제시할 수 있어야 한다.

훌륭한 정책의 제시만으로도 미흡하다. 지금까지의 정부가 실패한 결정적인 이유는 정부란 무엇이며, 정부의 메커니즘이 어떻게 움직이는가를 숙지하지 못한채 헤매다가 시간을 다 보냈기 때문이다. 정부와 관료제를 대충 안다고 생각하고 정부를 운영하는 것은 커다란 착각이다. 앞으로 정부를 맡을 지도자는 반드시 정부에 대한 충분한 학습을 해야 할 것이다.

이 시대의 지도자는 모름지기 비전을 제시하고, 맥락을 파

301

악하고 의미를 천착하며, 관계와 네트워킹을 잘하고, 인내하
고, 구체적 방법을 동원하여 실천하는 능력 등을 갖추어야 한
다. 여기에 도덕성은 기본 요소 중의 기본이다. 병역, 재산 등
에서 부끄러움이 없는 것도 중요하지만 더 중요한 것은 공사를
구분하지 못하고 네트워킹에 급급해 해서는 안 된다는 것이다.

아무리 많은 것을 갖추었어도 표현력에서 뒤지면 사람을
설득하지 못한다. 리더십은 승자의 논리인 레토릭을 제대로
구사할 수 있어야 한다. 노무현 대통령은 논리 정연하고 정서
적 감각도 탁월하나 표현에서 대상언어와 메타언어를 구분하
지 못해 많은 오해를 불러 일으켜 국민을 실망시키고 있다. 대
상언어로 표현하지 말고 메타언어로 표현해야 할 상황에서 한
발짝 물러서 전체를 조망하려는 노력을 포기하고 계속해서 시
정市井의 언어를 구사한 것이다.

노무현 대통령은 한마디로 표현력에서 불합격 점수를 받은
지도자이다. 나라와 국민을 사랑하고 불의와 불평등을 고발하
고 싶은 충정은 얼마든지 이해하지만 표현에서는 미숙한 면을
보였다. 과학이 메타과학의 경지에 이르러야 지식이 온갖 문
제의 정곡에 가까울 수 있다는 것과 같은 뜻이다.

따라서 이 시대의 지도자가 되고 싶다면 논리적 언어 표현
부터 다듬어야 한다. 메타언어의 영역이 문장론, 의미론 그리
고 어용론 등으로 나뉘는데 대통령이나 그 후보자들이 표현에
서 어용론조차 제대로 구사할 줄 모른다면 일반국민이 뭐라고

반응하겠는가?

이 시대의 지도자는 세계적 안목과 미래정향이 뚜렷해야 한다. 이러한 바탕 없이 앞으로 이 나라를 이끌겠다고 하는 것은 어불성설이다. 한마디로 세계는 지구적 도전의 차원을 넘어서 우주로 나아가야 하는데 지역주의에 묶여 있는 것이 오늘의 우리 모습이다.

국격은 또 다른 차원의 이야기이다. 동시에 지금 세상이 어떻게 변해가고 있는지 알 것이다. 과학기술의 변화가 괄목할 만한 수준을 넘어 상상을 초월하고 있다. 방송과 통신이 융합되고, 카드가 휴대폰과 노트북의 구실을 한다. 인공지능 로봇의 시대가 도래하고 인간과 로봇의 분업 내지는 갈등이 현실화 된다.

전 세계 국가들은 지구를 벗어나 우주 경쟁을 벌이면서 우주도시를 건설한다. 바다 위에는 물방울 도시(부양도시)가 생긴다. 생물학적 진화를 넘어 이포크 6의 단계에 가면 두뇌는 온통 긴지기계화된다.

UCC나 Web 2.0 같은 쌍방향 커뮤니케이션이 대세를 이룬다는 것은 정치지도자가 국민과 항상 양방향 소통을 필수로 해야 한다는 뜻이다. 내 계획만 세워(정책수립) 국민에게 강요하는 시대는 지나가고 있다. 지도자는 다양한 개체의 존재를 인정해야 한다.

이 시대의 지도자가 되고 싶으면 무엇보다도 통합적 사고를 할 수 있어야 한다. 우선 논리와 정서, 좌뇌와 우뇌, 융합적 시각, 휴머니즘, 심미안 등부터 갖추어야 한다. 이러한 사고들이 기본이고 정책이 그 다음이다. 정책으로 국가와 사회가 안고 있는 모든 문제를 풀 수 있다고 오해한다면 그는 지도자의 자격이 없다. 풀리는 듯하다가 풀리지 않는 것이 문제의 속성이다. 세상에 과학적 진리라는 것은 없다. 풀려고 노력하는 곳에 의미가 있을 뿐이다. 문제를 큰 그림으로 종합적으로 보면서 정책군으로 파악해 문제에 대처해야 하고 정부운영도 그런 식으로 해야 한다. 그것이 관계 장관회의가 활성화돼야 하는 이유이기도 하다. 그러나 이들은 대개 부처이기주의에서 헤어나지 못해 서로 경쟁하고 견제하면서 문제를 계속 만들어 낸다.

인물도 중요하지만 팀이 더 중요하다. 미래의 리더십은 '공유한 리더십Shared leaderships' 이자 '파트너십', '팀 리더십' 이기 때문이다. 원래 개인은 불완전하기 마련이다. 불완전한 개인들이 만나서 완벽한 팀을 이루는 것이다. 그러나 유권자들은 대개 후보자 개인만 본다. 그 인물됨을 놓고 갑론을박한다. 막상 정부를 맡아 운영하는 것을 보면 그 참모들의 생각이 상당히 작용하는 것을 알 게 된다. 따라서 앞으로는 더욱 더 한 팀의 색깔(이념성향), 지향점, 능력, 지지세력 내지는 의논상대 등을 살펴 보아야 할 것이다. 나아가 미래의 지도자는 자신의 논리만 고집하지 말고 상대 내지는 '패자의 논리' 도 존중할 줄 알아야 한다.

나라의 격, 국격을 세우자

사람의 격을 인격이라고 하듯이 직업에도 격이 있다. 즉 직격職格이 있다는 것이다. 하지만 직격이라는 말은 잘 쓰지 않는다. 함의는 직업에 어울리게 행동해야 한다는 일종의 규범적 성격을 이른다. 대통령이라는 자리는 대통령답게 행동해야 한다. 천박한 말을 구사하면 아무래도 격이 떨어진다. 교수가 강의실에서 시정市井에서나 쓸 수 있는 험악한 말로 학생들을 가르칠 수 없는 것과 같다.

나라에도 격이 있다. 국격國格이라고 한다. 정범모는 '자유민주의 국격'을 이 나라가 갖추어야 한다고 했다.[59]

인격이 사람의 됨됨을 말하듯이 직업 자체도 그럴 듯해야 하고, 나라도 그 됨됨이가 그럴 듯해야 한다. 다만 직업엔 귀천이 있는 것이 아니어서 직업이 그럴 듯해야 한다는 언명에는 설명이 뒤따라야 한다. 즉, 어느 직업이라도 품격이 있다고 존중하지만 직격은 앞서 설명한 바와 같이 그 일을 하는 사람이 그 직업에 맞게 행동하느냐를 가려보려는 취지이다.

사람의 경우 인격이 훌륭한 사람은 그 인물됨을 긍정적으로 보게 된다. 나라도 그 격이 멋질수록 좋은 나라, 닮고 싶은 나라, 배우고 싶은 동경의 대상이 된다.

그런데 나라마다 이미지가 있고 이들 각각은 다른 특징을 갖는다. 바로 격이 주는 인상이다. 예를 들면, 독일 - 근면, 영국 - 합리, 프랑스 - 예술, 미국 - 자유, 일본 - 예절, 중국 - 호방 등 나라의 인상이 있고 이미지가 있다. 국민성에서 비롯되는 것이기도 하다. 이러한 인상은 그 나라 국민들이 만든다. 민족의 성정이 국가의 격을 결정짓는 것이다.

그러나 나라의 격이 오직 국민의 성정만으로 이루어지지는 않는다. 국민이 만든 법과 제도, 정책, 더 나아가 이들보다 관습이 훨씬 더 격을 가름한다. 라틴의 문화적 속성은 홍이다. 대신 질서는 앵그로 섹슨만 못하다. 합리적이거나 이성적이기보다 감성이 더 강한 인종이고 문화이다.

머리가 우수한 민족일수록 그 나라에서는 뭔가 배우고 싶은 욕심이 생긴다. 그러나 유대인이 머리가 우수하다고 해서 분쟁이 그치지 않는 이스라엘을 본받고 싶지는 않을 것이다. 이스라엘의 국격은 닮고 싶은 그것이 아닐 수 있다.

국가들 중에는 빈국도 있다. 천혜의 조건도 무시할 수는 없지만 국민성이 게을러 경제적 부를 축적하지 못하는 나라들은 의존적인 성향이 강하다.

과학기술이 앞서가는 나라에는 신뢰가 간다. 뭔가 국격이 숭고해 보인다. 문화적 유산이 많은 나라에는 흥미를 느끼지 않을 수 있다. 격은 역시 물질적인 부만으로 충당할 수 없고 오히려 정신적 자산이 더 중요한 요소일 것이다. 경제적 부를 아무리 축적해도 사회의 다른 분야와 불균형을 이루면 그 국가는 뭔가 불안해 보인다. 역시 격은 물질보다는 정신적 요소가 가름하는 것이다.

그럼 우리나라는 어떤가?

'세계행복지수*'로 볼 때 95개 나라 중 한국은 56위다. 중간치에도 미치지 못한다. 1위는 덴마크로 공기 맑고, 자연 깨끗하고, 소득격차 크지 않고, 중산층이 두터운 나라다. 세금은 많이 내지만(조세수입이 국민총생산의 48.8%, 우리는 24.6%), 학교와 병원이 모두 무료인 복지국가다.

세계 경제대국 1위인 미국이 17위, 프랑스가 39위인 걸 보면 조금 위안은 된다. 그러나 덴마크가 세계투명성기구[TI]에서 조사한 부패인식지수[CPI]에서 세계 180개 국가 중 1위인 반면에 한국의 투명성은 43위에 그친다. 아직은 행복하지도 않고 정부가 세금을 어디다 어떻게 쓰는지 잘 알려져 있지 않으며 부패도 부끄러운 수준인 나라인 것이다. 경제대국인 것이 이상스럽게 느껴지는 때도 없지 않다.

한 나라의 정체성은 여러 각도에서 평가된다. 기업이 경쟁

307

력이 없거나 정부행정이 효율적이지 못하고 정부규제가 심하거나, 부패가 만연하면 국가는 무능한 인상을 주고 격은 낮아 보인다. 프랜시스 후쿠야마가 말하는 '사회적 자본 social capital', 즉 신뢰가 높으면 그 나라의 품격은 높을 수밖에 없다. 우리나라는 정부도 믿기 어려운 구석이 있고, 직업집단 중에도 믿기 어려운 곳이 한두 군데가 아니다. 개인 중에도 그런 사람이 있다. 역시 신뢰가 품격을 높인다.

백범도 경제능력, 국방능력 모두 중요하지만, '한 없이 갖추고 싶은 것이 문화의 힘'이라고 했다. 문화민족에게는 아무래도 존경심이 인다. 박물관에서 뛰어 노는 아이들을 그냥 내버려두는 부모 같은 사람들이 많으면 그 나라는 격이 떨어질 수밖에 없다.

그러나 여기서 분명히 해야 할 것은 예컨대 아프리카 같은 나라들이 상대적으로 품격이 낮다고 할 수 있는가이다. 에드워드 사이드의 오리엔탈리즘의 모순구조에 따르면 잘 정비된 도로, 세련된 언어를 구사하는 서구만이 우수한 것이 아니라, 작열하는 태양, 한 없이 펼쳐진 초원, 맹수의 포효, 아름다운 노을, 폭풍우까지도 소중한 것이라고 했다. 서양의 기준으로 품격을 말할 수는 없다는 뜻이다. 다시 말해 서양의 합리주의, 개인주의, 종교적 초월성, 로마법전 등만 가지고 나라의 품격을 가릴 수는 없다.

그러면 우리는 어떻게 국격을 높여야 할까?

격은 '다워야한다' 는 의미를 함축한다. 아이는 아이다워
야 하고 어른은 어른다워야 한다. 국회의원은 국회의원다워야
하고, 한국은 한국다워야 한다.

무엇이 우리를 우리답게 할까? '충과 효', 물론 이런 유교
적 전통도 우리의 격의 핵심요소를 구성할 것이다. 뭔가 더 이
루고자 하는 성취욕도 우리의 자랑거리다. 다만 아직도 국제
적 수준에 이르지 못한 것들이 우리의 격을 낮추고 있는데, 오
리엔탈리즘의 모순구조를 기준으로 삼으면 그리 걱정할 것이
못된다. 다만 세련성에서 미치지 못하는 것은 사실이고, 그래
서 교양이 있는 국가냐고 할 때 선뜻 답이 나오지 않는 경우가
있다.

예를 들면, 사회는 아직도 무질서하다. 법을 지키지 않는
사람과 법인이 너무 많다. 특히 일상생활에서 교통법규를 지
키는 않는 사람들이 허다하면 불안하다. 그리고 많은 사람들
이 지극히 자기중심적, 폐쇄적이고 자기 편의주의적이다. 또
한 남을 존중하는 이유가 모자란다. 삶 자체에 사상이 부족한
듯 하다.

정부의 제도와 정책도 이중 삼중 구조로 국민의 삶을 옥죄
고 인권을 유린한다. 국내외의 물품 가격이 큰 차이를 보이는
것은 한마디로 국민을 무시하는 처사이다.

따라서 한 나라의 격을 꾸미는데 정부의 몫이 매우 크다.
대학도 마찬가지다. 정부가 국민과 사회에게, 대학이 학생과
사회에게, 또 그 반대도 마찬가지로 서로 얼마나 잘하느냐가

국격의 시금석이 된다.

마음의 질서, 합리적 사고, 바른 예절, 남을 생각하는 태도 등이 나라의 격을 높이는 지름길이다. 인격체의 기준이기 때문이다. 그래서 의식과 외양에서도 세련성을 보여주어야 할 것이다. 또한 과학적, 전과학적, 메타 과학적으로 인간, 사회, 대학, 정부 그리고 국가를 생각하며 창의적이되 겸양하게 미래를 준비해야 한다.

국가의 미래

21세기는 이런 지도자를 소망한다

미래 리더십의 키워드는 '열림', '소통', '여성성', '과학기술', '창조사회'이다. 내일의 리더는 창조사회를 이끌 수 있어야 한다. 지본地本, 자본, 뇌본腦本 사회를 거쳐 21세기가 개방과 융합의 창조사회로 본격 진입할 것이기 때문이다.

창조사회는 상상력으로 새로운 것을 만들어 내는 사회다. 기존의 생각, 마인드 세트, 패러다임으로 세상을 바꾸어 가겠다는 생각은 버려야 한다. 이를테면 환경을 희생해 경제성장을 하겠다는 것은 구시대적 발상으로 용납되지 않는다. 채집이 아니라 태양열, 조력, 풍력 등과 같이 경작 중심의 에너지 정책은 새로운 것이다.

창조적이고 유용한 상상력에 토대한 미래지향적 비전이 21세기 리더십의 근간이다. 미래를 어떻게 펼치겠다는 의지가 담겨 있어야 한다. 여기에 부드럽고 사려 깊고 너그러운 여성

*셰이크 무함마드
두바이의 초현대식 발전
을 주도하는 인물.

성이 담겨야 한다. 우뇌 리더십을 이야기하는 이유가 여기에 있다. 동시에 미래 리더십은 과학기술의 발달을 모르고는 발휘되지 않는다. 후진타오의 '과학발전관'을 연상하면 된다.

요즘 창의적 지도자로 손꼽히는 사람이 아랍에미리트의 셰이크 무함마드*이다. 그는 현실을 직시하는 위기의식, 상상력을 이용한 미래지향적 비전, 설정한 계획을 밀어붙이는 강력한 추진력 등을 강조한다. 클린턴 전 미국 대통령도 리더십의 요소로 비전, 전략, 집행력, 인내 등을 꼽았다.

미래 창조적 리더십에 필수적인 것이 개방과 소통이다. 만약 리더가 '심리적 감옥'에 갇혀 폐쇄적으로 주변 인물만 발탁한다면 어빙 제니스가 말하는 '집단사고의 오류'에 빠지기 쉽다. 미래와는 거리가 먼 12~13세기 때의 이야기지만 징기스칸은 이방인을 참모로 많이 써 개방과 다양한 사고로 세계를 제패했다. 1955년에 〈워싱턴포스트〉가 지난 천년 중 가장 훌륭한 지도자로 그를 뽑은 것은 우연이 아니다.

한편 정치학 교과서에서는 대통령 리더십의 자질과 능력을 가리는 평가요소로 비전, 정부조직역량, 외교력, 정치기술, 맥락 파악, 인지 스타일, 감성지능 등을 꼽는다. 이를 토대로 국민에게 꿈과 희망, 결실을 쥐어줘야 한다. 리더는 표현력에서도 탁월해야 한다. 소통의 출발이다. 표현력에서 타의 추종을 불허하는 클린턴 전 미국 대통령은 연설에서 문장의 구조와 의미 등을 적절히 구사하며 상대방을 설득하는 명수라는 평을

국가의 미래

듣는다. 자서전 《마이 라이프》를 보면 그는 늘 국민에게 전진, 희망, 단결, 구심점 등을 외쳤다.

미래 리더십은 끄는 자와 끌려가는 팔로워follower의 관계가 아니라 '함께 간다'는 뜻이 부각된다. 그래서 공유한 리더십shared leadership, 코 리더십co-leadership, 팀 리더십team leadership, 파트너십partnership이라는 표현들을 쓴다. 대통령은 참모와 한 팀이 되어 가고 국민과도 함께 가야 한다는 뜻이다.

대통령만이 아니라 어느 분야의 리더라도 그래야 한다. 그렇다고 리더가 전혀 부상되지 않는 것은 아니다. 위기 때는 리더가 돋보인다. 그러나 미래의 리더는 역할을 나누고 권한을 위임할 줄 알아야 한다. 앞으로는 피라미드의 정점에 서 있는 리더는 상상하기 어렵다. 컨비너나 코디네이터 정도로 생각하면 이해하기 쉬울 것이다.

부시 대통령이 600단어 밖에 쓰지 못할 정도로 책을 안 읽고 지적이지 못하다고 비판받지만, 그의 리더십은 임파워먼트에서 나온다. 참모들에게 많은 권한을 위임한다는 것이다. 그러나 위임도 조심해서 해야 된다. 리더 주변에는 항상 2인자와 3인자가 있기 마련인데 이들과의 역할분담이 무엇보다도 중요한 성공의 열쇠이다. 우리나라처럼 악역만 맡고 대신 옥고를 치러야 하는 그런 역할분담은 미래에 생각할 가치조차 없다. 권력이 집중돼 결국 부패를 떠안은 일을 누가 더 이상 하겠는가?

그렇다면 새롭고 유용한 아이디어는 어디서 어떻게 나오는
가? 좌뇌 보다는 우뇌, 나아가 다니엘 핑크가 말하는 전뇌적
사고로 가능하다. 로버트 루트번스타인은 '생각의 도구'에서
관찰하기, 형상화하기, 추상화하기, 패턴인식하기, 패턴형성
하기, 유추하기, 몸으로 생각하기, 감정이입하기, 차원적 사고
하기, 모형 만들기, 놀이하기, 변형하기, 통합하기 등으로 창
조가 가능하다고 했다.

소강국가를 국민과 함께 이끌 미래의 지도자는 어떻게 탄
생할 수 있을까? 무엇보다도 먼저 과학적 지식을 토대로 창조
적 상상력을 키워 내일을 바라볼 줄 아는 비전 훈련부터 해야
할 것이다. 미래 대학으로 학제를 개편하고 각 분야에서 지적
호기심과 탐구욕을 갖고 형상화, 추상화, 패턴인식 등의 훈련
을 쌓으면서 비움의 철학과 함께 아름다움에 가까이 가자.

참고자료

1. 무역협회가 발표한 지표를 보면 우선 명목 GDP(국내총생산)에서 11위를 차지해 선진국의 문턱에 진입한 듯 하다. 그러나 1인당 국민총소득[GNI]은 50위에 불과하다. 교역규모나 외환보유액도 세계 최상위권 수준이다. 그러나 투명성 지수와 삶의 질은 중하위권이며, 외국어 능력(토플 성적 153개국 중 109위) 등 국제화 정도도 중하위권이다. 인구 1,000명 당 연구개발인력(2002)은 3.99명으로 조사 대상 48개국 중 20위에 그쳤다(1위는 핀란드로 10.29명). 국제경쟁력 분야도 중하위권에 머물고 있다. 스위스 IMD 국제경쟁력 순위(2004)에서는 62점으로 52개국 중 31위, 일본은 71.9점으로 21위, 중국은 70.7로 22위이다. 경제자유도(2002)에서는 10점 만점에 7.1점으로 123개국 중 31위에 올랐다. 1위는 홍콩, 2위는 싱가포르. 투명성 부패지수(2004년)는 4.21로 하위권이다. 정부경쟁력도 지난 10년을 보면 평균 35위 밖으로 밀려나 있다(조선일보 2004. 10. 1 자 A10면 참조). IMD의 보고서 최근 자료를 분석해 보면 한국의 전체 성과가 2000년의 29위에서 2004년에 35위로 쳐졌다. 그 중 정부의 능률, 즉 경쟁력은 31위에서 36위가 되었다. 1995년까지만 해도 전체 성과는 26위였던 것이 1999년엔 38위로 직하했다. IMD, *The World Competitiveness Yearbook*, 1999, 2004.

2. 주두영 교수는 정도언 교수와의 자담에서 그렇게 말하며 비교하기도 말이아겠지만 '우리 국민들이 실체 없는 욕심은 내지 말았으면' 한다고 했다. 〈조선일보〉, '제자, 스승에게 길을 묻다' 2004. 10. 5.

3. Lawrence K. Grossman, 《*The Electronic Republic: Reshaping Democracy in the Information Age*》, 1995, Penguin Book.

4. Edward W. Said, 《*Orientalism*》, 1979, Random House.

5. Samuel P. Huntington, 'West is unique, but not universal', 《*Foreign Affairs*》

6. 하영선, 백낙청, 임현진 등과 같은 교수들의 책이 참고가 된다. 이들 책에는 최정운, 박명규, 권혁범 등 여러 교수의 논설이 담겨 있다. 하영선은 22세기까지 내다보면서 안보국가, 지식국가에 관한 논의를 펴고, 백낙청은 환경친화적인

중간국가가 바람직하다고 논한다. 임현진은 강중국가론을 편다. 강하지만 대국이 아니라는 표현인데 저자가 코멘트 하기를 하필이면 중국이 강하다는 표현이 들어가야 하느냐고 했다. 임현진은 "앞으로의 발전모델은 외국기술과 자본에 의존하여 해외시장에 일종의 '링커'의 위치를 넘어설 수 있는 '지식정보 기반의 자아충전형 지식집약적'인 것이 되어야 한다. 이것은 모방형에서 창조형으로의 전환을 통한 주체적 발전의 기반이 될 수 있다"고 했다. 앞의 두 저서는 다른 여러 교수들의 글을 모은 것이어서 일관된 논지를 펴는 것은 아니지만 여러 지식과 지혜가 집대성된 것이어서 주목할 가치가 있다.

7. 김광웅, '2020년의 한국을 읽는다', 〈신동아〉, 1994. 1, pp196~209. 다룬 내용들은 '미래예측 안이하다', '자본주의 이후의 사회', '국내학자의 관찰도 피상적', '2020년의 한국', '발해경제권의 형성', '정부의 변화', '정보화 행정의 진전', '심미안이 달라진다', '역사의 통시성과 반복성', '한국도 세계사 흐름 속에 있다', '미래는 준비하는 자의 것' 등이다. 또한 이 글은 한림대학교 한림과학원이 정기적으로 개최하는 수요 세미나에서 발표해 이 과학원의 출판시리즈에도 발표된 바 있다.

8. 이 글은 2004년 10월 13일 국가정책세미나, 한국사회과학연구협의회 공동주최 '새로운 길의 모색'에서 '한국의 미래: 小康國家論'이라는 제목으로 발표한 논문을 토대로 한다.

9. 이 표현은 덩샤오핑이 한 말이다. 벤자민 양, 권기대 옮김, 《덩샤오핑 평전》, 2004, 황금가지.

10. 박명규, '소국주의와 대국주의를 넘어서' pp59~81.; 백낙청 외, 《21세기의 한반도 구상》, 2004, 창비.

11. Ibid., p61.

12. 참고로 한말 위정척사파의 대표라 할 사대파 최익현은 전통적인 사대교린책을 고수할 것을 주장했다. 개화파의 비조인 균세론가 박규수는 조선이 마치 '진晉과 초楚 사이에 위치하던 정鄭과 같은 소국'임을 강조하면서도 '동양의 지리적 요충지에 위치하고 있는 점을 적극 활용하는 전략적 대응'을 강조하고, 일본과 수호조약체결을 주도했다. 그런가하면 자강론자 신채호는 당시의 조선의 상황이 '도덕이 부패하며 경제가 곤궁하고 궁핍하여 교육이 부진하며 모든 권리가 타인의 손에 돌아가며 인민의 기상의 타락이 극도에 이르렀다'고 탄식하면서도 부강했던 과거 영웅적 기상과 정신을 되살림으로써 강한 국가의식 민족의식을 회복하려고 노력했다. Ibid.

13. 프란츠 파농^{Frantz Fanon}은 민족의식이 성공의 순간에 사회의식으로 바뀌지
    않으면 외려 해방을 지탱하지 못한다는 점을 지적한 바 있다. 독립과 더불어
    저항적 민족주의가 권력의 논리로 쉽게 변형될 수 있기 때문이다. 한국의 경
    우도 민족해방운동에서 보이던 건강한 소국의식은 분단국가의 출현과 함께
    일종의 국가이데올로기로 변모하게 된다.

14. 박명규, Ibid.

15. Ibid.

16. Ibid.

17. 해외자본 진출, 88올림픽, 북방정책 등으로 세계로 눈을 돌리게 된 것이다.
    1986년에 52건에 불과했던 해외투자 건수는 1995년에 1,291건으로 급증해
    투자금액이 2억 2,000만 달러에서 16억 4,000만 달러로 급증한다. '세계 속
    의 한민족'이 구체화되기 시작한 것이다. Ibid.

18. 1980년대 중반 3저 호황 국면을 지나면서 한국경제의 자립화에 대한 전망이
    커졌고 종속이론이나 식민지반자본주의론과 같은 견해들은 힘을 잃었다.
    더욱이 국제수지가 흑자로 돌아서면서 더 이상 종속·자립의 문제는 의미
    없는 것처럼 되었고, 대신 국가와 시장의 문제가 논의의 전면에 등장했다.
    Ibid.

19. 북한은 소련의 붕괴와 동구사회주의권의 몰락 이후 극심한 경제적 위기를 경
    험하였는데 특히 1993~1994년에 걸친 기간에는 모든 경제영역에서 극심한
    마이너스 성장을 보였다. 1990년을 기점으로 북한의 경제는 단지 생산의 위
    축에 그치지 않고 경제시스템 자체가 위기에 봉착하게 되었는데 계획부문과
    비공식부문의 성세가 급속히 허물어지고 배급체계가 약화되었다. 상병책보
    다는 경제부국의 성격이 강했기 때문에 종속적 발전론의 연장선상에 있다고
    하겠으나 국가의 권위주의적 통제로부터 시장의 자율적 통제로 이행하는 것
    을 강력히 요구하였던 점에서 새로운 전환이었음이 분명하다.
    그리고 여기서 소국주의에의 기대와 한계를 잠시 살펴보면, 일본의 경우 소
    국주의는 대외팽창적 패권주의에 반대하고 식민지 해방 등을 주장하는 성격
    을 지닌데 비해 한국의 소국주의는 성장제일주의적 발전주의를 극복하려는
    성찰적 사고를 바탕으로 한 것이었다. 부국강병을 강조한 법가와는 달리 도
    의와 인정, 덕치의 왕도론을 주창했던 유가사상에서 패권주의나 대국주의를
    극복할 문명론적 자산을 찾아내려는 시도들도 나타났다고 보고 있다. Ibid.

20. Ibid.

21. Ibid.

22. 최원식을 인용한 박명규의 설명.

23. Ibid.

24. Herman Kahn and Others, 《*The Next 200 Years: A Scenario for America and the World*》, 1976, William Morrow and Co.
그리고 후기산업사회에 관해서는 뒤에 새 패러다임을 설명하기 위해서 미리 몇 가지 특징을 소개하기로 한다. 먼저 과거의 산업사회에서 생각하는 일의 본질은 일상적인 것이고 숙련노동skilled labor을 요구하지 않았으며, 과업을 기능적 특수성 정도로 이해했다. 그러나 후기산업사회로 접어들면서 일의 본질을 열광적이고 복잡한 것으로, 지식에 기초한 기술을, 기능 간 경계를 뛰어넘는 팀워크로, 학습을 강조하는 것으로 그리고 외주나 원거리 작업 등이 효과적인 것으로 인식하기 시작했다.

25. 하영선 엮음, 《21세기 한반도 백년대계-부강국가를 넘어서 지식국가로》, 2004, 풀빛.

26. Ibid.

27. Ibid.

28. '우리 외교가 자주의 길로 들어서려면 1950년대식 보수주의나 1980년대식 진보주의의 시각을 하루 빨리 청산하고 21세기 진보의 시각에서 주변 열강을 심층적으로 읽어 내고, 이들을 복합적으로 활용할 수 있는 정책대안을 마련하고, 국민의 지지기반 위에서 실천에 옮겨야 한다' 고 한다. 그러려면 우선 국내역량의 결집이 필수적이다. 그러나 지금껏 국내역량을 미래지향적으로 결집할 수 있는 강력한 정치지도세력의 부재로 분열만 초래했다. Ibid.

29. 1) 한국적 세계화의 틀 속에서 21세기 새 문명표준을 따라잡고 주도하려는 노력을 기울여야 한다. 2) 21세기 용외세의 시각에서 지구 역량을 최대한 활용해야 한다. 3) 역량 있는 정치주도 세력이 냉전적 이분법을 넘어선 미래지향적 시각으로 국내역량을 결집해야 한다. 4) 21세기 문명표준에 맞는 제도 개혁을 성공적으로 완수해야 한다. Ibid.

30. 최정운, '21세기 한반도 백년대계를 읽고', pp171~179.

31. Ibid., 하영선에 대한 최정운의 비판

32. Ibid.

33. '데카르트가 창시한 근대 과학적 지식은 개인적 지식personal knowledge을 부정하는 방법론적 지식이다. 다시 말하면 근대 과학의 지식은 인간의 지식 자

체가 정교화된 것이 아니라 지식을 공공적public으로 만든 형태이며, 그 타당성은 간주관성을 기준으로 삼아 이른바 객관적이라는 지위를 획득한 것이다. 서구의 지식은 어떻게 보면 무력한 지식일 수 있겠지만 데카르트의 힘은 교신에서의 장점으로 말미암아 여러 사람들이 함께 조직적으로 사용할 수 있었다는 데서 비롯된다. 그러면서 폭력적 힘이 발휘되고, 자연도 파괴하고…' Ibid.

34. 실제로 지식사는 반복하고 있다. 30년을 주기로 크게 달라지는 것 같지만 결국은 자기상사성self-similarity을 가져 분파가 이루어져도 비슷하며 결국 원점으로 돌아간다고 한다. 에벗이 프랙탈fractal이론으로 이를 잘 설명하고 있다. Andrew Abbott, 《*Chaos of Disciplines*》, 2001, University of Chicago Press.

35. 그러나 '21세기의 처방에 대하여 여러 논문들은 공통적으로 최신 컴퓨터, 통신, 인터넷에 대한 집중 투자 외에 모두 전통적인 과학, 지식 그리고 R&D에 대한 투자의 중요성을 제시하고 있는데… 어떤 선택은 대가를 치르게 마련이라… 근대 서구식 도구 문명 안에 오래 살면 인간의 각종 감각들, 예를 들어 시력 촉각 청력 등이 퇴화된다. 그러나 감각능력 외에 인간의 지력이나 판단력도 퇴화된다면 그 때는 막다른 골목에 처할 것이다' 라고 지적한다. Ibid.

36. 최정운, Ibid.

37. 백낙청 외,《21세기의 한반도 구상》, 2004, 창비

38. Ibid., pp20~22.

39. Ibid., 15. 백 교수의 기본입장은 이렇다. 즉, 세계화를 엄연한 대세로 인정하면서 현실적인 적응을 꾀하자는 사람들일수록 그 장기적 전망에 대해서는 피상적인 검토에 머무는 경향이 있다고 비판하는 백 교수는 신자유주의자라면 현존하는 세계 외에 '대안이 없다' 고 믿는 만큼 당연한 일이지만, 비판적 지성을 자부하는 지식인들도 세계 전체에 대한 장기적 전망과 과제를 진지하게 거론하는 일이 흔치 않은 것 같다고 전제한다. 물론 이것이 자칫 허황된 담론으로 끝나기 쉬운 거창한 과제이기 때문이기도 하지만, '거대담론' 또는 '거대서사' 를 비판하고 냉소하는 포스트모더니즘 사조의 영향도 없지 않은 것 같다고 한다.

40. Ibid.

41. Peter Evans, 《*Embedded Autonomy: States & Industrial Transformation*》, 1995, Princeton University Press.

42. 임현진, '한국의 발전 경험에 대한 반성 - 小康强中國 발전모델 모색' 국회연구모임에서 발표. 2005.

43. 그 대표적인 것이 시장중심론(World Bank, 1993; 공병호, 1996), 발전주의국가론(Johnson, 1982; Wade, 1990; Evans, 1995), 유교자본주의론(Morishima, 1981; 杜維, 1990; 유석춘, 1997) 등과 같이 해외에서 완제품으로 수입된 주류의 대표적 발전이론에서 엿보이는 시장, 국가, 유교에 대한 맹목적 충성 같은 것이다. 그러면 이들은 독자적으로 주장을 편 것인가? 특히 국내 학자들은 어떠했는가? 여기서 외국 학자들의 주장을 정리할 필요가 있다고 임 교수는 말한다. "결국 백과 기든스와 래쉬가 서구사회의 특성으로 간주한 위험사회의 모델이 한국에 부합되긴 하지만, 전근대, 근대, 반근대, 후근대가 공존하는 가운데 물질적 가치와 탈물질적 가치, 그리고 계급문제와 탈계급화가 동시에 나타나고 있는 한국은 근대화의 병리를 안고 있다는 점에서 '이중적 복합 위험사회'의 경향을 보인다"고 장경섭(1998) 김대환(1998) 등을 참조하며 소론을 폈다. 이는 구사회운동과 신사회운동이 표면적으로 분리되는 것처럼 보이지만 두 사회운동이 한국사회에서 기본적 시민권의 신장이라는 데 목표의 수렴이 이루어지고 있는 사실에 의해서도 잘 입증된다고도 했다.

44. "이점에서 나는 한국의 자본주의 후기 - 후발적 발전의 과정에서 형성된 근대성의 본질을 '유사 근대성pseudo-modernity'으로 파악하고자 한다. 일제 식민지 공간에서 서구로부터 이식된 근대가 해방 이후 수직적 근대화의 과정에서 과발전과 저발전과 미발전의 동태와 모순을 내재한 채 자아정체성이 부족한 뒤틀린 근대성을 낳아 왔다는 논지이다. 실제로 우리 근대성의 표징이라 할 미성숙한 시민사회, 반독점적인 시장경제, 종속적인 자본주의, 파괴되는 생태환경 그리고 정체성이 약화되는 민족문화가 이를 잘 대변해 주고 있다. 한국 민주주의가 권위주의로부터 이행의 단계를 넘어 공고화의 와중에 있다는 것이 공통된 정설이다. 그럼에도 불구하고 선거와 경쟁에 바탕한 절차적 민주화는 부의 재분배와 대중의 참여를 보장하는 실질적 민주화로 나아가지 못하고 있다. 이러한 '얼어붙은 민주주의frozen democracy'는 국가와 시장에 비한 시민사회의 취약성에 부분적으로 기인한다. 한국의 시민사회는 성장하고 있지만, 한편으로 국가로부터의 제약과 다른 한편으로는 시장으로부터의 공세로 말미암아 자신의 영역을 확고히 구축하지 못하고 있다. 이는 구사회운동이나 신사회운동을 막론하고 아직도 제도화보다 운동의 정치가 주축을 이루고 있다는 사실을 입증한다. 서구의 현실은 정당 중심의 정치에서 하부정

치에 의한 일상정치로 나아가고 있음을 보여준다. 그러므로 삶의 기회와 정체의 차이를 존중하는 생활정치가 그러한 하부정치의 동력이 되고 있다는 사실에 비추어 한국의 시민사회나 그것의 운동 역학은 대의민주주의 조차도 뒷받쳐 주지 못하는 미숙한 형편에 있다고 말할 수 있다."

45. 우정은, '한국의 미래를 비추는 세 개의 거울', pp195~213.

46. Ibid.

47. Ibid.

48. Ibid.

49. Ibid.

50. Ibid.

51. 반면 세계에는 등급은 다르지만 거점들이 있다. 뉴욕과 런던, 사령탑 구실을 한다. 그 다음에 자본의 흐름을 감시하고 채권을 발행하는 관문 역할을 하는 도시들이 있다. 프랑크푸르트, 도쿄, 홍콩, 싱가포르, 시드니, 토론토, 상빠울루. 신속한 금융자유화, 대규모 은행통합과 합병, 활발한 채권시장의 계속적인 발전이 이루어진다면 서울도 제 3급의 관문도시에 속할 수 있다. 법적 제도적 하부구조만이 아니라 물리적 하부구조까지 엄청난 정밀검사 및 수리가 전제되는 대규모 개입이다. Ibid.

52. Ibid.

53. Ibid.

54. 박세일, 백낙청 책, 마지막 좌담 부분.

55. 신자유주의의 한계에 함몰되지 않으면서도 세계 체제 내에서의 적절한 대응력을 갖추기 위한 준비를 게을리 하지 않는 것, 대미종속성을 극복하기 위한 주체적인 자세와 함께 그것이 단순한 반미로 귀결되지는 않는 총체적 시야를 확보하는 일이 긴요하다. 이런 여러 노력의 궁극적인 목표는 사회적 발전이라고 할 수 있겠는데, 이는 북한과의 경제협력과 관계증대에 기술과 자본이 수행하는 중요한 역할을 무시하지 않으면서도 그것이 한반도의 생태적 위기를 가속화하거나 신자유주의의 확대심화를 가져오지 않도록 하는, 오히려 생태적인 복원과 신자유주의에 효과적으로 대응하는 새로운 체제를 구축하는 기회가 되도록 만드는 능력을 의미한다. 소국주의와 대국주의의 긴장을 수용하면서 이를 넘어서려는 자세는 궁극적으로 근대가 우리에게 지워놓은 과제들에 대한 '감당과 극복의 이중과제'를 해결하는 중요한 디딤돌이 될 수 있다고 박 교수는 결론짓는다. Ibid.

56. 김석철, Ibid.

57. 박세일은 특히 Think Tank의 필요성을 역설하면서 '(서울대학교) 행정대학원, 정치학과 다 못한다' (324). 율곡의 표현대로 수성세력과 창업세력은 있었지만 경장更張세력이 없다. 사익 간의 타협과 조화를 추구하는 다원주의적 민주주의popular democracy가 아니라 사익을 서로 절제해 사익을 넘은 공익을 추구하는 민주주의. 이를 엘리트 민주주의elite democracy가 이끌 수 있어야 한다. 대중量보다는 엘리트質의 지배가 소망스럽다. 대중성과 전문성을 조화시켜 공동선共同善을 추구할 수 있어야 한다고 한다. 그렇다면 지금의 정부혁신 지방분권 위원회는 경장세력이 아닌가? 라고 말했다.

58. 〈조선일보〉, 강천석, '문화대국의 꿈, 교육망국의 현실', 2007. 9. 28.

59. 정범모, 《한국의 내일을 묻는다-국력 국격 교육》, 2004, 나남.

국가의 미래

먼저 밝혀야 할 것은 내가 '과학도'가 아니라는 사실이다. 흔히 말하는 자연과학도가 아니라 사회과학, 그중에서도 행정학을 공부한 사람이라 엄격하고 좁게 말하자면 '과학'을 공부한 사람은 아니다. 그런데 왜, 어찌하여 '과학과 함께 가는 창조국가'를 말하려 하는가?

지자는 평생 행정학을 가르치면서 동시에 '사회과학 연구방법론'을 가르쳤기 때문에 과학사와 과학철학을 함께 공부하지 않을 수 없었다. 따라서 과학이라는 학문의 근처에는 갈 수 있었다.

과학은 미시과학도 있고 거시과학도 있다. 어느 하나 쉽게 섭렵할 수 있는 것은 아니지만 적어도 과학의 흐름은 알려고 애썼다. 물론 과학사를 전공으로 하는 학자들의 근처에는 가지도 못한다.

대학에서 법학을 공부한 후 대학원에서 행정학석사를 하고 미국에 유학 가서 정치학을 공부할 당시인 1960대 말은 행태주의 연구가 한참이던 시절이었다. 그 때 방법론 강좌에서 읽어야 했던 책들이 버틀란드 렛셀, 화이트 헤드, 어네스트 네이글, 리차드 러드너, 아브라함 카플란, 칼 햄펠, 도날드 문, 마이클 하스, 아서 스틴치콤, 스테판 툴민 등의 저서로 고급 통계학 책들은 물론 당시 한국식 사회과학적 관점으로는 어림도 없는 또 다른 세계를 접할 수 있었다. 이들 중 마이클 하스는 저자의 박사논문 지도교수였다.

그후 귀국을 하고 요인분석 같은 내용의 고급 통계학을 가르치면서 행태주의의 첨병 노릇을 하면서도 칼 포퍼, 토마스 쿤, 폴 페이어야반드 같은 비판과학자들을 접할 수 있었다. 논리실증주의가 전부인 듯 했던 학문의 세계가 차츰 다르게 보이기 시작했다. 지층은 모르고 지표만 알고, 하부구조는 모른채 상부구조만 알고, 무의식은 모르고 의식만 아는 파행적 연구입장으로는 행정현상, 정책현상, 정치현상 등을 표피로만 알 수밖에 없다는 결론에 이르렀다. 그것이 역사주의, 구조주의, 해체주의, 해석학, 비판이론 등을 외면할 수 없었던 이유다.

'과학 한다는 것'은 자연의 본질을 파헤치고 그 원리를 알려는 것이고, 이에 따라 인간과 사회를 이해하는데 도움을 얻고자 함이다. '과학적 자세'를 갖는다는 것은 본질과 원리를 정확히 알려는 것이다. 정확히 이해하고 해석하고 설명하려는 것이다. 그러나 이 모든 것이 완벽하다고 주장하기에는 아직 미흡한 구석이 너무나도 많다. 과학적 방법에는 오류도 많다. 과학적 진실 자체가 지금까지의 '경험적 법칙'으로는 설명할 수 없는 새로운 실험적 사실이 나올 때 까지만 유효할 뿐이다. 과학의 이름으로 너무 지나치게 모든 것을 해석하려 드는 것도 무리일 수 있다.

이제 이 책을 쓴 입장과 한계를 밝혀야겠다.

첫째, 이 책은 사회과학도가 과학을 이해하는 한도 안에서 '과학적 사고'로 '미래 창조사회'를 준비하자는 입장에서 썼다.

둘째, 미래사회에 대한 준비는 과학기술에 관한 이해나 그 뒷받침 없이는 불가능하다는 입장이다.

셋째, 미래의 한국사회를 희망의 눈으로 바라보고 싶다. 아름다운 한국을 만들고 싶어서 현재의 한계를 극복해 바른 길을 가자는 의도가 있다. 소강국가론이 그것이다. 이를 위해서는 창조적 교육이 뒷받침되지 않으면 안 된다는 철학이 숨어 있다.

넷째, 아름다운 한국을 상정하기에 이를 위해서는 역시 지식사회와 정부부터 개혁의 실마리를 찾지 않을 수 없었다. 학문의 변화 추이와 국가개혁을 의제로 삼은 것이다.

다섯째, 사회과학도가 할 수 있는 역할을 분명히 하고 싶었다. 그것은 과학 따로 사회 따로 국가 따로 가면 안 되겠다는 취지이고, 누군가 이들 관계를 엮지 않으면 안 된다고 생각했다. 관계기술^{RT}이 여느 IT, BT, NT 등 주요 기술 못지않게 중요하다는 점을 책 저변에 깔았다. 코그노^{cogno}와 디지그노^{designo}의 중요성이 강조되는 것도 이와 밀접한 관계가 있다.

우리가 갖고 있었던 지금까지의 관점을 바꾸고, 다르게 생각하면서 새롭고 아름다운 세계를 추구할 때 우리는 분명 지금의 멍에에서 벗어날 수 있을 것이다. 그렇지 않고 지금의 틀로 계속해서 세상을 인식하고 정책처방을 내리면 국민소득이 아무리 높아져도 삶과 삶의 의미 그 자체는 하나도 변하지 않을 것이다.

다시 한 번 분명히 하자.

미래의 국가는 아름다웠으면 한다. 지금처럼 과학기술이

지속적으로 발달하고 경제성장이 진행되어 사회가 안정되고 국민 모두가 편안히 잘 살기를 기대할지 모르지만 실제는 그렇지 않을지도 모른다. 과학기술의 발달이 가져다주는 부정적인 면이 없지 않기 때문이다. 이를 혹자는 매트릭스 사회matrix society라고 일컫는다. 지독한 통제사회가 될 가능성 때문이다.

우리에게는 제약과 한계를 극복해가며 미래사회와 국가를 아름답게 꾸밀 책무가 있다. 그 길은 먼저 과학기술을 바르게 이해하고 이를 사회와 인간에게 '제대로' 접목시키는 일이다. 과학의 본질과 의미 그리고 한계를 분명히 하는 가운데 사회와 인간이 이를 어떻게 수용해야 하는지를 밝혀야 한다. 관계기술의 중요성을 환기시키는 것도 그중 하나이다.

과학도들이 과학에 대한 의식과 인식을 분명히 하면서 모든 과학과 비과학이 함께 문제를 풀어나가야 한다. 과거의 분과학문으로 가능하다는 생각보다 융합학문이 복잡성의 시대에 문제의 정곡을 파고들 수 있다. 물론 정부도 잘해야 한다. 정부가 과학에 대한 인식을 분명히 하고, 바르고 맞는 정책을 펴며 정부의 운영도 보다 과학적이며 합리적으로 해야 한다.

이제 우리 함께 새 길을 가자.

국가의 미래

초판 1쇄 2008년 1월 5일

....

지은이 김광웅

펴낸이 김석규 **담당PD** 조윤미 **펴낸곳** 매경출판(주)

등 록 2003년 4월 24일(No. 2-3759)

주 소 우)100-728 서울 중구 필동1가 30번지 매경미디어센터 9층

전 화 02)2000-2610(출판팀) 02)2000-2636(영업팀)

팩 스 02)2000-2609 **이메일** publish@mk.co.kr

....

ISBN 978-89-7442-490-9

값 13,000원

※ 이 책의 출판에는 한국과학문화재단의 도움이 있었습니다.